本书系2021年度河南省高等学校哲学社会科学优秀著作资助项目、国家社会科学基金青年项目"基于生命周期的产学研用协同创新激励机制研究"（15CGL004）的研究成果。

基于生命周期的产学研用协同创新激励机制研究

张 省 著

·郑州·

图书在版编目(CIP)数据

基于生命周期的产学研用协同创新激励机制研究／张省著．--郑州：河南大学出版社，2022.6
　　ISBN 978-7-5649-5212-9

　　Ⅰ．①基… Ⅱ．①张… Ⅲ．①产学研一体化-创新管理-激励制度-研究-中国 Ⅳ．①G640

中国版本图书馆 CIP 数据核字(2022)第 114069 号

基于生命周期的产学研用协同创新激励机制研究
JIYU SHENGMING ZHOUQI DE CHAN-XUE-YAN-YONG XIETONG CHUANGXIN JILI JIZHI YANJIU

策划统筹	杨国安　谌洪波
责任编辑	刘利晓
责任校对	陈晓林
封面设计	陈盛杰

出　　版	河南大学出版社	
	地址：郑州市郑东新区商务外环中华大厦2401号　邮编：450046	
	电话：0371-86059752（自然科学与外语部）　网址：hupress.henu.edu.cn	
	0371-86059701（营销部）	
排　　版	郑州市今日文教印制有限公司	
印　　刷	广东虎彩云印刷有限公司	
版　　次	2022 年 6 月第 1 版	印　次　2022 年 6 月第 1 次印刷
开　　本	710 mm×1010 mm　1/16	印　张　14.25
字　　数	240 千字	定　价　55.00 元

（本书如有印装质量问题，请与河南大学出版社营销部联系调换。）

目录

第1章　绪论···（ 1 ）
　1.1　研究背景··（ 1 ）
　1.2　研究意义··（ 2 ）
　1.3　研究综述··（ 3 ）
　　1.3.1　产学研用协同创新的内涵研究···································（ 4 ）
　　1.3.2　产学研用协同创新的模式研究···································（ 7 ）
　　1.3.3　产学研用协同创新的动因研究···································（ 10）
　　1.3.4　产学研用协同创新的影响因素研究····························（ 13）
　1.4　研究内容··（ 19）
　1.5　研究方法··（ 22）
　1.6　研究思路··（ 24）
　1.7　创新之处··（ 25）
第2章　产学研用协同创新的内涵及生命周期属性·······················（ 27）
　2.1　产学研用协同创新的内涵··（ 28）
　　2.1.1　产学研用协同创新的定义··（ 29）
　　2.1.2　产学研用协同创新的特征··（ 30）
　　2.1.3　产学研用协同创新的结构··（ 32）
　2.2　产学研用协同创新生命周期：产品合作创新视角···············（ 38）
　　2.2.1　基于产品合作创新视角的产学研用协同创新组织演化过程······
　　　　···（ 39）

2.2.2　产学研用协同创新组织演化的影响因素分析 ……………（42）
  2.2.3　海尔集团案例分析 ………………………………………（47）
  2.2.4　总结与展望 ………………………………………………（52）
 2.3　产学研用协同创新生命周期：知识网络的创新演化视角 ……（52）
  2.3.1　产学研用协同创新知识增长方程 ………………………（53）
  2.3.2　产学研用协同创新知识演化模型 ………………………（55）
  2.3.3　对模型的解释 ……………………………………………（57）
  2.3.4　案例分析：成都高新区产学研用协同创新的演化之路 ……（58）
  2.3.5　结论 ………………………………………………………（62）

第3章　产学研用协同创新生命周期模型及激励不足问题 ………（63）
 3.1　产学研用协同创新生命周期模型 ……………………………（65）
  3.1.1　酝酿期 ……………………………………………………（66）
  3.1.2　组建期 ……………………………………………………（70）
  3.1.3　运行期 ……………………………………………………（73）
  3.1.4　调整期 ……………………………………………………（76）
 3.2　产学研用协同创新生命周期激励不足问题 …………………（78）
  3.2.1　酝酿期 ……………………………………………………（78）
  3.2.2　组建期 ……………………………………………………（81）
  3.2.3　运行期 ……………………………………………………（83）
  3.2.4　调整期 ……………………………………………………（86）

第4章　产学研用协同创新的需求匹配机制 ………………………（88）
 4.1　基本概念界定 …………………………………………………（90）
  4.1.1　产学研用 …………………………………………………（90）
  4.1.2　协同创新 …………………………………………………（90）
  4.1.3　供需匹配机制 ……………………………………………（91）
 4.2　研究方法 ………………………………………………………（92）
  4.2.1　扎根理论 …………………………………………………（92）
  4.2.2　多案例研究 ………………………………………………（93）
  4.2.3　数据收集 …………………………………………………（94）
 4.3　理论框架构建 …………………………………………………（94）

4.3.1　开放式编码 …………………………………………（94）
　　4.3.2　主轴编码 ……………………………………………（96）
　　4.3.3　选择性编码与模型构建 ……………………………（97）
　4.4　模型的解释 …………………………………………………（98）
　　4.4.1　"强人推动型"匹配机制 ……………………………（98）
　　4.4.2　"政策驱动型"匹配机制 ……………………………（99）
　　4.4.3　"市场拉动型"匹配机制 ……………………………（100）
　4.5　结论与启示 …………………………………………………（100）
第5章　产学研用协同创新的投资驱动机制 ……………………（102）
　5.1　模型构建 ……………………………………………………（104）
　　5.1.1　博弈模型 ……………………………………………（104）
　　5.1.2　投资收益 ……………………………………………（106）
　5.2　算例分析 ……………………………………………………（109）
　　5.2.1　产学研案例 …………………………………………（109）
　　5.2.2　需求作为不确定变量 ………………………………（109）
　　5.2.3　收益作为不确定变量 ………………………………（110）
　5.3　结论与讨论 …………………………………………………（111）
第6章　产学研用协同创新的风险防范机制 ……………………（113）
　6.1　产学研用协同创新知识溢出风险理论模型 ………………（114）
　　6.1.1　理论基础 ……………………………………………（114）
　　6.1.2　自变量设计 …………………………………………（116）
　　6.1.3　模型设计 ……………………………………………（118）
　　6.1.4　研究假设 ……………………………………………（120）
　6.2　产学研用协同创新知识溢出风险稳定性 …………………（120）
　　6.2.1　产学研用协同创新知识溢出风险极小值分析 ……（120）
　　6.2.2　产学研用协同创新知识溢出风险稳定性分析 ……（122）
　6.3　产学研用协同创新知识溢出风险管理框架 ………………（126）
第7章　产学研用协同创新的绩效评估机制 ……………………（128）
　7.1　概念界定 ……………………………………………………（129）
　　7.1.1　产学研用协同创新调整期 …………………………（129）

7.1.2 协同创新绩效 ……………………………………………… (129)
7.2 评估方法及指标体系构建 …………………………………… (131)
　7.2.1 评估方法选择 ………………………………………… (131)
　7.2.2 指标体系构建 ………………………………………… (131)
7.3 案例及结果分析 ……………………………………………… (133)
　7.3.1 构建评语集 …………………………………………… (133)
　7.3.2 层级指标权重 ………………………………………… (134)
　7.3.3 模糊综合评价 ………………………………………… (135)
　7.3.4 结果分析 ……………………………………………… (137)
7.4 结语 …………………………………………………………… (137)

第8章 实证分析：知识溢出对产学研用协同创新的激励作用 ……… (139)

8.1 理论背景 ……………………………………………………… (141)
　8.1.1 知识溢出对创新、合作的影响 ……………………… (141)
　8.1.2 知识溢出对产业园内创新与合作的影响 …………… (143)
8.2 方法：样本与变量 …………………………………………… (146)
　8.2.1 样本 …………………………………………………… (146)
　8.2.2 变量 …………………………………………………… (146)
　8.2.3 结果与讨论 …………………………………………… (148)
8.3 结论 …………………………………………………………… (156)

第9章 案例分析：环同济知识经济圈产学研用协同创新演化之路 … (158)

9.1 环同济知识经济圈的发展分析 ……………………………… (159)
　9.1.1 环同济知识经济圈的生命周期 ……………………… (159)
　9.1.2 环同济知识经济圈的形成原因 ……………………… (165)
9.2 环同济知识经济圈发展中的问题与对策 …………………… (168)
　9.2.1 环同济知识经济圈发展中的问题分析 ……………… (168)
　9.2.2 环同济知识经济圈发展中的对策分析 ……………… (171)
9.3 结论与讨论 …………………………………………………… (173)

第10章 河南省产学研用协同创新平台建设研究 …………………… (176)

10.1 河南省产学研用协同创新平台建设研究设计 …………… (177)
　10.1.1 问卷调查 …………………………………………… (177)

10.1.2　河南省产学研用协同创新整体情况分析……………（179）
　10.2　河南省产学研用协同创新平台建设现状…………………（181）
　　10.2.1　河南省产学研用协同创新平台建设的特色…………（181）
　　10.2.2　河南省产学研用协同创新平台建设存在的问题……（185）
　10.3　河南省产学研用协同创新平台建设存在问题的原因……（189）
　　10.3.1　资金不足……………………………………………（190）
　　10.3.2　信息不对称…………………………………………（191）
　　10.3.3　市场发育不健全……………………………………（192）
　　10.3.4　政策法律体系不完善………………………………（193）
　　10.3.5　平台功能建设不成熟………………………………（194）
　10.4　河南省产学研用协同创新平台建设的对策………………（194）
　　10.4.1　建设科学合理的产学研用协同创新平台…………（194）
　　10.4.2　加强产学研用协同创新平台治理…………………（196）
　　10.4.3　完善产学研用协同创新平台服务支撑体系………（198）

第11章　产学研用协同创新激励机制实施对策建议……………（201）

　11.1　产学研用协同创新中的创新主体应明确各自的定位……（202）
　　11.1.1　"产"是产学研用协同创新的龙头…………………（202）
　　11.1.2　"学"是产学研用协同创新的生力军………………（203）
　　11.1.3　"研"是产学研用协同创新的催化剂………………（203）
　　11.1.4　"用"是产学研用协同创新的方向盘………………（204）
　11.2　产学研用协同创新应分阶段制定相应的激励策略………（205）
　　11.2.1　酝酿期的需求匹配激励策略………………………（205）
　　11.2.2　组建期的投资驱动激励策略………………………（206）
　　11.2.3　运行期的风险防范激励策略………………………（208）
　　11.2.4　调整期的绩效评估激励策略………………………（210）
　11.3　产学研用协同创新激励机制的政策保障要落地…………（211）
　　11.3.1　创造良好的软环境…………………………………（211）
　　11.3.2　完善协同创新运行机制……………………………（213）
　　11.3.3　健全中介服务体系…………………………………（214）
　　11.3.4　加强资金投入保障…………………………………（215）

11.4 健全法律体系保证产学研用协同创新激励机制的实施……(216)
    11.4.1 完善产学研用协同创新的政策法规体系的思路…………(216)
    11.4.2 产学研用协同创新的政策法规体系的基本框架…………(217)
    11.4.3 制定产学研用协同创新促进法………………………………(217)

后记……………………………………………………………………………(219)

第 1 章
绪论

1.1 研究背景

在我国的技术创新体系,"学""研"是企业产品创新的技术支撑,"用"则是企业产品技术创新的出发点和落脚点。然而,产学研之间功能割裂、对产业需求关注不够、激励不相容等问题使脱节问题突出①。因此,将"用"引进到产学研,是解决我国存在多年的经济与技术相脱节问题的关键举措。产学研用协同创新,将进一步强化以市场为导向来进行技术创新的重要作用。习近平指出加快创新驱动发展这一战略顶层设计的制定,促进市场为导向、企业为主体、产学研用相连接的技术创新系统的建立,努力激活自主创新的源头之水,强调用好企业家、科学家、科技人员。李克强提议:加快完备激励产学研用协同创新的制度体系,加快完整保护产学研用协同创新的制度体系,重点完善指引企业创新的市场系统,给予所有想创新的人机会,给予所有能创新的人舞台。

"产学研用协同"是"产学研协同"的新发展,它进一步强调了产学研协同要和应用与用户紧紧结合,这一新发展既丰富了中国特色产学研协同的理论,

---

① 熊鸿儒. 我国产学研深度融合的短板和挑战在哪里?[J]. 学习与探索,2021(05):126-133+192.

又充实了中国特色产学研协同的实践。

市场、教育、经济和科技的结合才是产学研用协同创新的本质。尤其在当前,我国经济发展进入新常态,实施创新驱动发展战略进入关键期。要实现创新驱动发展,达成产学研用协同创新是关键的途径,必须明确创新方向并以"四个全面"为统领,找准发展路径,深化体制改革,加快创新跨越,发挥产学研用联盟的各个主体的作用,实现从要素驱动为主推动经济社会发展向创新驱动为主推动经济社会发展的根本转变,使创新成为民族复兴和国家繁荣的强大动力。实现创新驱动战略必须提高我国企业的技术创新与自主创新能力,不断提升产品的技术含量,依靠高附加值的产值与利润推动中国经济的持续前进。我国当前企业的技术创新与自主创新能力还不够强大,核心技术与关键技术难以突破,还需要依靠高校、科研院所、中介机构的协同研发努力,真正实现产学研用"1+1>2"的协同创新成果的涌现[①]。

我国产学研协同走过的道路表明,进一步加强"产学研用"协同,才能促使产学研协同取得功效,也能让科技成果更好地转化为现实生产力。提高自主创新能力的必由之路是建立产学研用协同的技术创新体系,该技术创新体系能够加速产业结构的转型升级,还能实现我国比较优势的革命性升级——从单一依靠廉价劳动力、低成本,转向用巨量产学研资源整合、凝练来提高创新力,从而更好地实施创新驱动发展战略,实现经济可持续发展,提升国家的经济实力与综合竞争力。

1.2 研究意义

《国家中长期教育改革和发展规划纲要(2010—2020年)》(以下简称《纲要》)中明确提出了高校要牢固树立主动为社会服务的意识,推进产学研用协同创新。"推进产学研用协同创新"也被正式写进中共中央文件、国务院颁布的《纲要》。那么,中国特色的产学研用协同创新的内涵是什么?为什么

---

① "中国特色产学研用结合的模式、机制及政策"研究课题组. 中国特色产学研用结合研究[M]. 北京:科学出版社,2015.

要大力推进产学研用协同创新？作为一种新型的创新联盟，产学研用的生命周期轨迹是什么形态？如何建立健全提升产学研用协同创新绩效的体制机制？针对这类难题，本书把产学研用协同创新归入生命周期的视角内，主要探究生命周期里每阶段缺乏协同创新激励这一问题，从系统的相关性、目的性与整体性出发，具体设计多个既保持相对独立，又功能互补、成果共享、利益互惠的激励制度，研究结论向政府有关部门提出有效推进产学研用协同创新的政策性建议，不仅对贯彻落实《纲要》、促进产学研用协同难题的解决、推动破解高校加强产学研协同的问题起到重要作用，而且对完善中国特色产学研用协同创新理论体系既有重要的学术价值，也有重要的应用价值，同时对促进经济、科技、教育的协同与融合，加快经济发展方式的转变和创新型国家建设，也有重要的现实意义。

本研究在理论上有助于丰富和发展激励理论和协同理论。从多主体的层面研究协同创新，符合知识流动的非磨损和非竞争特性，打破了同一目标下、同一部门中技术知识共性互动的藩篱。通过产学研用生命周期过程中协同激励机制的设计，解决了系统协同动力不足的非技术难题。本研究在实践上有助于提升我国企业协同创新管理水平，提高产学研用的成功率。基于动态视角探究产学研用协同创新激励机制，可以更好地把握产学研用从产生到消亡的发展规律，减少生命周期各阶段可能出现的管理决策失误，避免产学研用成员之间的内耗，激励创新产品的问世。

1.3 研究综述

随着经济网络化及全球化的发展趋势，知识经济时代的创新成果转化周期日益缩短，知识经济时代也增强了技术的复杂性，与此同时，创新模式推陈出新，从单一的线性创新形式渐渐转变为系统化、网络化的模式。当今世界各国热衷于创办和培育国家创新系统，产、学、研因拥有不同创新资源优势而备受关注，成为国内外学者的一个研究热点。德国物理学家 Haken[①] 认为"协

---

① Hermann Haken. Advanced Synergetics [J]. *Springer*,1990(20).

同"是指系统中各子系统相互合作、协调的集体行为,由此产生的联合作用能产生"1+1>2"的效果。在创新管理领域,专家们认为协同创新的核心是知识增值,是基于政府、企业、中介机构、用户、研究机构、大学等的大跨度整合才形成的创新组织模式,该组织模式的目的是实现重大科技创新[1]。产学研用协同创新是指研究机构、高校、企业等合作主体以共同参与、共担风险、共享成果为准则,以资源共享、优势互补为基础,以期完成技术创新所要求的分工协作的契约安排[2]。近年来用户创新成为当前开放式创新领域的热点问题,虚拟社区的繁荣发展为用户创新带来新的机遇,因此该项研究逐渐扩展至产、学、研、用协同创新。从"产学研协同创新"到"产学研用协同创新",协同创新在认识层面上有了新的飞跃。"用"既指产学研用协同创新成果的应用过程,又指产学研用协同创新成果的用户;"用"既突出了技术创新的出发点,又突出了技术创新的落脚点,强调了以市场为导向、以企业为主体[3]。产学研用协同创新的提出目的是要改变以往科研机构把科技成果向企业推广的传统模式,建立以市场为主导的科技成果转化机制。目前产学研用协同创新研究成果比较丰富,主要集中在以下四个方面。

1.3.1 产学研用协同创新的内涵研究

产学研用协同创新是一种在全球都备受关注的比较成熟的创新模式。但当前产学研用协同创新的有关概念还没有被准确地界定出来。国外学者Ansoff[4]指出协同创新是企业间共生互长的资源共享关系。Jemison与Borys[5]给产学合作下了定义,认为与传统组织结构相比,产学合作是一种跨组织的关系,这种关系能够促进产学合作的目标相对多元化。产学合作具有混合性、独

---

[1] 陈劲,阳银娟.协同创新的理论基础与内涵[J].科学学研究,2012,30(2):161-164.
[2] 何郁冰.产学研用协同创新的理论模式[J].科学学研究,2012,30(2):165-174.
[3] 刘洪民,杨艳东.用户创新与产学研用协同创新激励机制[J].技术经济与管理研究,2017(7):31-34.
[4] Ansoff, H. Igor. Corporate Strategy: an Analytic Approach to Business Policy for Growth and Expansion [M]. Penguin Books,1965.
[5] Bryan Borys, David B. Jemison. Hybrid Arrangements as Strategic Alliances: Theoretical Issues in Organizational Combinations[J]. *The Academy of Management Review*,1989,14(2):234-249.

特性,因此能够提高技术创新的有效性。Cohen 等[1]认为"学"是指政府管辖的研究机构和大学等公共研究机构;"产"是指企业和公共研究机构的合作即为产学合作。Rothwell[2]认为,企业应该通过横向和纵向协同来促进制度和技术流程紧密结合以完成产品开发的过程。Carayannis,Alexander 和 Ioannidis[3]指出产学研合作的目标是要最大程度地达到知识共享,实现这一目标要具备高超的组织设计能力、管理技能,来设计一个灵活的跨组织知识界面。Kaufmann[4]和 Santoro[5]等认为"学"指大学,"产"是指企业。基于三重螺旋系统 Leydesdorff[6]认为,知识经济的自组织形式是构成协同创新的理论基础。Gloor[7]从网络组织层面指出了协同创新的内涵,认为协同创新网络是组织成员通过网络组织方式收集信息来完成集体目标的过程。Motohashi[8]认为产学研合作指的是"学产"合作,学是大学和科研院所,产是企业。Veronica 等[9]认为协同创新涉及知识、资源、行为、绩效的全面整合。Nardone[10]认为企业和科研机构的合作可以扩充企业的专业知识范围并且支持跨行业的商业创新。

---

[1] Wesley M. Cohen, Daniel A. Levinthal. Adsorptive Capacity: A New Perspective on Learning [J]. *Administrative Science Quarterly*, 1990, 35(1): 128-152.

[2] Roy Rothwell. Developments towards the fifth generation model of innovation [J]. *Technology Analysis & Strategic Management*, 1992, 4(1): 73-75.

[3] Elias G. Carayannis, Jeffrey Alexander, Anthony Ioannidis. Leveraging knowledge, learning, and innovation in forming strategic government-university-industry (GUI) R&D partnerships in the US, Germany, and France [J]. *Technovation*, 2000, 20(9): 477-488.

[4] Kaufman Alexander, Franz Tödtling. How effective is innovation support for SMEs? An analysis of the region of Upper Austria [J]. *Technovation*, 2002, 22(3): 147-159.

[5] Michael D. Santoro, Patrick A. Saparito. The firm's trust in its university partner as a key mediator in advancing knowledge and new technologies [J]. *IEEE Transactions on Engineering Management*, 2003, 50(3): 362-373.

[6] Loet Leydesdorff. The mutual information of university-industry-government relations: An indicator of the triple helix dynamics [J]. *Scientometrics*, 2003, 58(2): 445-467.

[7] Peter A. Gloor. Swarm Creativity: Competitive Advantage through Collaborative Innovation Networks [M]. Oxford University Press, 2006.

[8] Kazuyuki Motohashi. University-industry collaborations in Japan: The role of new technology-based firms in transforming the National Innovation System [J]. *Research policy*, 2005, 34(5): 583-594.

[9] Veronica Serrano, Thomas Fischer. Collaborative innovation in ubiquitous systems [J]. *Journal of Intelligent Manufacturing*, 2007, 18(5): 599-615.

[10] Alessandro Muscio, Gianluca Nardone. The determinants of university-industry collaboration in food science in Italy [J]. *Food Policy*, 2012, 37(6): 710-718.

Tietze 等[1]认为,在知识交流成本日益降低的时代,协同过程中的溢出效应能够增强企业的创新潜力,在企业承受不住创新的高成本时,协同合作能利用其"风险共担"的优势被企业接纳。

国内学者对产学研合作的内涵做了更加深入的研究。1981 年日本通产省创设的《下一代产业基础技术研究开发制度》中最早出现"产学研"这一概念,"产学研"的核心内涵是保障企业、学校二者的优势互补、相互协作[2]。吴悦等[3]认为产学研用协同创新是企业和研究机构通过知识共享和协同创造形成知识优势的过程。赵京波[4]指出产学研合作是科研院所、高校和企业三大合作主体根据自身的发展战略和目标,在市场需求的引导下,形成的一种风险共担、利益共享与优势互补的合作关系。陈云[5]总结了相关学者对相关知识提出的概念,基于总结凝练出了产学研合作的"主辅体范式"的内涵,认为科研院所、企业、大学是产学研合作中的三大主体,同时政府、金融机构、中介机构是三大主体的辅体,各部分相互合作、相辅相成。李久平等[6]界定了产学研用协同创新中的知识整合内涵及特点,分析了知识整合运行过程、支持系统和运行机制。胡天佑[7]在其研究中指出"产"是企业的生产活动,"学"是学术界、学习活动或学校,"研"是指科学研究、研究机构的具体活动。从教育活动视角来分析,人才培养是产学研合作的最终目的,而从政治论的视角来分析,则可以把产学研合作当作一种经济活动,经济利益与政治利益相结合是该经济活动的最终目的。总之,胡天佑认为产学研合作是"围绕知识进行的一种社会活动"。洪银兴[8]提出协同创新是指创新要素的有效组合,产学研用协同创新不仅要以市场为导向,还要以国家目标为导向,其功能应包括产业发展、人才

---

[1] Frank Tietze,Thorsten, et al. To own or not to own: how ownership impacts user innovation—an empirical study[J]. Technovation,2015(38):50-63.
[2] 王海花,谢富纪,胡兴华.企业外部知识网络视角下的区域产学研合作创新[J].工业技术经济,2012(7):41-47.
[3] 吴悦,顾新.产学研协同创新的知识协同过程研究[J].中国科技论坛,2012(10):17-23.
[4] 赵京波.我国产学研合作的经济绩效研究与模式、机制分析[D].长春:吉林大学,2012.
[5] 陈云.产学研合作相关概念辨析及范式构建[J].科学学研究,2012,30(8):1206-1210+1252.
[6] 李久平,姜大鹏,王涛.产学研协同创新中的知识整合——一个理论框架[J].软科学,2013,27(5):136-139.
[7] 胡天佑.产学研结合相关概念辨析[J].高校教育管理,2013,7(4):53-57.
[8] 洪银兴.产学研协同创新的经济学分析[J].经济科学,2014(1):56-64.

培养、科学研究。王海军等①发现产品模块化、组织模块化可以被赋予调节产学研用协同创新的功能,而平台模块化既有利于推动企业与大学、科研机构从"面对面"转向"背靠背"的合作创新,也能通过开放企业平台资源来激发合作伙伴的创新潜能。王章豹等②指出,在政府、金融机构及科技中介机构等的支持和引导下,产学研用协同创新以优势集成、体制机制创新、资源共享为前提,以平台共建、分工协作、联合攻关、利益共享、深度参与、风险分担为准则,科研院所、企业、高校三个创新主体投入各自的创新要素、优势资源,齐心协力地进行生产营销、人才培养、科研开发等活动。综上所述,产学研用协同创新的内涵各有不同,但都认同产学研用协同创新是研究机构、大学、企业以及用户间的知识创新活动、经济创造活动。

1.3.2 产学研用协同创新的模式研究

许多学者专家深入研究了产学研用协同创新的模式,其中,国外学者Chesbrough③认为在开放式创新的大潮流下,个体企业的创新模式正在逐渐向协同创新的方向演变,与此同时,探索式和开发式的创新模式也将会成为企业在向协同创新方向迈进的重要突破点。在此之后,协同创新的模式研究开始逐渐升温,同时也出现了不少具有代表性的观点。在相关的研究过程中,诸多学者以不同的研究视角进行探究,这也就使得学者们对协同创新模式的分类存在诸多差异。在国外学者的研究中,Chang④从合作者的角度出发,把协同创新的模式从替代者、供应商、竞争者、用户等几个方面进行了划分;Pastor等⑤认为企业间的协同模式应该从交易成本角度出发进行考虑,据此可划分

---

① 王海军,陈劲,冯军政.模块化嵌入的一流企业产学研用协同创新演化:理论建构与案例探索[J].科研管理,2020(5):47-59.

② 王章豹,韩依洲,洪天求.产学研协同创新组织模式及其优劣势分析[J].科技进步与对策,2015,32(2):24-29.

③ Henry Chesbrough. Open Innovation:The New Imperative for Creating and Profiting from Technology[M]. Cambridge:Harvard Business School Press,2003:113-134.

④ Chang,YC. Benefits of co-operation on innovative performance:Evidence from integrated circuits and biotechnology firms in the UK and Taiwan [J]. R & D Management,2003,33(4):425-437.

⑤ Maite Pastor, Joel Sandonís. Research joint ventures vs. cross licensing agreements:an agency approach [J]. International Journal of Industrial Organization,2002,20(2):215-249.

为非股权协同模式和股权协同模式两种协同创新的模式。Alan[①]将产学研合作分为六种类型,分别是一般性资助研究、合作研发、建立产学研发联盟、建立大学中的业界协调单位、建立研发中心、建立创业孵化中心与科学园区。Leydesdorff 等[②]将协同创新抽象为三重螺旋的社会知识密集网络。Fontana 等[③]从交易成本角度出发,将产学研用协同创新的模式划分为内部化模式、半内部化模式、外部化模式等。Frenken[④]在《技术创新的复杂性理论》一文中创造性地提出了三种技术创新复杂模型,即景观模型、网络模型和浸透模型。这三种模型可用于分析互补型技术和联动节点企业间协同创新效果。Freitas 等[⑤]认为创新主体间的协同合作模式主要有两种,即制度模式和个人合同模式,主要包括学术机构和公司之间捆绑的契约和正式的契约,在执行的过程中与大学并没有直接的牵连关系。Michael 等[⑥]通过利用组织内部管理理论将协同创新的主体分成三类,认为具有学院派特征的主体更有利于协同创新活动的进行。Markus 等[⑦]通过学习其他学者在协同创新过程中设计的空间知识创造模型,认为协同创新必须考虑社会、文化、技术、认知等对创新过程的影响。在此基础上,Passila 等[⑧]提出了知识辅助创新的新途径,并改进了 SECI 模型。

[①] Alan M. The contribution of academic-industry interaction to product innovation:The case of New York State's medical devices sector[J]. *Regional Science January*,2002(1):121-129.

[②] Leydesdorff L,Etzkowitz H. Can the public be considered as a fourth helix in university industry government relations[J]. *Science and Public Police*,2001(1):55-61.

[③] Fontana R,Geuna A,Matt M. Factors affecting university-industry R&D projects:The importance of searching,screening and signalling[J]. *Research Policy*,2006,35(2):309-323.

[④] Frenken K. Technological Innovation and Complexity Theory[J]. *Economics of Innovation and New Technology*,2006,15(2):137-155.

[⑤] Freitas I M B,Geuna A,Rossi F. Finding the right partners:Institutional and personal modes of governance of university-industry interactions [J]. *Research Policy*,2013,42(1):50-62.

[⑥] Michael D,Santoro,Alok K. Chakrabarti. Building Industry - University - Research centers:some strategic considerations[J]. *International Journal of Management Reviews*,2010,1(3):225-244.

[⑦] Markus F P,Fundneider T. Designing and enabling spaces for collaborative knowledge creation and innovation:From managing to enabling innovation as socio epistemological technology [J]. *Computers in Human Behavior*,2014,36(8):346-359.

[⑧] Passila A,Uotila T,Melkas H. Facilitating future-oriented collaborative knowledge creation by using artistic organizational innovation methods:Experiences from a Finnish wood-processing company[J]. *Futures*,2013,47(3):59-68.

Kalar 等[①]考量了协同创新的一种形态——创业型大学(entrepreneurial university),认为自然科学家比社会科学家有更强的创新动机,其学术活动有更浓的商业气息。

国内学者同样对于产学研用协同创新的模式进行了大量研究。穆荣平等[②]提出了两种分类方法:一是根据合作者间契约关系的不同,把产学研合作分为共建实体型、委托开发型、技术转让型、联合开发型;二是根据合作发起者的不同,把产学研合作分为政府组织型、研究所推进型、企业拉动型、大学推进型。申学武[③]提出了以人才培养为中心的产学研合作的钻石模式,该学者认为基于该模式才能渐渐完成产学研联合的最优化目标。政府、企业和高校是产学研合作的三方,应该相互协调,在协调的进程中,政府应做出相应决策,企业应拥有相关的研发能力,高校的创新成果才能得到实践应用。王英俊等[④]根据合作三方在创新过程中所处的位置和影响效果,把协同创新划分为以政府为引导的主导型、由企业带动合作的牵引型和以高校、科研中心为动力的拉动型。谢开勇[⑤]、周静珍等[⑥]认为产学研用协同创新形式有五种,分别是政府推动型模式、政府指令型结合模式、大学主导型模式、企业主导型模式、共建模式。杜鹃等[⑦]将产学研合作模式分为政府联建型、推动型、主建型及共建型,并比较了四种模式的异同点。陈劲等[⑧]提出融通创新作为一种全新的创新范式,聚焦于各类创新主体之间的融通动力机制、创新要素的共享机制、创新成果转化与成果共益机制。解学梅[⑨]创建了协同创新网络概念模型:企业为核

---

① Kalar B, Antoncic B. The entrepreneurial university, academic activities and technology and knowledge transfer in four European countries[J]. Technovation, 2014(36):1-11.
② 穆荣平,赵兰香.产学研合作中若干问题思考[J].科技管理研究,1998(2):31-34.
③ 申学武.高校产学研联合模式中存在的问题及最优化模式构想[J].科技进步与对策,2001(12):110-111.
④ 王英俊,丁堃."官产学研"型虚拟研发组织的结构模式及管理对策[J].科学学与科学技术管理,2004,25(4):40-43.
⑤ 谢开勇.国外高校产学研合作模式分析[J].中国科技论坛,2004(1):119-122.
⑥ 周静珍,万玉刚,高静.我国产学研合作创新的模式研究[J].科技进步与对策,2005,22(3):70-72.
⑦ 杜鹃,李焱焱,叶斌,等.产学研合作模式中存在的共性问题及其对策[J].科技进步与对策,2005(2):122-125.
⑧ 陈劲,阳镇.融通创新视角下关键核心技术的突破:理论框架与实现路径[J].社会科学,2021,1(05):58-69.
⑨ 解学梅.中小企业协同创新网络与创新绩效的实证研究[J].管理科学学报,2010,13(8):51-64.

心、政府—中介机构—大学研究机构—风险投资—技术市场为外环、客户—竞争企业—供应企业—相关企业为内环。何郁冰①针对"组织—战略—知识",提出了三重互动的产学研用协同创新模式。袭著燕等②分析了政产学研用各创新主体的作用和角色,基于金融介入构建了政产学研用协同创新模式。杜兰英等③创建了"六位一体"模型,六大行为主体指政府部门、科研机构、高等院校、企业集团、中介机构、目标用户,该模型是六个主体共同发展、相互依存的全方位协同创新新模式。韩依洲④阐述了项目式协同创新模式、实体式协同创新模式及联盟式协同创新模式,基于中介机构、金融机构分析了更加复杂的政产学研用协同创新模式下的运行机制。王章豹等⑤将产学研用协同创新分为五种:共建式、虚拟式、项目式、联盟式和实体式。高霞等⑥对ICT产业的产学研合作模式进行了实证研究。赵胜超等⑦将产学研合作划分为科学合作和技术合作,基于数量与质量视角,比较研究科学合作、技术合作以及二者的交互作用对企业创新数量和质量的不同影响机理。

1.3.3　产学研用协同创新的动因研究

国外代表性专家对产学研用协同创新动因的研究大多集中在以下几个方面:

(1)交易成本理论。Nishaal等⑧指出企业需要去寻求能够降低交易成本的管理方式,而由于不完美市场机制的存在,搜集信息、督促支出、谈判费用等都可能会使企业产生超过内部自行生产所需要的成本,因此,搜集信息、督促

---

① 何郁冰.产学研用协同创新的理论模式[J].科学学研究,2012,30(2):165-174.
② 袭著燕,李星洲,迟考勋.金融介入的政产学研用技术协同创新模式构建研究[J].科技进步与对策,2012,29(22):19-25.
③ 杜兰英,陈鑫.政产学研用协同创新机理与模式研究——以中小企业为例[J].科技进步与对策,2012,29(22):103-107.
④ 韩依洲.试论产学研用协同创新的模式选择及对策建议[J].科技广场,2014(6):157-161.
⑤ 王章豹,韩依洲,洪天求.产学研用协同创新组织模式及其优劣势分析[J].科技进步与对策,2015,32(2):24-29.
⑥ 高霞,陈凯华.基于SIPO专利的产学研合作模式及其合作网络结构演化研究——以ICT产业为例[J].科学学与科学技术管理,2016,37(11):34-43.
⑦ 赵胜超,曾德明,罗侦.产学研科学与技术合作对企业创新的影响研究——基于数量与质量视角[J].科学学与科学技术管理,2020(1):33-48.
⑧ Nishaal G, Aoife H. A tale of two literatures: Transaction costs and property rights in innovation outsourcing[J]. *Research Policy*, 2007, 36(10):1483-1495.

支出、谈判费用等对企业的创新管理会产生巨大影响。

(2) 资源依赖理论。Santoro 和 Gopalahrishnan[①]认为产学研协同创新是一种互补型的战略联盟,企业、大学和科研院所的能力具备互补性,这类机构的资源也具有互补性,因而能产生组织之间的协同效应。

(3) 组织学习理论。Simon[②]基于组织学习理论角度研究企业与大学的协同创新,认为其是一个有前景的知识创造途径。

(4) 战略行为理论。通过战略行为理论探讨产学研协同组建动因的专家指出提高合作者自身的竞争力需要产学研用协同创新。Lee[③]通过研究发现,企业参与产学研用协同创新的主要目标是开发新技术和新产品,大学和科研院所共同的主要目标是获得研发经费,促进自身研究发展。

(5) 系统理论。Bacila 等[④]指出,企业、大学和科研院所以及外部的环境作为产学研用协同创新的主体共同构成了一个大系统,协同方的需求和目标、外部环境的压力共同构成了产学研形成的动因,产学研用协同创新的成败也与其适应环境、寻求生存的能力有关。除了上面五种主要理论,还有学者从市场动力角度、博弈论角度、制度的角度探究了产学研用协同创新的产生原因。Bidault[⑤]等学者既从宏观制度层面解释了产学研用协同创新产生的原因,也从微观制度层面解释了产学研用协同创新形成的动因,指出在一定程度上,产学研协同是一种制度创新。Hayton[⑥]通过对资源依赖理论、市场力理论和战略行为理论的研读与分析,提出了多个假设,证明了企业产学研用协同创新的主要促进因素有三个,分别是企业面临的竞争力、技术机会和协同创新产品的需求。

---

① Santoro M D, Gopalahrishnan S. The Institutionalization of Knowledge Transfer Activities Within Industry-University Collaborative Ventures[J]. *Journal of Engineering and Technology Management*, 2001, 17(3):299-319.

② Simon W. Organizational Learning Through University-Industry Research Cooperation[J]. *Proceedings of the 12th European Conference on Knowledge on Management*, 2011(1):1081-1087.

③ Lee Y S. The Sustainability of University-Industry Research Collaboration: A Empirical Assessment[J]. *The Journal of Technology Transfer*, 2000, 25(2)111-133.

④ Bacila M F, Gica O A. Strategic Alliances Between Companies and Universities: Causes, Factors and Advantages[EB/OL]. http:www. univie. ac. at/EMNET/download/BacilaGica. doc, 2004.

⑤ Bidault F. Firm Size and Technology Centrality in Industry University Interactions[J]. *Research Policy*, 2002, 26(9):1163-1180.

⑥ Hayton J C, Sehili S, Scarpello V. Why do firms join consortial research centers? An empirical examination of firm, industry and environmental antecedents[J]. *The Journal of Technology Transfer*, 2010, 35(5):494-510.

国内学者邓锐和徐飞[1]依据古诺模型的思想,新建了以单位投入要素收益为关键判断标准的模型,并对产学研用协同创新的形成机理和动因进行了分析探究。雷永和徐飞[2]基于不完全信息、博弈论等理论基础,研究了产学研用协同创新的形成机理和补贴策略,认为企业的行为选择会受到科研院所能力的影响,也受高校研发能力的影响。政府补贴收益政策受科研院所行为选择的影响,也受企业和高校行为选择的影响。孙雷[3]指出,经济利益分配直接影响产学研合作的长期性、稳定性。孔祥浩等[4]通过研究三重螺旋系统创新理论,提出了"四轮驱动"("四轮"指政府、学研、企业、产业)的构想,通过分析各主体要素驱动成因,新建了协同创新结构模型,并探讨了其两两关系,提出了包含延伸机制、信任机制、汇聚机制和平台机制四个方面的保障机制。陈劲等[5]结合实证研究了协同创新的创新机理和驱动要素,基于对科技市场文化驱动要素的分析,指出实现稳定持续创新、构建适宜协同创新文化氛围需要产学研深度配合,促使科技体制改革,建立协同创新战略同盟。王进富等[6]基于对创新行为贯穿于产学研用协同创新全过程特征的研究,将协同创新过程分为三个时期,即酝酿期、接洽期和运行期,提出从三个层面构建协同机制:动力协同、路径协同、知识管理协同。姚艳虹等[7]认为协同创新的动因是协同剩余,协同剩余会影响协同创新的形成和效应。原长弘等[8]认为,我国处于转型时期,政产学研用协同创新由政府支持和市场需求共同驱动。刘洪民等[9]认为产学研多主体模块化协同,特别是协同研发知识链的运行绩效是制造业共

---

[1] 邓锐,徐飞.产学研联盟动因和形成机理的博弈分析[J].上海管理科学,2007(3):10-12.
[2] 雷永,徐飞.基于不完全信息博弈的产学研联盟形成机理研究[J].科技进步与对策,2009,8(26):28-31.
[3] 孙雷.产学研合作中技术成果的归属与分享[J].研究与发展管理,2012,23(6):110-113.
[4] 孔祥浩,许赞,苏州.政产学研用协同创新"四轮驱动"结构与机制研究[J].科技进步与对策,2012(22):15-18.
[5] 陈劲,阳银娟.协同创新的驱动机理[J].技术经济,2012,31(8):6-11.
[6] 王进富,张颖颖,苏世彬,等.产学研用协同创新机制研究——一个理论分析框架[J].科技进步与对策,2013,30(16):1-6.
[7] 姚艳虹,夏敦.协同创新动因——协同剩余:形成机理与促进策略[J].科技进步与对策,2013,30(20):1-5.
[8] 原长弘,章芬,姚建军,等.政产学研用协同创新与企业竞争力提升[J].科研管理,2015,36(12):1-8.
[9] 刘洪民,姜黎辉,王中魁.制造业共性技术研发的知识管理评价体系构建[J].科研管理,2016(S1):379-386.

性技术研发的必然选择。储节旺等①构建了四个维度的创新驱动协同机制：制度协同、管理协同、主体协同、环境协同等。吴卫红等②设计了三三螺旋模式下的协同创新系统的动力机理和协同机理，能够为创新型国家的建设提供理论借鉴，也为多主体协同创新系统的运转模式、核心机理的运行模式提供了设置的思路。詹志华等③指出物理技术—经济范式的持续变革是协同创新的内生动力机制，创新文化的激励机制、政府政策的引导机制、中介机构的服务机制和用户需求的导向机制等是协同创新的外生动力机制，起加速或减速作用。

1.3.4 产学研用协同创新的影响因素研究

国内外学者对影响产学研用协同创新的因素进行了相关的研究。其中，Santoro等④认为人员结构上的差异会对产学研合作的效率造成影响，资金来源的差异也会对产学研合作的效率造成影响。Simon等⑤学者发现外部环境因素会对产学研发挥重大的作用，中介组织能够在建立产学研双方合作关系时提供强有力的帮助，双方的沟通成本能够被大大减少，基于中介组织还能建立双方的信任关系。Joseph等⑥论证了政府政策在产学研合作流程中起着强有力的作用。James⑦认为产学合作关系形成之后，合作关系中的所有问题都值得关注，大学和企业间关系的维护不能只关注知识产权方面，也不可只关注专利转移方面，产学合作中的一切问题都能直接或间接影响合作双方的关系，

---

① 储节旺，吴川徽. 创新驱动发展的协同主体与动力机制研究[J]. 安徽大学学报（哲学社会科学版），2018，42(3)：148-156.

② 吴卫红，陈高翔，张爱美."政产学研用资"多元主体协同创新三三螺旋模式及机理[J]. 中国科技论坛，2018(5)：1-10.

③ 詹志华，王豪儒. 论区域创新生态系统生成的前提条件与动力机制[J]. 自然辩证法研究，2018，34(3)：43-48.

④ Santoro M D, Chakrabarti A K. Firm size and technology centrality in industry-university interactions[J]. *Research Policy*, 2002, 31(7): 1164-1180.

⑤ Simon S, Martha P. UK biotechnology: institutional linkages, technology transfer and the role of intermediaries[J]. *R & D Management*, 1992, 26(3): 284-298.

⑥ Joseph Z. Shyu, Yi-Chia Chiu, Chao-Chen Yuo. A cross-national comparative analysis of innovation policy in the integrated circuit industry[J]. *Technology in Society*, 2001(23): 227-240.

⑦ James J. Casey. Developing Harmonious University-Industry Partnerships[J]. *University of Dayton Law Review*, 2004: 245-264.

进而影响合作的结果。Ankrah 等[①]认为大学的行政结构、学研方人力资本的流动性、学研方科研机构的质量、企业的组织结构、企业的吸收能力等产学研合作中创新主体的特征因素都会影响产学研用协同创新成果。国内学者张米尔等[②]认为从产学研合作的内部角度来看,不同合作模式下的交易费用是影响合作效率的主要因素。郭斌等[③]从四个维度分析了影响产学研合作效率的因素,四个维度分别指产学研合作的外部环境、项目特性、参与者、组织结构与安排等。黄枚立等[④]从合作双方产学合作的环境、现有的制度和主体特征等层面系统性评述了影响产学合作的主要因素。环境因素层面主要由地理接近、政府和风险资本等因素构成;现有的制度层面由文化、激励、学习、信任组成;主体特征层面由企业的规模、研究质量、技术转移办公室、大学的产业研发投入、研发强度、教师或者研究人员的学术地位等组成。还有学者从产学研用协同创新的整体角度出发对其进行研究,邱栋等[⑤]指出参与的创新主体的自身特征、资源及能力,包括学研机构、企业和大学的独有特色,企业参与产学研用协同创新的阅历丰富与否,企业的研发投入和吸收能力,学研方的科研能力等都是产学研用协同创新效率的影响因素。影响产学研用协同创新的重要因素有三个:创新主体的内部因素、合作主体间的因素以及外部环境因素。在实证研究层面,陈伟等[⑥]认为共享平台、信任和知识搜索通过产学研协同创新主体能力对产学研协同创新共享行为的提升具有显著的正向驱动影响。刘和东等[⑦]学者通过对高新技术企业的实证分析,凝练出以下观点:学研方的科技成果转化率、产学研的合作程度和企业的吸收能力作为内部要素对产学研的合作行为都有积极影响。其中,科技成果转化率和企业的吸收能力对合作模式

---

① Ankrah S, Al-Tabbaa O. Universities-industry collaboration: A systematic review[J]. *Scandinavian Journal of Management*, 2015, 31(3): 387-408.
② 张米尔,武春友.产学研合作创新的交易费用[J].科学学研究,2001(1):89-92.
③ 郭斌,谢志宇,吴慧芳.产学合作绩效的影响因素及其实证分析[J].科学学研究,2003(12):140-147.
④ 黄枚立,汪虹,李政.大学产业合作关系形成影响因素研究述评[J].科学学与科学技术管理,2010,31(6):131-136.
⑤ 邱栋,吴秋明.产学研用协同创新机理分析及其启示——基于福建部分高校产学研用协同创新调查[J].福建论坛(人文社会科学版),2013(4):152-156.
⑥ 陈伟,王秀峰,曲慧,等.产学研协同创新共享行为影响因素研究[J].管理评论,2020(11):92-101.
⑦ 刘和东,钱丹.产学研合作绩效的提升路径研究——以高新技术企业为对象的实证分析[J].科学学研究,2016,34(5):704-712.

有显著的正向影响,但合作程度对产学研合作模式的影响并不显著。政府的政策支持作为外部要素对产学研合作模式产生的正向影响比较显著,也对产学研合作行为产生了显著的正向影响。靳强等[1]学者通过研究发现,湿地面积占辖区面积比重、高技术产业投资额、技术市场成交额、高技术产业主营业务收入等是推动提高长江经济带生态创新协同水平的关键因素。

在产学研用协同创新的过程中,企业是科技成果的需求方。因此,一些学者从企业的角度对产学研用协同创新的影响因素进行了研究。其中,国外学者 Motohashi[2] 对日本企业的研究与发展合作进行了探讨,认为随着企业生存的时间的不同,影响产学研用协同创新最终效果的因素也会发生变化,并最终得出了呈 U 字形态的数据图形。此外,其还认为小企业对商品化技术的需求远远高于大型企业。Elias 等[3]认为信任和社会资本对协同创新成效有很大影响,知识交易和知识共享则是信任和创新的基础,产学研等主体间的知识传递与共享形成了协同关系,不仅为社会资本的深层次合作提供了便利,也有利于信任关系的建立。Pavitt[4] 认为制约产学研用协同创新的因素之一就是组织文化的差异性。Hall 等[5]把"知识产权因素"表述为"合作不可逾越的壁垒"。Plewa 等[6]学者认为信任、承诺和互动是影响产学研用协同创新的关键因素。Butler 等[7]学者认为,产学研合作创新组织的信任氛围促使产学研合作创新参与人员间的交流更加真实、深入,提高了合作创新的绩效。Helaakoski[8] 则认

---

[1] 靳强,郑庆昌.长江经济带生态创新协同度及其影响因素分析[J].科技管理研究,2018,38(18):261-266.

[2] Motohashi K. Licensing or Not Licensing? Empirical Analysis on Strategic Use of Patent in Japanese Firms[J]. *Discussion Papers*,2006.

[3] Elias G. Carayannis, Jeffrey Alexander, Anthony Ioannidis. Leveraging knowledge, learning, and innovation in forming strategic government-university-industry(GUI) R&D partnerships in the US, Germany, and France[J]. *Technovation*,2000,20(9):477-488.

[4] Pavitt,K. The process of innovation[J]. *SPRU Electronic Working paper Series*,2003(89):145-189.

[5] Hall B H,Link A N,Scott J T. Barriers Inhibiting Industry from Partnering with Universities:Evidence from the Advanced Technology Program[J]. *The Journal of Technology Transfer*,2001,26(1-2):87-98.

[6] Plewa C, Quester P. Key drivers of university-industry relationships: the role of organisational compatibility and personal experience[J]. *Journal of Services Marketing*,2007,21(5):370-382.

[7] Butler J, Hill R, Wallace M. Cooperative research: an example from the wet tropics of queenland[J]. *International Journal of Interdisciplinary Social Sciences*,2010,6(5):139-154.

[8] Broström A,Lööf H. Does knowledge diffusion between university and industry increase innovativeness?[J]. *The Journal of Technology Transfer*,2008,33(1):73-90.

为战略相似对于协同创新的知识传递最为重要。Veugelers 等①指出,对于企业风险的动机、R&D 能力、企业分担成本、企业的拨款制度、其他补充创新活动和外资份额等企业其他方面的特征也是影响产学研用协同创新的因素。除此之外,参与合作的创新主体间的地理位置②是影响产学研用协同创新成果的因素,参与企业所处的行业③、产学研用协同创新的具体形式④等也是影响产学研用协同创新成果的因素。肖丁丁等⑤认为企业的规模大小能对产学研用协同创新的成果形成很强的积极性的影响,企业的 R&D 投入也会对产学研用协同创新成果产生积极的影响作用。企业自身的 R&D 投入与企业合作的科研机构呈正相关,也与大学的资源创新呈正相关。在一定程度上,企业规模的大小能够反映出企业的实力,企业的规模越大,越能为产学研开展协同创新提供资源,产学研用协同创新的成果越有利于产出。学者刘凤朝等⑥认同政府可以通过科技研发投入来带动企业研发投入,进而达到技术进步和经济增长的目的这一观点。苏屹和李柏洲⑦对中国大中型工业企业的相关数据进行了研究,发现政府科技投入促进企业研发产出的效果没有企业自筹研发资金促进企业研发产出的效果好。王福君⑧在梳理辽宁装备制造产业的发展轨迹时发现,产业升级的主要动力因素是技术创新、资源要素、市场需求。谢园园等⑨调研了江苏省 13 个地级市的 200 多家创新型企业,从企业视角实证研究了企业产学研合作模式的影响因素,认为产学研合作模式受到产学研合作程度、企业 R&D 吸收能力、政府政策环境支持以及行业类型等因素的影响。陈

---

① Veugelers R, Cassiman B. R&D cooperation between firms and universities. Some empirical evidence from Belgian manufacturing[J]. *International Journal of Industrial Organization*, 2005(23):355-379.

② Laursen K, Reichstein T, Salter A. Exploring the Effect of Geographical Proximity and University Quality on University-Industry Collaboration in the United Kingdom[J]. *Regional Studies*, 2011, 45(4):507-523.

③ Bekkers R, Maria L, Freitas B. Analyzing knowledge transfer channels between universities and industry: To what degree do sectors also matter? [J]. *Research Policy*, 2008(37):1837-1853.

④ Goel R K, Grimpe C. Active versus passive academic networking: evidence from micro–level data [J]. *Journal of Technology Transfer*, 2013, 38(2):116-134.

⑤ 肖丁丁,朱桂龙,戴勇. R&D 投入与产学研绩效关系的实证研究[J]. 管理学报, 2011, 8(5):706-712.

⑥ 刘凤朝,孙玉涛. 基于过程的政府 R&D 投入绩效分析[J]. 研究与发展管理, 2008(10):90-95.

⑦ 苏屹,李柏洲. 大型企业原始创新支持体系的系统动力学研究[J]. 科学学研究, 2010, 26(1):141-150.

⑧ 王福君. 辽宁省装备制造产业升级的轨迹、机制与路径选择[J]. 理论界, 2010(8):58-62.

⑨ 谢园园,梅姝娥,仲伟俊. 产学研合作行为及模式选择影响因素的实证研究[J]. 科学学与科学技术管理, 2011(3):35-42.

光华等①通过对地理距离对跨区域产学研合作创新绩效影响的实证检验,得出的结论为:地理距离对新产品产出具有显著的负向影响,而对专利产出的影响则不显著。张秀峰等②经调研发现,所有权性质不一样的企业从外部获取资源的能力也不尽相同,认为产学研用协同创新成果受企业的所有权性质的影响,这种影响会对产学研用协同创新的结果带来影响。在产学研用合作的科研创新、商品创新阶段,国有企业参与的效果与私营企业有显著不同。

除此之外,也有学者探究了产学研用合作过程中创新主体间的特征。在产学研开展协同创新的过程中,影响协同创新成果的因素包括创新主体间的合作意愿、合作目标、互动交流以及文化融合情况。Deborah 等③研究了化学工程领域的产学研用协同创新联盟,比较分析了日本、法国和美国等国的联盟,提出产学研用协同创新成果受产学研用协同创新联盟中合作主体间是否具有共同的价值观的影响,也受利益分配是否达成共识的影响。参与产学研用合作的企业、学研方机构间之前有无合作会影响协同创新的效率。若主体之间之前合作过,那在此次合作过程中双方的信任度、默契程度会较高,能够减少冲突、提高效率、节约成本④。李梅芳等⑤从产学研合作满意度的层面分析了影响产学研用协同创新成果的因素有哪些,认为影响协同创新成果的关键因素是风险投资介入、科技中介服务机构和产学研合作主体(企业和学研方)间文化价值的融合程度,而信息渠道不会对协同创新成果产生显著影响,合作中的利益分配问题也不会对协同创新成果产生显著影响。产学研用协同创新系统的耦合互动受协同创新各主体在互动过程中行为的影响,协同创新的成果产出也会被逐步影响。因此,产学研用协同创新的关键是系统的耦合互动,即要想使产学研用协同创新效果得到提高,就需要增加产学研合作各主

---

① 陈光华,王烨,杨国梁.地理距离阻碍跨区域产学研合作绩效了吗?[J].科学学研究,2015,33(1):76-82.

② 张秀峰,陈光华,杨国梁,等.企业所有权性质影响产学研合作创新绩效了吗?[J]科学学研究,2015,33(6):934-942.

③ Deborah H, Crabb C, Cooper C, et al. Sticky issues for corporate-university R&D alliances[J]. Chemical Engineering,1998,105(6):39-42.

④ Petruzzelli A M. The impact of technological relatedness, priorties, and geographical distance on university industry collaborations: A joint-patent analysis[J]. Technovation,2011,31(7):309-319.

⑤ 李梅芳,赵永翔,唐振鹏.产学研合作成效关键影响因素研究——基于合作开展与合作满意的视角[J].科学学研究,2012,30(12):1871-1880.

体间的互动与合作①。

　　技术创新能够促进经济增长的速度。越来越多的国家开始重视创新体系中的产学研用协同创新,各国政府也开始从方方面面介入产学研用协同创新。因此,专家、大师们研究了政府在产学研用协同创新中的影响。美国是最早构建包含上、中、下游完整产业链的产学研用协同创新体系的国家。在这一体系中,上游主要负责的工作是研究开发,中游主要负责的工作是应用型研究,下游主要负责的工作是技术应用开发。美国政府积极参与了产学研用协同创新在美国半导体产业发展的各个阶段,起到了积极的促进作用。Albert等②基于实证分析了英国著名大学工程部的数据,研究结果表明政府的投入对产学研用协同创新科研成果的影响力、实用性产生了积极的影响,也对数量产生了重要的影响。在全国范围内,我国政府的支持对产学研用协同创新的开展发挥了促进作用,不过这种促进作用呈现递减的趋势③④。

　　从整体来看产学研用协同创新的相关研究,有三个特点:一是将产学研用看作静态的组织,研究协同创新的横截面(影响因素、模式机制);二是侧重研究产学研用协同创新单个主体的地位和功能;三是利用大数据分析协同创新效率的较多,结合中国国情研究产学研用个案的较少。我国产学研用协同创新的主要问题是科技资源配置仍不能很好地适应市场经济的要求,存在着科技与经济脱节的现象。一个市场需求比10所大学更能促进技术发展。突出强调"用"指协同创新延伸到了孵化阶段,要求企业家和科学家要保持亲密地交流,也要求企业家和科学家的学术价值和商业价值要紧密的连接。产学研用协同创新成功的关键在于多方创新主体利益协调,设计风险分担和利益分配机制,并辅以风险投资机制。本书将产学研用协同创新纳入到生命周期的视角内,着重探讨生命周期中各阶段协同创新激励不足的问题,根据系统的目的性、相关性和整体性来新建多个创新主体既能维持相对独立,又以成果共享、利益互惠、功能互补为目标的激励机制。

---

　　① 李成龙,刘智跃.产学研耦合互动对创新绩效影响的实证研究[J].科研管理,2013,34(3):23-30.
　　② Albert B,Ines M,David P. Research Output from University Industry Collaborative Projects? [J]. *Economic Development Quarterly*,2013(27):171-181.
　　③ 白俊红,卞元超.政府支持是否促进了产学研用协同创新[J].统计研究,2015,32(11):43-50.
　　④ 卞元超,白俊红.产学研用协同创新的制度逻辑[J].科技与经济,2015,28(6):19-23.

1.4 研究内容

本书的总体框架按照"产学研用生命周期构建—激励不足问题分析—激励机制设计"的思路展开(见"研究思路"内容),分五个部分:第一,阐述产学研用协同创新的内涵及生命周期属性;第二,构建产学研用协同创新的生命周期模型,研究存在的激励不足问题;第三,设计基于生命周期的产学研用协同创新激励机制,即需求匹配机制、投资驱动机制、风险防范机制、绩效评估机制;第四,通过调查研究和案例研究,验证课题所建立的理论框架;第五,提出产学研用协同创新激励机制政策建议。具体研究内容包括:

1. 产学研用协同创新内涵及生命周期属性

界定产学研用协同创新概念;分析"产学研协同创新"跟"产学研用协同创新"的异同,追溯国内外产学研用协同创新案例并梳理此类案例,将产学研用协同创新的一般模式进行总结;研究影响产学研用协同创新绩效的因素;论证创新驱动发展战略与产学研用协同创新的关联。讨论从合作创新到协同创新的演进机理,借鉴产品生命周期理论和知识网络演进理论,刻画产学研用演变过程的显著特征;根据决策目标的不同,将产学研用生命周期分为酝酿期、组建期、运行期和调整期四个不同的阶段;结合案例分析生命周期各阶段产学研用协同创新激励内容,评述激励机制的有效性。

2. 产学研用协同创新生命周期模型及激励不足问题

总结生命周期四阶段的激励不足问题:酝酿期市场需求与科研创新成果不匹配,盟主的缺失导致联盟动力不足,即"无的放矢"和"群龙无首";组建期盟主独自投资研发而其他成员无投资动机,即"赴汤蹈火"和"作壁上观";运行期盟主核心知识垄断而其他成员免费享受知识溢出,即"画地为牢"和"火中取栗";调整期因成员贡献度模糊导致创新成果利益分配不公,即"赢者通吃"和"多龙治水"。

3. 基于生命周期的产学研用协同创新激励机制设计

为解决每阶段产学研用协同创新的激励不足这一问题,需要制定出既科学又公平的激励机制,以期达成产学研用成员自愿放弃道德风险和逆向选择等投机行为的目标。

(1) 需求匹配机制。用户的需求的逻辑起点是产学研用协同创新。酝酿期产学研用的激励职能主要有 2 个：①如何将产学研拥有的技术知识资源与用户的需求相匹配；②在这一过程中确定产学研用协同创新盟主。选取我国产学研用协同创新在 2008—2015 年的 10 个案例作为研究对象进行分析，借助于扎根理论和多案例研究等方法来构建产学研用协同创新供需匹配机制的理论框架，希望能够回答以下问题：与产学研用协同创新供需相匹配的关键因素有哪些？在产学研用协同创新供需匹配模式下，能否设计统一的理论框架对其进行中国特色分类？构建产学研用协同创新供需匹配机制三维图是其研究目标；产学研用协同创新供需匹配机制可以分成三类："市场拉动""政策驱动""强人推动"。

(2) 投资驱动机制。组建期产学研用协同创新面临的主要问题是如何最大程度激励成员的投资动机。借鉴不确定理论和博弈论相关研究成果，构建投资收益函数，并引入不确定性创新收益变量，求得纳什均衡解，提出优化协同创新效益和提升利益分配效率的机理机制，最后用两个案例验证了所建立的产学研用协同创新投资收益博弈模型，讨论了产学研用协同创新联盟在不确定条件下实现协同创新的可能性，以及投资收益机制稳定性与制度化路径。研究发现：产学研用协同创新本身是一项试图降低技术交易成本的制度安排，同时充分发挥产—学研双方各自的优势。若想顺利达成并高效运作这种试图降低技术交易成本的制度安排，需要第三方的合作机制。

(3) 风险防范机制。运行期的产学研用联盟具有"学习竞赛场"的性质，防止知识共享过程中的"搭便车"行为，防范知识泄露风险是运行阶段主要的激励职能，因此产学研用此阶段最大的风险就是知识溢出风险。针对产学研用知识溢出中存在的知识资产流失、竞争优势丧失、知识产权纠纷、产学研用协同创新联盟解体等风险，基于对国内外相关研究成果的梳理，本书设计了产学研用协同创新知识溢出风险的理论模型，并对知识溢出风险的稳定性进行分析和模拟，最后提出了包括打造学习型产学研用协同创新联盟的产学研用协同创新知识溢出风险的管理框架，建立溢出知识审核机构；创新主体要树立阶段性协作意识，并有意识地拓宽彼此之间的非正式沟通渠道；制定契约型学习激励机制，优化组织部门结构；提高研发资金定向投放比率，同时政府等公共性组织机构要营造相契合的外部环境。

(4)绩效评估机制。当协同创新目标完成后(或目标未完成),产学研用进入调整期。调整期的激励职能主要是评估产学研用绩效,评估包括三项内容:产学研用知识优势;各创新主体贡献度;产学研用创新协同度。研究表明:产学研用协同创新绩效的评价指标设定不仅要着眼于产出这个主要变量,更要考虑协作过程中的良性变化,如员工、组织的生产技术提升绩效;不仅要评价单个盟员的创新绩效,更要衡量该盟员的绩效对其他成员和整个联盟的影响;产学研用协同创新绩效评估是一个整体系统,评估板块的缺失会使整体评估效果失准,而且绩效评估是一个历时过程,为避免因实时运营信息与事后分析的矛盾带来的偏差,应尽可能用实时分析与评价的方法;协同创新绩效评价的最大难题是指标因素难以量化的问题。

4. 实证研究:产业园区地理视角下产学研用协同创新知识溢出的激励作用

在回顾知识溢出在组织创新、组织间合作所发挥作用的基础上,不仅分析彼此之间内在关联,而且将其放入产业园中,探究特定空间特性是否意味着这些相互作用对于园区内企业效果要大于园区外企业。此外,在分析内在关系时,所有的溢出源都要被考虑,包括已被认知的竞争者、消费者、供应商、研究机构、商业创新、公共环境等。在此基础上,对产业园知识溢出对企业创新与组织间合作的激励作用做出实证检验。结果表明:知识溢出对企业创新与组织间达成研发合作协议具有正向激励作用。同样的检验结果在特定的知识溢出类型中也有所体现,即企业对于竞争对手溢出、供应商溢出、顾客溢出以及公共溢出的重视程度越高,其完成创新与达成合作的可能性越大。

5. 案例分析:环同济知识经济圈产学研用协同创新的演化之路

环同济知识经济圈是在我国改革开放与经济社会迅速发展的大背景下生成与发展的,该经济圈创建了一个大学的文化溢出,形成创意产业集群、人才、知识,通过与杨浦区政府的密切合作,最大化地发挥了其集群性、创造性、知识性、原生性等作用。这一典型案例启示我们,为加快建立创新型城市与创新型国家,要结合实际情况积极发挥文化、资源、人才等优势。最后,从产、学、研、用四个层面提出环同济知识经济圈发展的战略方向和具体对策。

6. 河南省产学研用协同创新平台建设研究

首先,在理论层面分析了产学研合作平台,具体解释了产学研用协同创新平台体系的构成要素、内涵、必要性和目标,为产学研平台的建立提供了牢靠的理论依据。其次,通过河南省产学研创新平台体系进行了相关的问卷调查和实地访谈,整理调研数据并进行详细的对比分析,剖析河南省产学研用协同创新平台体系建设中存在问题的关键因素,即政策法律体系不完善、信息不对称、信息市场发育不健全、信息平台建设不成熟、资金不足。最后,谨慎选取国内外平台建设的典型案例,借鉴其成功经验,结合河南省产学研用协同创新与产业发展的实际情况,从服务支撑体系、产学研用协同创新平台治理、产学研用协同创新平台建设三个方面对河南省产学研用协同创新体系建设提出可行性建议,以实践深化研究,用研究驱动实践,促使河南省产学研用协同创新的发展更上一层楼。

7. 产学研用协同创新激励机制实施政策建议

借鉴发达国家先进经验,辅以国内典型调查案例,评述当前我国各地产学研用激励政策措施;阐述政府的引导对产学研用协同创新的重要性;根据行业性质与市场结构讨论政府激励政策的不同选择;界定政府干预产学研用的有效边界;比较政府购买、政策扶持、法律规制三种激励措施对产学研用协同创新的不同影响;探索以企业为主体、市场为导向的产学研用协同创新中国特色实现路径。

1.5 研究方法

本研究运用生命周期理论、系统科学理论、创新理论、社会网络理论、社会学、博弈论等学科的理论与方法,注重多种研究方法的综合应用,具体运用的方法有以下几种。

1. 将生命周期理论引入产学研用研究

借鉴产品生命周期和组织生命周期理论将产学研用协同创新生命周期分为酝酿期、组建期、运行期和调整期四个阶段,分析生命周期各阶段中包含的决策过程。因为生命周期数量刻画难度较大,拟采用建立概念模型的方式。

2. 运用扎根理论研究产学研用协同创新供需匹配机制

产学研用协同创新供需匹配机制理论构建过程与扎根理论运用的基本要求相匹配:用诠释学自我呈现和反思的方法来说明特定组织情形下的关系;没有强制性地收用产学研用相关的文献资料;没有办法获得一手文献资料时,可选择用二手定性资料来建立理论模型;不将供需是否匹配作为首要问题;研究组织间(产学研用)机理机制、真实结构。

3. 运用合作博弈方法研究投资驱动机制

产学研用协同创新是典型的团体理性(collective rationality)。基于联盟来看,整体协同创新收益大于各个主体单独进行创新的收益之和;基于联盟成员来看,与不加入联盟相比,所有成员都获得了更多的收益。由此可见,产学研用协同创新下投资收益的问题是典型的完全信息条件下的最优合约安排的问题。因此,研究该问题的主要立足点是合作博弈。

4. 利用 Cobb-Douglas 分析产学研用协同创新知识溢出风险

结合 Cobb-Douglas 生产函数多因素分析特性,现有研究中融入了资金投入、人员流动、技术转让等多变量与知识溢出的联系,在 Cobb-Douglas 知识生产函数基础上,在不改变变量相关性及趋向性的前提下,设计测度产学研用协同创新知识溢出风险的通用形式。

5. 运用模糊综合评价法评估产学研用协同创新绩效

产学研用协同创新绩效评估存在难以量化的成分,以定性分析入手评估的直观性较弱,且规制评估机制容易出现偏差或误解。据此,可依据模糊数学中隶属度理论对创新绩效量化难、评价不确切的问题进行破题,令定性评估转化为定量评估。

6. 使用 Stata14.0 统计软件探讨知识溢出、组织创新与组织间研发合作的关系

变量设计中因变量设计为二分类虚拟变量,采用二项逻辑回归检验研究假设,分析出溢出效应对企业创新与研发合作的影响程度,构造二项逻辑回归的表达式,使用面板数据验证研究假设。

7. 采用案例研究法分析环同济知识经济圈演进的路径

基于时间序列纵向分析案例环同济知识经济圈产学研用协同创新活动,把环同济知识经济圈的生命周期分为酝酿期、组建期、运行期、解体期四个阶段,验证产学研用协同创新生命周期模型和协同创新激励机制。

8.运用调查研究的方法分析河南省产学研用协同创新平台建设

由于产学研用协同创新体系建设需要服务机构、科研院所、高校以及企业等多种不同组织的参与,因此根据这些组织的不同特点设计了相应的调查问卷,从定性和定量两种不同的角度设计了企业调查问卷,从定性角度设计了服务机构、科研院所以及高校的调查问卷。基本程序是:案头调研——设计初始问卷;典型访谈——修改问卷;征集意见——再次修改问卷。

此外,本书还运用了文献研究方法。笔者从2010年起开始关注各类技术知识联盟(知识链、产学研用、技术研发联盟)相关文献,并按照不同的研究视角对其做了分类梳理,本书大量借鉴了国内外的研究成果。

1.6 研究思路

本研究探索了产学研用协同创新生命周期的发展规律,并构建了产学研用协同创新的生命周期模型;针对产学研用协同创新生命周期中每个阶段的激励不足问题,设计出四个激励子机制,即需求匹配机制、投资驱动机制、风险防范机制和绩效评估机制;通过调查研究和案例研究,验证课题所建立的理论框架;根据实证研究结果,分析我国产学研用协同创新激励的现状和问题,为政府实施产学研用协同创新激励政策提供建议。研究逻辑思路有三条主线:一是产学研用协同创新生命周期阶段的划分,二是生命周期各阶段存在的激励不足问题,三是针对这些问题设计激励机制。理论建构完成后验证理论模型,最后根据理论模型和实证研究提出相应的政策建议。研究思路如图1-1所示。

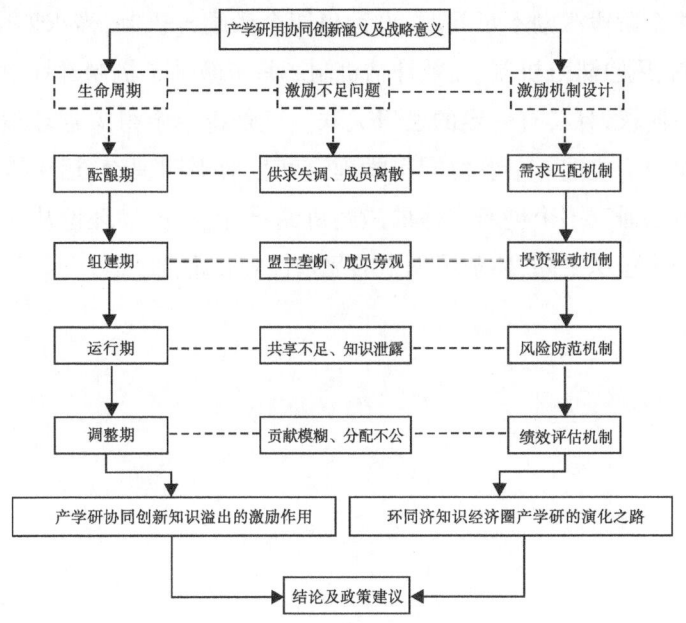

图 1-1 产学研用协同创新的研究思路

1.7 创新之处

本研究的重点是构建产学研用协同创新的生命周期模型,这一部分是课题研究的基础。本研究的难点是生命周期四个阶段中激励机制四个子机制的设计,因为要根据产学研用协同创新生命周期的具体情况来设计,要使四个子机制能够具有针对性和适用性。针对产学研用生命周期"酝酿期→组建期→运行期→调整期"过程中的激励不足问题,设计多主体间共同受益的激励机制。

本研究可能的创新有三个方面:一是构建基于生命周期的多创新主体之间激励机制的理论框架。将生命周期理论引入产学研用研究之中,研究产学研用酝酿期、组建期、运行期和调整期激励机制,跟踪产学研用联盟的决策过程,验证所构建理论的合理性。针对协同创新的复杂性和模糊性,主要通过设计互励机制来促进产学研用成员之间的协同创新活动。二是根据生命周期将产学研用协同创新激励机制分为四个动态子机制。针对产学研用协同创新的生命周期每个阶段激励不足问题,设计出四个激励子机制:需求匹配机制、投资驱动机制、风险防范机制、绩效评估机制。每个激励子机制都针对产学研用发展的某一阶段,且具有一定的逻辑关联。三是将单个组织管理理论和方法拓展到多个组织之间。借鉴协同科学理论和生命周期理论,运用博弈论和委托代理等方法研究多个创新主体的激励机制设计,将激励理论从一对一的应用上升到众多组织之间,体现了创新的复杂性和互励性。

第 2 章
产学研用协同创新的内涵及生命周期属性

产学研用协同创新能有效地整合和优化配置组织内外部资源,因此,许多企业、高校、科研院所逐渐加入到产学研用协同创新的研究大军中。2012 年是我国以创新驱动发展为战略的重要阶段,当时实施的"2011 协同创新中心"计划,极大地推动了产学研用协同创新的发展[1]。如今,对产学研用协同创新的研究不断深入,关注的焦点已经深入到对创新主体间协同关系的效应问题。但是,在实践过程中,判定产学研用协同创新的协同关系时,一直停留在主观判断阶段,没有运用先进的评定方法,只是简单地对联盟合作的结果进行评价,并误以为是协同效应。因此,为了进一步推动产学研用协同创新的发展进步,需要加强对协同关系的研究。

协同创新理论是研究产学研用协同创新的理论基础。对于协同创新理论,学者们进行了大量研究。Chesbrough[2]认为组织能够同时从组织外部和内部得到有价值的创新资源,并在利用这些创新资源的时候获利,这就是最初协同创新的概念,主要被用来分析创新和研发活动中组织边界模糊问题。对产学研用协同创新的研究,主要是在产学研用联盟合作的基础上,并且在企业、高校、科研机构、用户等组织边界十分模糊的前提下,研究如何有效地实现组织外部和内部资源的整合和优化配置。现有学者们在研究协同效应时,大多数运用的是定性研究方法,运用定量研究方法的很少,并且协同关系各维度的

---

[1] 胡雯,陈强. 产学研用协同创新生命周期识别研究[J]. 科研管理,2018,39(7):69-77.
[2] Chesbrough H. The governance and performance of Xerox's technology spin-off companies[J]. Research Policy,2003,32(3):403-421.

衡量手段也很少,在一定程度上限制了研究协同效应后续工作的有效运行,使其成了研究产学研用协同创新的"瓶颈"问题。

生命周期理论来源于生物学派,是指一个生物体历经出生、成长、成熟、衰老直至消亡的周期性规律。从以往对生命周期的研究中可以发现,产品、企业、产业等在发展过程中都会经历从创建到壮大再到衰亡的过程,于是,可以考虑将生命周期理论应用于产学研用协同创新组织的变化过程中。通过对产学研用协同创新的定义、特征、结构等的梳理,能够对产学研用协同创新中各主体地位及其变化规律有一个清晰的认知。在此基础上,以产品合作和知识网络为切入点,通过主观判断和客观评价的方式来分析相应的变化规律,可以知道产学研用协同创新过程中的产品和知识经历了由创建到衰亡的过程。通过对产品创新过程和知识网络变化过程的生命周期属性进行研究,能够对现有产学研用协同创新研究进行有益补充,对开展后续研究具有积极启示。

2.1 产学研用协同创新的内涵

20 世纪 70 年代,学者纳迩孙和文特在借鉴生物进化论的情况下提出了新的演化经济理论,促进了技术与制度的融合。20 世纪 80 年代后期,大量兴起的基于科学创新的新兴产业学术界对产业和经济的发展产生了重大影响,引发了政府对科研成果与产业发展之间关系的关注。20 世纪 90 年代初期,以 Freeman 和 Lund 为主的学者开创的国家创新系统学派,推动了产学研结合的思想和原理在实践中的应用。20 世纪 90 年代末,亨利·埃茨科威兹用三重螺旋理论解释了产学研合作三方相互独立又互相作用,呈螺旋状不断地旋转上升的关系。随后,Leydesdof 对此概念进行了发展延伸。2003 年,Henry Chesbrough 在其著作 *Open Innovation*: *The New Imperative for Creating and Profiting from Technology* 中提出"开放式创新"的概念,认为这种合作模式可以从其外部和内部同时获得有价值的创意和优秀的人力资源,运用自身优势实现科研成果市场化,并使得合作各方从中获利。

1992 年,我国为了提高企业、高等院校、科研中心三方合作意愿,加快研究成果的产业化,组织国务院经贸办(现国家商务部)、国家教育委员会(现国家教育部)、中国科学院联合开展了"产学研联合开发工程",旨在形成新的运行机制。21世纪以来,经济一体化的发展使得产业、高等院校、科研机构、用户四者相结合的观点得到了广泛认可,大量产学研用联盟合作组织机构的组建,推动了我国产学研用协同创新的研究进程。

2.1.1 产学研用协同创新的定义

协同,我国首部按部首编排的汉语字典《说文解字》中曾提到"协,众之同和也。同,合会也"。即多个不同个体通过相互配合,协同一致地完成某一件事。创新则是指以打破常规的思维方式或行为,创造和改进出原来不存在的事物等。协同思想最先是由 Igor Ansoff[1] 提出来的,他在研究企业的多元化时,提出协同主要存在于企业组织内部各事业部之间。在 1971 年之后,Hermann Haken 对"协同"的概念进行系统化,将其发展成为一门独立的学科,即协同学。Peter Gloor 最先提出了协同创新的定义,他认为协同创新最重要的是组织成员之间的合作性,组织成员为了共同的任务目标成立网络小组,通过网络来进行信息、思想和技术等的交流沟通。因此,协同创新是通过思想、知识、专门技术和机会共享的跨越组织边界创新[2],它包含沟通、协调、合作、协同四个方面,然后对其组织内外部的资源进行整合和互动[3]。另外,在物种的演变进化过程中,各物种之间的相互作用和相互影响会出现共同进化和共生现象,类似的,在协同创新过程中亦会出现相似的现象[4][5][6]。

在创新的时候,把协同的思想始终贯穿整个创新的路径中,就是协同创新。为了同时提高效率和创造价值,需要各创新主体在创新过程中进行机制

---

[1] Ansoff H I. The innovative firm[J]. *Long Range Planning*, 1968, 1(2):26-27.

[2] Ketchen D, Ireland R, Snow C. Strategic entrepreneurship collaborative innovation and wealth creation [J]. *Strategic Entrepreneurship Journal*, 2007(1):371-385.

[3] Serrano V, Fischer T. Collaborative innovation in ubiquitous systems [J]. *Journal of Intelligent Manufacturing*, 2007, 18(5):599-615.

[4] Ehrlich P R, Raven P H. Butterflies and plants: a study in co-evolution[J]. *Evolution*, 1964, 18(4): 586-608.

[5] Rothwell R, Robertson A B. The Role of Communication in Technological Innovation [J]. *Research Policy*, 1973, 2(3):204-225.

[6] Junior J, Leis R P, Palmeiro M I M. The pole for technological innovation from the north of RS in the light of regional innovation systems: its evolution, the facilitating and limiting[J]. *Brazilian Journal of Innovation*, 2012.

协调、联盟合作,充分积极发挥各自的主观能动性。此后,在管理研究领域,出现了协同创新的思想,企业在经营管理过程中大量应用系统创新的思想。在20世纪80年代后,技术创新与经济相互融合,企业处于激烈的竞争环境中,技术的发展推动了协同创新的进一步发展,学者们开始如火如荼地探究"产学研用协同创新"的课题,分析产学研用各主体(企业和学研机构)之间通过怎样的路径来进行要素互动以提高组织科技创新,最终促进组织经济增长。学者Debackere等[1]认为产学研合作是企业和大学之间进行的以知识和技术交换为目的的各种形式的交流活动,知识的需求和供给是建立产学研合作的必要前提。我国学者王海军等[2]指出,产学研用协同创新是指在政府的引导下,企业与高校、科研院所等创新主体围绕用户需求利用各自优势分工合作,共同推动技术创新的行为。

通过以上对"协同"和"协同创新"等相关概念的发展和理解,本书得出,产学研用协同创新是指在产学研用联盟合作中,企业、高等院校、科研机构、用户等各创新主体在自身创新优势的基础上,通过搭建的共享平台,实现各主体间的信息共享、资源互补,并在政府、技术服务机构以及金融机构等相关机构的协助下,遵守"共商、共建、共享"的原则,共同开展科技创新活动。产学研用协同创新过程中主要包含人才、技术、设备、信息、管理等要素,为了实现共同的目标,通过四个主体间这些要素资源的整合和有效配置,最终会产生"1+1+1+1>4"的协同效应。

2.1.2 产学研用协同创新的特征

产学研用协同创新是一个复杂的系统,其具有如下五个基本特征。

1. 整体性

产学研用协同创新最根本的特征是整体性,它并不是要素的简单相加或任意组合,而是这些要素由非线性相互作用形成的有机整体。我们可以把产学研用协同创新当作一个由多个子系统组成的整体,这些子系统包括动力提

---

[1] Debackere K, Veugelers R. The role of academic technology transfer organizations in improving industry science links [J]. *Research Policy*, 2005, 34(3):321-342.

[2] 王海军,成佳,邹日崧.产学研用协同创新的知识转移协调机制研究[J].科学学研究,2018, 36(7):1274-1283.

供子系统、促成合作子系统、创新发展子系统等。并且除了各子系统的功能外,还可以对整个系统进行改进,增强企业科技创新能力,促进科技成果转化效率,从而增进各类创新主体的竞争力,推动经济发展和科技进步[①]。可以看出,整个系统的质与各部分的质是不同的,整体的质大于各部分要素之和。

2. 多元性

产学研用协同创新的发展水平受很多因素的影响,其中区域环境的影响最为重要。不同的区域经济发展水平、政策制度、社会文化习俗、自然地理条件和科技教育发展水平等各不相同,这些都会影响产学研用协同创新的水平高低。而这些因素又因各个区域优势和特色不同,所呈现出的创新资源、创新效率和联盟合作能力高低不同,每个区域发展水平不平衡。因此,产学研用协同创新具有多元性,提高产学研用协同创新的完成率需要有较强的创新能力和创新绩效,要选择合适的区域,充分利用区域本身的优势。

3. 开放性

当系统开放时,它能与外部环境交换物质能量,然后才能平衡来自外界的负熵流,从而使自身的熵值降低,确保系统的规律有序,提高系统的整体功能。产学研用协同创新是一个开放系统,它与外部环境间存在一个输入与输出关系,它是一个系统不断进化与升级的过程。只有提高产学研用协同创新边界的开放程度,才能促进产学研用协同创新与外部环境的物质能量交换。在系统开放时,输入与输出大量的人、财、物、信息,会提高产学研用协同创新的多赢。产学研用协同创新过程中既有限制科技创新的饱和效益,也有各子系统间和子系统内部各元素间的正负反馈效应的存在。其相互作用主要表现为:各协同创新主体间的人、财、物、信息的相互影响和相互作用,协同创新过程中各主体间的相互协调,各主体与外部政治、经济、资源环境的相互作用。

4. 复杂性

根据各子系统的关系进行分类,可将系统分为复杂系统和简单系统。复杂系统的组织结构更加错综复杂,层次维度也很多,各要素间的联系也复杂。而复杂系统的错综复杂关系导致可能产生很多个目标方案,因此其所涉及的技术种类的应用也很多。从本质上来看,产学研用协同创新的过程就是一个

---

① 曹静.区域产学研结合技术创新体系研究[D].哈尔滨:哈尔滨工程大学,2010.

复杂系统,且从不同角度去分析这个复杂系统也会得出不同的分类方式。其中,从纵向和横向去看待产学研用协同创新是最基本的分类方式。从纵向来看,这个复杂系统主要由合作伙伴、合作模式、合作项目、中试、成果导入、利益分配等各环节组成;从横向来看,则是由合作创新的核心体系、对象体系、中介体系组成的。

5. 不平衡性

产学研用协同创新是一个非平衡系统。各创新主体之间的物质能量交换(人才流动、技术转移、资金流动、信息共享等)及各主体内部的分工合作都使得产学研用协同创新处于不平衡的状态。这种不平衡性有利于联盟合作创新进程的推进,促成产学研用协同创新的稳固合作。一方面,因分工和工资所得不同,就有了创新激励和动力,各主体能发挥创新主观能动性;另一方面,企业、高校、科研机构各主体间的知识、技术、信息、产品等的交流沟通,有利于提高产学研用协同创新的效率,形成完善并高效的合作伙伴。

2.1.3 产学研用协同创新的结构

产学研用协同创新是创新能力的载体,探讨产学研用协同创新有着深远的意义。产学研用协同创新有两个主要属性:物理结构属性和功能结构属性。通过对学者们研究成果的分析和研究,本书将从创新资源、创新主体、创新功能、创新环境等角度探究产学研用协同创新的构成。

1. 创新资源

创新资源是产学研用协同创新最根本的构成部分。总的来看,产学研用协同创新的资源有多种类型。

(1)自然资源——极为基础性的资源类型,特别对于以原材料为主导型的资源消耗类行业,比如煤炭矿产行业而言,其产业创新的过程肯定需要矿产等自然资源的保障[①]。至于其他行业,自然资源也为其进行创新提供了其他先天条件。

(2)人力资源和财力资源——与自然资源相比属于社会资源,若产学研用协同创新内部具有良好的人力资源基础(如具备充足的与技术创新相关的优

---

① 贺灵.区域协同创新能力测评及增进机制研究[D].长沙:中南大学,2013.

秀科研人才和高质量的创新管理人才),则产学研用协同创新的能力就会得到大幅度提升。

(3)财力资源——产学研用协同创新的血液,资金是最重要的基础,大量的资金流入,可以进行较大规模的创新活动,支持创新的长期持续①。

(4)信息资源——也是一种相当重要的资源,由于"信息的不对称""信息孤岛"等现象的出现,创新资源得不到合理有效的灵活配置,造成资源浪费,最终不利于产学研用协同创新的发展。

2. 创新主体

(1)企业。作为技术创新的主体,其主体地位的确立是从企业在科技创新中承担的重要职能来定位的。在科技创新的资金投入方面,企业有相当大的资金实力和能力来进行投资,特别是大型企业,因此企业是科技创新资金投入的主体。在应用性技术开发方面,企业直接进行面向生产过程的技术开发活动,变革工艺流程,改进生产方式,将研发成果转化为生产力,因此企业是应用性技术开发的主体。在承担创新风险方面,企业作为主体之一,在做出决策、举办完创新活动之后,会遇到很多风险(技术、政策法规、市场需求等不确定性),因此企业是创新风险的承担主体。在享受创新收益方面,可以明确企业的技术创新主体地位。

通过分析产学研用协同创新系统中各企业,可以确定这些企业之间的关系。一般分为两大类:水平关系和垂直关系。水平关系能再细分为互补性与竞争替代性。互补性的水平关系是指各企业生产出具有功能互补性的产品,避免造成双方对市场占有率的竞争,但竞争性企业间会因产品而抢夺市场。垂直关系是指在整个产业链条上上中下游企业在原材料供应、产品制造、产品零售上所形成的企业关系。这些相互关联的企业集聚在一个区域就形成企业集群,可以加强区域内企业间的进一步联系,推动人才、资金、信息、技术的进一步交流与共享②。

(2)高校、科研院所。高校与科研院所是属于智力密集型行业,作为产学研用协同创新的重要主体之一,二者主要承担的任务是知识的创造——主要

---

① 赵凌晨.黑龙江省区域创新系统与区域经济发展协调性研究[D].哈尔滨:哈尔滨工程大学,2007.

② 曹洋.国家级高新技术产业园区技术创新网络研究[D].天津:天津大学,2008.

负责研究基本知识和重要技术的创新运用,是整个产学研用协同创新系统的活力源泉。因此,企业要想依靠科技创新不断获得持续竞争力,就必须寻求大学和科研院所的帮助,以新的知识来换得新技术,从而催生新的生产力。高校不仅可以做科研,还可以培养高素质人才,培养出能够提高产学研用协同创新的科技人才。高校人才进入企业后,为企业带去新的知识和技术,并将其成果投入到生产。高校和科研院所一方面将高素质人才和新的知识输送到企业,另一方面也会亲自参与到企业的市场调研、产品生产开发、生产线运营等活动中去。高校和科研院所这种密切的参与交流能够使科研成果高速有效地转化为企业的生产力,提高生产效益,促进产学研用协同创新的经济发展。如若不然,会造成研究成果与生产力的不对接。除此之外,高校和科研院所能够推动产学研用协同创新的文化建设。科研人员在科研创新过程中表现出的不畏艰难、勇于拼搏、热爱科学的科研创新精神,会成为一个标杆,供其他产学研用协同创新主体学习。如此的科研精神必然会在整个系统内产生强大的激励效应,从而推动系统中创新精神和创新文化的形成。

(3)中介机构。在这里,中介机构包括创业服务中心、企业孵化中心、技术交易市场、科技人才市场以及各种行业性协会组织等。中介机构不属于直接创新主体,它不直接密切地参与到产学研用协同创新的活动中去,但是中介机构是相关创新主体,它为产学研用协同创新系统提供相关辅助性的服务支持,在各主体间搭建起沟通的桥梁和联系的纽带。中介机构能够促进人才、技术、知识、资金、信息等要素的交流与共享,促进资源的合理有效配置,有利于解决其他主体在创新实践中遇到的难题。一般,许多机构里都是人才济济,这些人才能够快速高效地将科技成果转化为生产力,有利于推动产学研用协同创新向前发展。许多学者都认为,产学研用协同创新系统内的中介机构创新能力越强,人才素质越高,服务效率越高,则整个系统里的新知识、新技术的转化率就越高,系统的运行绩效就越高[1]。因此,产学研用协同创新中必然有服务主体中介机构的身影。

(4)政府。在产学研用协同创新系统中,政府起到了政策制定者和调控监督者的角色作用。政策、法律、法规、规章等作为重要的制度保障,是产学研用

---

[1] 陈凤梅.湖南省区域创新系统的培育和发展研究[D].长沙:中南大学,2006.

协同创新系统中知识和技术创新转化为生产力,提高经济效率,推动系统发展的重要制度保障。制度创新在产学研用协同创新中充当着重要的功能,拥有柔性和创新性的制度创新能够适应知识和技术发展创新的要求,起到极大的正向推动作用。起到激励作用的制度很多,比如,科技人才激励机制,用以鼓励知识创新主体踊跃投身科研创新活动;企业创新优惠税收制度,用以提高产学研用各主体创新积极性等。制度创新要想起到显著作用,需要合理有效的设计以适应产学研用协同创新的发展需要①。政府和其他创新主体在产学研用协同创新的系统过程中共同承担着重要的角色,政府的作用不容忽视。

3. 创新功能

(1) 知识创新。知识创新、技术创新与制度创新是产学研用协同创新的三大重要功能,它们之间相互影响、相互作用。其中,知识创新是产学研用协同创新三大功能中的源头性功能,即对基本性的知识进行创造创新。知识创新的过程需要经过技术开发应用这一创新环节。先在企业内部进行应用性的技术开发,形成企业技术创新的核心环节,然后把企业研发的新知识转化为生产力,最终创造经济效益,推动经济增长。因此,产学研用协同创新系统进行创新活动,首要的就是对系统内的基本性的知识进行创造性的改造②。发挥知识创新功能的作用,主要靠高校和科研机构来不断努力。高校和科研机构只有永不间断地对新的科技、理论与知识进行研究,才能创造出生产中需要的基本性知识,才能推动产学研用协同创新的各主体的技术创新和制度创新的有效发展。

(2) 技术创新。产学研用协同创新系统,将知识和技术作为相对独立的产物进行界定,区分两者之间的含义。知识作为认知层面的产物,归类于观念、概念、原理一类范畴;而技术主要是相对于生产时间领域来区分,并直接在生产环节提高生产力,提高经济效益。由此可见,知识创新是产学研用协同创新三大功能中的源头性功能,其创新过程需要经过技术开发应用这一环节后把企业研发的新知识转化为生产力。因此,知识创新和技术创新是两个相对独立的不同层次的创新概念。技术创新的功能主要由企业来承担,它是产学研用协同创新系统中的重中之重,是核心功能。产学研用协同创新系统中不同

---

① 柳建容.区域创新中的政府行为研究[D].武汉:武汉理工大学,2010.

② Cooke P. Regional innovation systems, clusters, and the knowledge economy[J]. *Industrial and Corporate Change*, 2001, 10(4): 945-974.

类型的企业各司其职,分工明确,都有将新知识进行创造创新,用于生产实践,促进生产工艺的改进、新产品的开发、新市场的开拓,提高生产效益的责任。

(3)制度创新。作为产学研用协同创新系统中的三大功能之一,制度创新同样发挥着重要作用。无论是知识创新还是技术创新都离不开制度创新的保障。在产学研用协同创新系统中,制度创新的意义在于能够设计出有效适合系统中各主体进行知识创新和技术创新的规则制度,降低因知识和技术在系统中交流共享产生的费用。知识创新和技术创新的过程都需要知识和技术在产学研用协同创新系统中的生产、流动和配置,而知识和技术的交流与共享需要消耗大量的中间成本费用,制度创新可以在很大程度上降低这些中间费用的消耗。在产学研用协同创新系统知识和技术等资源配置过程中,制度创新能够优化资源配置,减少中间交易成本费用,并尽可能地降到最低[①]。这些制度都是与产学研用协同创新有关的法律、法规、政策、规章等。

此外,知识流动在产学研用协同创新系统中起着重要作用,是实现其他功能的必要条件。产学研用协同创新的重要功能体现在推动知识的流动。产学研用协同创新系统是一个不断运动的动态系统,若是没有知识流动,整个产学研用协同创新系统就处于静止的状态,无法向前推进发展。知识流动能够促进产学研用协同创新系统各主体间的交流与合作。高校和科研机构主要负责知识创造创新的功能,企业主要负责把高校和科研机构的这些应用知识和技术成果转化为生产力,其他机构则提供一些创新服务咨询的功能。产学研用协同创新系统中的各主体之间承担这些职能,需要互相交流沟通,而知识的流动是很关键的润滑剂。知识流动作为产学研用协同创新系统中关键的润滑剂,使得各个创新主体能够及时沟通、快速反应、优势互补、趋利避害,把各主体自己拥有的资源、信息、人才、资金等优势拿出来,共同推动系统的运行,达到多赢的局面。此外,促进产学研用协同创新中知识流动,有利于各创新主体之间的关系进一步加强,增进彼此之间的信任;有利于形成一种牢固的社会关系,塑造共同的价值观,增进彼此的创新意识;有利于推动产学研用协同创新文化的建立,形成良好的区域文化。产学研用协同创新系统的知识流动功能

---

① Nelson R, Nelson K. Technology, institutions, and innovation systems [J]. *Research Policy*, 2002, 31(2):265-272.

是系统的重要功能之一,发挥此功能有利于整个系统功能的加强和发展,影响深远①。产学研用协同创新系统中的知识流动方式有很多,一般而言,主要表现为企业之间的知识与技术合作、产学研用各主体之间的技术合作、技术交易、人员交流等不同形式。

4. 创新环境

产学研用协同创新的发展必须有良好的创新环境,良好的创新环境能够为产学研用协同创新的发展提供有力的支持。产学研用协同创新的创新环境有软硬之分。软环境主要是指当前的政策法规、市场变化、人们的素质和文化创新等,这些有利于开展创新活动。硬环境主要是指与创新相关的基础设施,无论是物质基础设施(交通运输设施、网络通讯设施等),还是技术基础设施(技术设备、技术数据仓库、技术标准等)都能推动产学研用协同创新的发展。软环境的构成要素很复杂,很难准确量化。在相当漫长的经营环境过程中,建设优良的软环境,对产学研用协同创新系统的推动作用是根本性的②。相较而言,硬环境是可以且极易量化的,可以采用跳跃性的发展方式来建设良好的硬环境。

分析研究产学研用协同创新的创新环境需要认识到以下三条重点:第一,认识到政府的主体地位。政府作为营造与建设创新环境的主体,一方面对与产学研用协同创新有关的物质基础设施建设起到助推作用,另一方面可以通过其法律权利与职能,颁布与产学研用协同创新相适应的政策法规,推动系统的发展。政府可以凭其地位的特殊性为产学研用协同创新各主体搭建起沟通的桥梁,推动各主体间关系网络的建设,密切关系往来。因此,政府在建设产学研用协同创新的创新环境中的作用是十分重要的。第二,认识到建设产学研用协同创新的软环境是一项任重道远、不断推进的工程。软环境的建设需要作为一项主要工程来进行,突破重点任务。因为拥有适合系统发展的政策法规、市场变化、高素质人员和文化创新的软环境能够推动产学研用协同创新活动的开展。第三,认识到产学研用协同创新系统中的各子系统与创新环境之间是相互影响、相互作用的。各创新主体会影响到创新环境的营造,反过来,建设创新环境也会对各创新主体各自的功能发挥产生影响。

---

① 顾新.区域创新系统论[D].成都:四川大学,2011.
② Brunnermeier S B, Cohen M A. Determinants of Environmental Innovation in US Manufacturing Industries[J]. *Journal of Environmental Economics and Management*,2003,45(7):278-293.

2.2　产学研用协同创新生命周期:产品合作创新视角

近几年,互联网、大数据、云计算、人工智能、区块链等技术的快速发展,对人们的生产、生活产生了深远的影响。各行各业之间的竞争愈发激烈,特别是以高科技为主要手段的竞争,正在如火如荼地进展着。消费者的需求不断个性化,产品的生命周期缩短,替代品增多等。本书在这种激烈竞争的环境背景下,从产品合作创新视角,研究产学研用协同创新生命周期。产品创新是提高产学研用协同创新组织核心竞争力的关键所在。产品创新的过程不是一帆风顺的,沿途中充满风险与挑战,且所消耗的成本很高。产品创新需要有保障,确保资源的充足性并将其转化为新产品的技术、资金、人才等能力保障。这就是企业选择与其他机构合作的最主要原因之一,产学研用协同创新组织的构建也是基于此原因。企业一个独体无法获得足够资源,也没有足够能力完成产品创新。产学研用系统创新组织的搭建可以弥补各主体因资源不足、创新能力不强、成本太高、建设周期长等原因而无法完成创新的缺陷。产学研用协同创新系统相互合作,资源互补,拥有将资源转化为新产品的能力优势,能够有效高速地实现产品创新,从而提高整个系统的竞争力。因此,产学研用协同创新组织是一种高效且快速的战略组织模式。

综上,在此本书对产学研用协同创新组织(下简称创新组织)的定义是:产学研用协同创新系统内的相关企业、高等院校、科研机构等以市场需求(即各创新主体共同专注)的产品为导向,通过系统对资源的合理有效调配,进而形成一支关系密切的创新组织。产学研用协同创新组织拥有将资源转化为生产力和新产品的能力,与此同时,其还能成功并有效地开展产品创新项目、提高竞争力,并最终为整个产学研用协同创新组织赢得长久的竞争优势。

总体而言,产学研用协同创新组织因产品的合作创新而形成、发展。在这个过程中,其发起者充当了产学研用协同创新组织的总设计师的角色,主要负责设计并规划组织的产品创新活动,积极开展成员主体之间的交流与合作,推动产品创新活动的进行。在此,本书从产品合作创新视角,研究产学研用协同创新组织的演化过程,为企业、高校、科研机构、用户等的创新活动提供指导依据。

2.2.1 基于产品合作创新视角的产学研用协同创新组织演化过程

从产品合作创新视角来看,产学研用协同创新组织的演化过程主要包括酝酿期、组建期、运行期、调整期等四个阶段,如图 2-1 所示。其中,产学研用协同创新组织的产品合作创新演化呈现出循环演进和螺旋上升的特点。

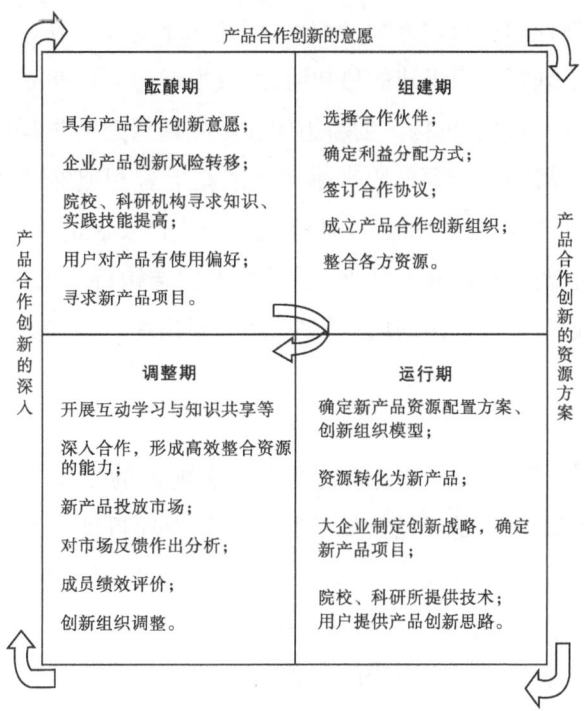

图 2-1 产学研用协同创新组织演化周期

1. 酝酿期

在受环境不确定性影响大的产业中,企业如果遇到资源短缺、外部环境不确定性增大、市场竞争激烈程度加剧、新产品开发周期缩短等困难时,企业一般会通过与其他企业进行联盟,来获得充足的资源,减少外部环境带来的不确定性的影响,减弱行业的激烈竞争,降低新产品开发高成本投入的风险,这样就形成了创新组织①。与此同时,通过与其他企业的合作联盟,企业能够更深层次地认识到产品创新的重要性。大企业的核心业务一般都集中在研发新产

---

① 张靓,何龙飞.基于产品合作创新视角的企业间网络组织演化研究[J].科学学与科学技术管理,2010,31(7):135-139.

品、开拓新市场、增加市场占有率,但由于其精力有限,对于原材料的采购、加工、营销等方面有所吃力,于是很多大企业将其非核心业务外包给其他企业①。另外,中小企业也期望能够和大企业建立长期稳定的合作联盟关系,在行业中通过产品创新找到属于自己生存发展的余地。在酝酿期,各个企业都有强烈的共同开发新产品的意识,但是还没有确定如何建立新产品开发项目,没有具体的实施计划和组建方案,所有一切还属于萌芽阶段。

酝酿阶段是创新组织组建的最初阶段,其发起者可以是企业,也可以是高等院校、科研机构或政府机构。创新组织在酝酿期组建的过程中,发起者需要按照本身的公司战略和资源能力来挑选在战略上有相似性、资源能力上有互补性的企业进行合作,与此同时,中小企业迫于生产发展的现状亦会希望与这些大企业进行联盟合作。在酝酿期,创新组织的结构特点因进入联盟合作的企业与机构的数量多且退出的成员较少,而创新出组织结构雏形的特征,成员的异质性很高。

2. 组建期

在组建期,创新组织的组织结构是在资源配置的方案的前提下形成的。发起者选择的创新战略是根据具体的新产品开发项目确立的,形成了以创新组织为合作联盟的组织形式,并确立了组织内各成员的联盟合作关系及各自的职责与地位。同时,创新组织也具体制定了各成员之间资金、人才、设备、信息等资源的合作联盟关系和资源的有效配置方案。

此外,在共同目标和合作优势的推动下,各成员企业会进一步协调各企业之间的合作联盟关系,不断加强彼此间的联系。创新组织的规模会越来越大,会不断有新的企业和机构加入,其中拥有资源优势和管理能力很强的企业或组织会自发地成为核心成员。这时,组织的管理模式也会发生变化,群体管理替代过去的个体管理,各成员共同开发替代过去的业务分包,自觉协作替代过去的自发聚集。随着创新组织结构的形成,各成员的绩效明显增高。创新组织的组织结构在组建阶段的主要形成过程有:组织成员企业或机构数量的增加、组织规模的扩大、有个别企业退出组织、出现同质性的企业或机构。在组

---

① 杨光.高层人员的商业友谊与战略联盟的稳定性研究[J].科学学与科学技术管理,2009(2):197-199.

建期,中小企业为了依托大企业的支持,根据大企业的资源需求来选择自己的公司发展战略并积极适应大公司未来的资源计划需求。在此,高校、科研院所主要为产品创新提供知识、技术的支持,用户主要根据市场需求为产品创新提供导向作用。因此,在组建期,各个成员都按照新产品的设计与开发项目来谋求合作。

3. 运行期

此阶段,各成员已通过创新组织建立了良好的合作联盟关系。随着成员之间合作交流的深化,这种合作联盟关系多样化,联系更加紧密。在运行期,各企业或机构可以共同运行新产品的供应链生产,将研究成果转化为生产力,努力获得市场认可,提高市场占有率。此时组织内的成员合作广度和深度还可以进一步加强,成果转化率也可以进一步提高。

此阶段,组织成员之间的关系日渐密切。企业能够从创新组织那里获取知识,并对知识进行创造、创新和应用后提高其竞争优势。通过企业和机构间的知识交流与相互学习,具有良好学习能力的企业和机构在组织中的地位逐渐提高,而其余成员的地位优势逐步降低。另外,成员之间的默契和信任度也随着合作联盟的深化而提高。此时的组织规模变化不大,进入与退出的企业和机构较少,创新合作主要强调新产品的开发力度。

4. 调整期

产学研用协同创新组织步入调整阶段后,企业和机构间逐步搭建起知识共享和经验交流学习的平台,成员间通过平台的搭建,能够有效地提高资源的分析整合能力。这样不仅可以减少新产品进入市场的时间,还能根据市场的需求变化及时调整和开发新产品。

一方面,成员之间的行为是会相互影响相互作用的,个别成员的行为不仅会对其他成员产生影响,而且会给整个组织的集体行动带来影响。这就使得组织成员间及个别成员的创新行为不断得到调整和改善,提高整个组织的创新积极性。另外,创新组织的锁定效应会呈现出来。组织长期的行为会导致惯性的滋生,创新组织不能及时应对组织外部环境的变化,造成绩效下降。此时,创新组织中会存在个别企业或机构退出创新组织,转而加入新的创新组织进行联盟合作的状况。在这种情况下,创新组织会出现"知识溢出"和"人力资本溢出"的问题,会提高行业中中下企业组织的同质性,导致竞争激烈。

另一方面,在这个阶段,产品创新会促进创新组织的调整。随着新产品开发的逐渐完善,创新组织中的信息、资源、成员行为和组员关系等也都会随之而变化,但是其并不会对原有的结构造成特别大的改变。而当新产品步入到成熟期后,产品的市场需求也会逐渐趋于饱和。创新组织的各个成员在此时会重新研发下一轮的新产品项目,因此,创新组织会开始下一轮的周期演化。

2.2.2 产学研用协同创新组织演化的影响因素分析

战略意图和市场选择这两个因素都会对产学研用协同创新组织的形成演化产生影响。创新组织中的成员的个体感知驱动该成员的个体行为,成员的个体行为又影响着创新组织的演化,所以创新组织是对组织中成员个体行动中不断变化的感知与行为的一种回应。有意识的战略地图是组织内的企业或机构按照其内外部的环境状况,来扩大市场和拓展生存空间的战略设计,充分体现了创新组织内成员个体的能动性行为;无意识的市场选择主要是由于创新组织演化存在的无主体性、无知性、无意识性和功能结构等特性,它是一种强大的超出主体行为和思维理性认知的系统独具的力量。从产学研用协同创新组织生命周期演化各阶段的特征能够发现,在产学研用协同创新组织生命周期演化的不同时期,创新组织存在的主要矛盾是一直在变化完善的。创新组织为了达到生存的目的,需要努力解决组织各个演化阶段存在的不同矛盾[①],各阶段的主要矛盾如表2-1所示。

表2-1 创新组织演化各阶段的主要矛盾

阶段	组织特征	主要矛盾
酝酿阶段	创新组织雏形显现	如何通过构建创新组织来弥补企业自身能力的不足
组建阶段	创新组织规模迅速扩张	如何协调创新组织成员间关系,提升组织效能
运行阶段	创新组织规模达到顶点	如何创新,摆脱锁定效应
调整阶段	创新组织开始萎缩,成员退出数量增加	避免成员退出导致创新组织解体

---

① 刘晓燕,阮平南,李非凡.基于专利的技术创新网络演化动力挖掘[J].中国科技论坛,2014(3):136-141.

面对各阶段存在的不同矛盾,产学研用协同创新组织演化的动力在不同阶段也呈现出不同特征①,如图2-2所示。

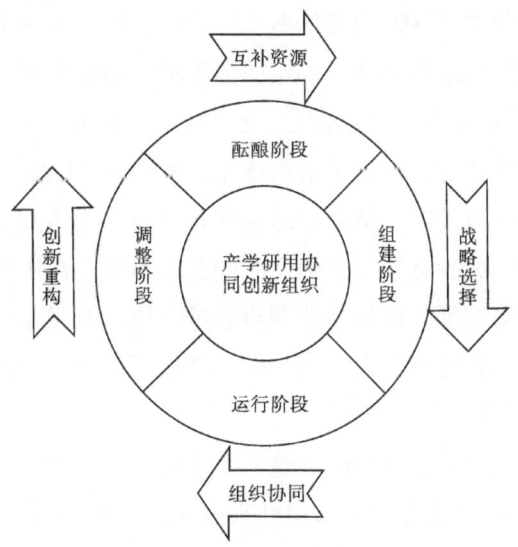

图2-2 产学研用协同创新组织生命周期各阶段演化动力示意图

在产品合作创新视角下,产学研用协同创新组织各时期不同特征之下有着不同的深层次原因,以下从四个方面来分析产学研用协同创新组织各时期不同特征的影响因素。

1. 酝酿期的影响因素

当面临的环境不同时,需要及时对组织结构进行调整,正如环境不确定性理论所认为的,环境与企业间存在着内在的紧密联系②。在宏观层面,环境不确定性是指受政治法律、经济水平、社会文化、科学技术(PEST)等因素的影响;在微观层面,环境不确定性是指受同行业竞争对手、用户、合作伙伴(包括供应商、分销商)等供应链上的企业的影响③。

企业面临环境不确定性时,其生存环境呈现出市场需求多样化、竞争激烈化、产品的生命周期缩短等特点。在这种环境下,企业需要依靠合作联盟,不断开发新产品,努力生存下去。一方面,通过企业之间的合作联盟,可以减少

---

① 刘晓燕,阮平南.基于生命周期的技术创新网络演化动力研究[J].现代管理科学,2013(5):66-68.
② 费显政.组织与环境的关系——不同学派述评与比较[J].国外社会科学,2006(3):15-21.
③ 翁莉,仲伟俊.供应链企业知识共享的动因研究[J].科学学与科学技术管理,2009(2):91-95.

宏观层面环境不确定性的影响。通过合作联盟，企业可以比较快速地了解到最新颁布的法律法规、行业信息、先进技术、文化习俗等信息，可以在面临这些不确定性问题时，及时、准确、快速地做出反应和行动。另一方面，通过合作联盟，企业可以减少微观层面环境不确定性的影响。与竞争对手合作，企业可以优势互补并避免恶劣竞争带来的危害；与供应商合作可以保证原材料的稳定性和安全性；与分销商合作可以了解市场需求的变化，明确该开发什么样的新产品；与用户合作可以及时了解客户的喜好并培养忠实客户。可见，企业通过合作能够趋利避害，减少环境带来的产品创新的不确定性影响。

因此，环境不确定不仅能使企业期望通过合作来开发新产品，继而推动了创新组织的诞生，而且能使企业通过合作来降低环境不确定的风险和成本。

2. 组建期的影响因素

战略选择理论认为，企业面临环境不确定性时会努力寻求生存的战略，这是因为创新力高的组织有很大的包容性来适应企业的生存战略。企业研发新产品最好的选择就是组建创新组织，借用组织资源来谋求创新。大企业之所以选择组建创新组织，主要是受环境不确定性的影响，必须通过产品创新来求得生存；而中小企业之所以希望与大企业进行合作联盟，主要是为了依附于大企业的雄厚实力。大企业为成功实现新产品开发，同其他企业和机构建立了长期合作联盟的创新组织模式，中小企业为创新组织注入新的活力，包括创新型的人才和灵活的运作模式等。

创新组织在组建时除了受企业战略选择的影响外，新产品开发所需的资源和成员间的联盟关系以及组织位置也对创新组织模式的建立产生重大影响。构建创新组织，完善其组织结构框架，需要合理有效地配置资源。一方面，要明确创新组织中成员之间的合作联盟关系。成员之间存在着资源依存的关系，研发新产品需要大量的人才、信息、原料、技术等资源，成员之间通过合作联盟来互补资源。这样，创新组织中成员的特性和联盟合作关系需受到资源配置方案的影响，包括研发新产品的资源需求和资源依存关系。另一方面，要明确创新组织中各成员的地位。在创新组织中各企业和机构所处的位置是不一样的，位于创新组织中核心位置的企业或机构能够接触到大量的组织资源[1]，在合

---

[1] 林南.建构社会资本的理论[J].国外社会科学,2002(2):79-91.

作中占主导地位,且不受其他成员的控制。因此,大企业凭借其雄厚的实力在创新组织中占据核心位置,起着领导的作用;中小企业、高等院校、研究机构、用户都是处于从属位置。但是,谁拥有的资源多或拥有核心资源,谁就占主导地位。

在创新组织的组建阶段,企业战略的选择、新产品开发所需的资源、成员间的联盟关系和组织位置都是影响创新组织原型制定的重要因素。

3. 运行期的影响因素

到了运行阶段,创新组织的发展已趋于成熟,这时最重要的是思考通过何种途径能够实现创新组织的协同。组织的协同创新,是指联合产、学、研、用共同发挥组织的最大效能,不断追逐帕累托最优的效果。提高协同创新的质量和效率,关键在于完善协同创新体系建设。因此,创新组织在运行阶段需要加强对基础理论、技术应用与产业化统筹衔接的研究,加强构建以企业为主体、以高等院校和科研机构为支撑的产学研用相互促进的协同创新体系建设。进一步确立企业的主体地位,让企业成为技术项目确定的主体、技术创新投入的主体、技术创新成果产业化的主体,高校、科研机构、中介机构以及政府部门、金融机构等应与企业一起构建分工协作、有机结合的创新链。

在运行阶段,交易成本、企业边界人员的人际关系、企业间的已有商业联系以及社会资本等对创新组织的构建、实现组织的协同创新产生了重要影响。一方面,交易成本决定了组织资源的消耗状况,随之影响创新组织的发展。如果交易过高,就会取消资源交易,导致创新组织外的企业或机构无法进入,失去了注入新活力的机会。较低的交易成本可以防止机会主义的产生,进而稳固成员的合作联盟关系,确保新产品的研发。另一方面,社会资本(个体与组织的关联)[1]影响着创新组织的运行。其对创新组织的影响牵涉到方方面面,它所蕴含的信任能够抑制机会主义的产生,降低交易成本,稳定创新组织中成员的合作联盟关系。

在创新组织的运行阶段,交易成本、企业边界人员的人际关系、企业间的已有商业联系和社会资本等都对创新组织的运行产生不可忽视的作用,有利于将组织的资源成果成功地转化为新产品。

---

[1] Uzzi B. Social structure and competition in interfirm net-works:The paradox of embeddedness[J]. *Administrative Science Quarterly*,1997,42(1):35-67.

4. 调整期的影响因素

在创新组织的调整期,组织搭建了知识共享与互动学习的合作平台,通过平台,成员之间不断展开知识的碰撞,擦出创新的火花,推动了一系列市场需求的新产品产生,进而也不断调整和完善了创新组织的结构。正如企业能力理论认为,能力是对资源最好的配置[1],它们的关系成正比。此外,个体行为的知识累积有利于提高能力,其能力形成与对知识的协调影响机制[2],个体之间的交流与知识共享不仅能够帮助知识的传播、创造、创新和应用,还能够帮助产学研用协同创新组织形成完整的知识体系。

企业能力理论能分析创新组织调整阶段的特征。高效率的资源配置能力能够减少新产品投放市场的时间和保持产品的不断创新。效率的提升依靠组织间的成员通过知识共享与互动学习的合作平台来交流、传播、共享知识,进而展开深层次的合作。另外,组织创新能力的提升有利于创新组织高效快速地明确市场需求,进而抓住机遇,合理配置资源,并进行有效的新产品开发工作。组织能力的提高不仅能够推动企业快速抓住新的合作机遇,促进成员合作联盟关系的转变,还能够帮助创新组织对结构进行完善和优化,推动产学研用协同创新组织进行新一轮的周期演化。

在创新组织的调整阶段,企业之间的文化差异、制度差距、互信互惠机制、沟通途径等会对知识的交流与共享产生重大影响[3][4]。在创新组织的调整阶段,组织创新能力的提升和组织成员之间知识的交流与共享、培养彼此共同的价值观以及相互之间的信任十分重要。通过比较知识与能力之间的关系,可以发现,除了对创新方式产生影响,这些因素也会对创新组织调整期的周期演化产生深刻影响。

---

[1] Ethiraj S K, Kale P, Krishnan M S, et al. Where do capabilities come from and how do they matter a study in the software service industry[J]. *Strategic Management Journal*, 2005, 26(1): 25-45.

[2] Zollo M, Winter S. Deliberate learning and the evolution of dynamic capabilities[J]. *Organization Science*, 2002, 13(3): 339-351.

[3] Wah C, Menkhoff T, Loh B, et al. Social capital and knowledge sharing in knowledge-based organizations: An empirical study[J]. *International Journal of Knowledge Management*, 2007, 3(1): 29-48.

[4] 张毅等. 企业网络组织间学习过程的影响因素研究[J]. 研究与发展管理, 2006(6): 22-28.

2.2.3 海尔集团案例分析

在 20 世纪中后期,全球各地都达成了"保护环境"的共识,在日常的生产生活中,人们愈发注重"资源节约型,环境友好型"的生产生活方式。因此,各行各业都面临着"环保"的转型升级,机遇与挑战冲击着企业家们的头脑。家电制造企业也不例外。如今的行业标杆,海尔在那时面临着家电行业的转型升级的机遇与挑战。海尔冷静分析市场的形式变化,主动与行业内其他相关企业进行合作,并与原来的合作商一起建立起联盟合作的创新组织。海尔集团充分运用各成员企业的资源,推动环保产品的研究开发项目的实施,不断完善各企业之间的合作联盟关系。海尔集团的这种应对环境变化和市场需求变化的发展模式在空调行业是十分成功的[①]。

在空调行业,以海尔集团为核心的产学研用协同创新组织的生命周期演化过程如表 2-2 所示。

表 2-2 生命周期各阶段的海尔企业行为及创新组织特征

阶段	产品合作创新程度	海尔企业行为特征	产学研用协同创新组织特征
酝酿期	产生基于变频技术的产品合作创新想法	明确产品创新的重要性,寻求基于变频技术的新产品项目,具有联合集团外部组织、利用其资源的意识	没有针对新产品而构建产学研用协同创新组织的计划
组建期	以变频空调为基础,确立合作创新关系	确定变频空调为新产品项目,确定网络化组织模式,确定钢材、压缩机、芯片、机箱、研发力量和销售渠道等资源极其依赖条件	创新组织中资源及其依赖关系有了明确的定义,创新组织的成员特征及其合作关系有了明确定义

---

① 张靓,何龙飞.SACI-4S~2:企业间网络组织演化模型——核心企业组织的产品合作创新驱动力视角[J].北京理工大学学报(社会科学版),2011,13(4):52-57.

续表

阶段	产品合作创新程度	海尔企业行为特征	产学研用协同创新组织特征
运行期	展开面向变频空调的合作创新活动	与宝钢、三菱、NEC、日本专家、国内外连锁集团建立合作关系并成功研制出变频空调,但是出口欧洲的0变频空调未得到全面认可	面向变频空调的产学研用协同创新组织形成,创新组织产出的变频空调逐步得到市场的认可,面向产品创新的成员间合作有待深入
调整期	深化面向变频空调创新的合作	利用信息系统开展知识共享,邀请供应商参与前端设计和研发,完美融合三项技术,实现"制热时间短、省电、低噪",完善产品,占领国内外市场	面向变频空调的产学研用协同创新组织的成员合作得到深化,创新组织产出的变频空调得到市场的全面认可,面向变频空调的产学研用协同创新组织酝酿调整

1. 酝酿期

《联合国气候变化框架公约》的颁布,表明环保问题已经高度地影响着全球各国。人们的消费方式和生产方式必定会越来越向着"资源节约型,环境友好型"发展。20世纪末,各国都从政治、经济、文化、社会等方方面面强调"保护环境"的重要性。当时兴起的变频技术的发展被运用到家电产业,使得家电行业的"环保化"有了长足的发展,但同样也给许多家电企业转型升级带来了机遇与挑战。

在变频技术不断发展的背景下,一方面,海尔集团及时地意识到宏观大市场环境的这一变化,果断决定要引入变频技术用于企业新产品的研发。另一方面,海尔集团也明白自身的处境和能力,单独靠企业自身的实力很难在较短的时间内开发出变频家电产品,增强行业竞争力。因此,海尔集团认为需要与其他相关企业合作联盟,运用组织资源,共同研发变频家电产品。

2. 组建期

家电创新在行业分为两个边界:一个基于产品功能的创新;一个是基于用户应用的创新。前者欧美日韩等一些国家已深耕多年,并占据一定的优势。

而后者就是中国家电企业突破制胜、引领全球的法宝。因为在产品功能的创新上,中国企业与外资品牌相比较,中国企业短短几十年的积累并不具备优势,但在面对新用户、新场景、新消费的大环境下,国内外家电品牌现已站在同一起跑线上。企业具有时代性。所谓"时代性",是指只有赶上了时代的节拍,企业才可能做起来。所以,在企业的字典里没有"成功"这两个字。海尔能有今天的成绩,就是踏准了时代的节拍。海尔集团紧握时代的脉搏,联合了合作伙伴,明确了"以创新求生存"的战略。

为了实现"以创新求生存"的战略,海尔集团致力于变频技术应用于空调产品的研发,并设计了相关的资源配置方案。资源配置方案包含两个方面的内容:一方面,明确了组织组建所需的资源,具体包括原材料的供应、技术资源以及销售资源等。另一方面,明确了各资源之间的联系,如制作机箱需要的钢材、压缩机等的型号等。配置方案的确立,表明了海尔集团需要建立什么样的创新组织。创新组织的成员必须要有这些资源才能加入创新组织,然后通过资源利用关系进行联盟,最后共同致力于变频空调产品的研发。

3. 运行期

在组建了产学研用协同创新联盟之后,海尔集团充分利用组织内的各类资源,开展了各种形式的研发活动,也取得了很多成果。例如,我国第一代变频空调器、第一台直流变频空调都是由海尔集团研发的。此外,对于180°正弦波直流变频技术海尔也进行了研发和应用推广。而随着相关技术的成熟,海尔开始将其产品销往世界各地。

海尔针对不同用户群体推出具备针对性的产品,因而比起其他企业,海尔更具优势。在产品的研发设计上,海尔的产品不仅物美价廉,而且还为消费者带来了更好的体验。随着海尔创新技术的转化,越来越多的消费者开始使用其产品,但是,在海外市场海尔的产品还未得到认可。因此,海尔集团就需要与创新组织成员不断进行沟通交流,不断进行合作创新以加强其市场竞争力。

4. 调整期

经过百年的时间,空调产业已走向成熟。而对于一个成熟的产业来说,如何让其焕发出新的生机,这是一个长期困扰空调业相关人员的难题。对此,当其他企业还在微小细节上对空调的基本功能做调整时,海尔集团已经打破原有的思维,从根源出发去寻找创新点。

在优化产品、扩大市场等方面,海尔集团做出了很多努力,希望能够推动创新组织成员间展开更为深入的合作,具体措施有:倡导组织成员进行信息整合,针对产品生命周期引进相关的管理软件,邀请供应商、用户等参与产品的研发设计工作等。借助这一系列的变革,海尔集团与合作伙伴之间的合作关系变得更为紧密,同时还为海尔带来了巨大优势,具体有:第一,在海尔集团和其他成员的信息资料进行整合后,每当销售代表那里顾客的需求发生变化,海尔都能第一时间收到并及时地制定应对措施。通过对大量数据进行整理分析,海尔发现缩减制热和制冷时间、节省耗电量、降低噪声等是国内顾客的主要需求。第二,为了解决上述问题,海尔集团不仅在内部进行探索,还积极借助外部的知识力量。相关的专家、供应商、用户等都被海尔集团邀请来一起进行设计、研发。在共同研发合作的过程中,产品生命周期管理软件的作用发挥到了最大,海尔也积累了大量的实验研发数据,而成员之间也逐渐形成了一种默契,这些都大大缩减了产品的生命周期。第三,在海量信息资源的支持下,海尔和供应商之间也能够实时沟通,借助于此,双方可以对自身的库存管理进行优化,这样海尔集团不仅降低了库存管理费用,还缩减了采购周期,进而使得产品的生命周期都得到了缩减。

目前,海尔已经走上了以用户为中心的卖服务的道路,成为互联网时代的平台型企业,并形成了负责信息收集、共享的信息集合平台。借助于这一平台,海尔颠覆了传统企业自成体系的封闭系统,并逐渐发展成为网络互联中的一个节点,而平台中各成员之间也能够互相分享资源,进而推动了成员的协同创新。借助于新建的统一的信息系统,海尔集团能够准确分析市场需求的变化。通过与合作伙伴的沟通交流,海尔充分利用组织中的创新资源实现了PAM脉冲调幅技术、180°正弦波直流变频技术和第三代涡旋压缩机技术的融合,而技术水平更高、产品性能更好的产品在投入市场后也赢得了顾客的广泛认可。根据2009年海尔集团深圳地区的销售数据可知,海尔空调在国内市场中占据着重要地位,其销量在全国的各大卖场、超市中都大大超过了其他空调品牌,而其市场占有率也超过了50%。在国外市场,海尔集团的成就也是显著的。Bsria这一欧洲权威机构的统计数据显示,在中国出口欧洲市场的所有变频空调中,海尔集团的空调占比67%以上。

海尔集团经过酝酿期、组建期、运行期、调整期四个阶段的产品演化过程,逐渐建立并完善了产学研用协同创新组织。新建的这一创新组织以"健康、节能、环保"为核心发展思路,主要依托变频技术来支撑其对空调产品的进一步创新升级。

5. 新一轮演化周期的跃迁

进入智能家居新时代,绿色环保已成为家电产品立足市场的基本要求。海尔紧紧把握住时代发展的脉搏,允分运用其独特的"合作模式",利用其构建的"共创供应的物联网社群生态"组织资源,大力发展以绿色环保为起点的绿色产品,对研发家电产品进行了深层次的规划和推进。

2012 年,海尔从全球化战略阶段进入网络化战略阶段。如图 2-3 所示,在当前的互联网时代,海尔集团充分利用互联网技术来打破其原有的封闭系统,通过与其他企业进行沟通交流以分享各种资源,致力于打造一个多主体协同创新的合作共赢生态圈。海尔集团以其独特的"合作模式"取得了巨大的成果。例如,在上海新国际博览中心举行的第 26 届中国制冷展上,海尔推出了两款极具颠覆性的低碳环保空调,实现了"不破坏臭氧层"和"不花电费"的重大技术进步;2016 年,在我国五金制品协会发布的家用吸油烟机及集成灶"高效净化环保之星"产品名单中,海尔集团的三款吸油烟机和三款集成灶都榜上有名,是当年获奖最多的品牌;在 2019 年,海尔正式启动智慧家庭全球战略布局,其七大品牌正在全球落地创造全套系智慧家庭产品,全球用户由此将实现从家电消费到共享智慧家庭美好生活方式的颠覆。

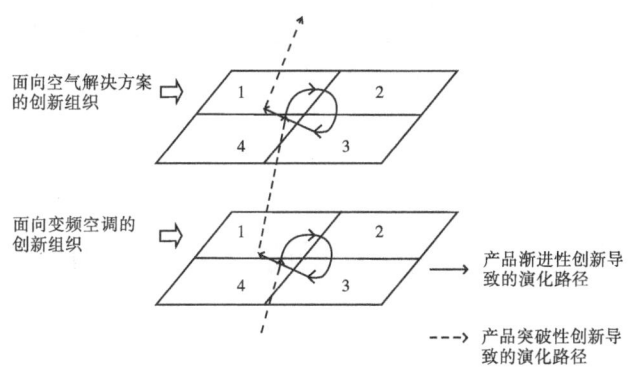

图 2-3 海尔空调创新组织的新一轮演化

海尔空调对制冷能力的突破和吸油烟机对"油烟分离技术"的应用都体现了海尔集团在创新方面的强大实力,且这些技术的突破对行业的发展具有重要意义。通过建立创新组织,海尔能够充分利用各方资源来研发更加环保健康的产品,这些产品在顾客中具有良好的口碑,也使其领先于行业其他的竞争对手,同时,其环保、健康的原则也为整个行业在制定相关标准时提供了参考。

2.2.4 总结与展望

本书以产品合作创新为视角,揭示了产学研用协同创新组织的演化是"以酝酿期、组建期、运行期、调整期为一周期,各阶段螺旋上升"的过程。本书前期用组织生命周期理论探究了产学研用协同创新生命周期各时期的形成演化特征,并分析了不同演化时期对应的不同影响因素。在酝酿期,产学研用协同创新组织以互补资源为演化动力;在组建期,以战略选择为演化动力;在运行期,以战略协同为演化动力;在调整期,以组织创新为演化动力。后期本书以海尔集团为案例,从实证分析研究出发证明了相关结论的正确性。

但是,在研究产学研用协同创新的过程中,由于行业不同、企业规模大小不同、高等院校实力不同、科研机构科研能力大小不同、用户的需求不同,创新组织生命周期的各演化阶段所表现出来的时间长短、组织结构、成员特性也会不同,所以必须具体问题具体分析。在下一阶段,可以将实际案例作为出发点和着力点,选择大量不同形式的创新组织进行研究,这样不仅能够帮助验证已有模型还能对其优化提供指导,而大量的实证经验也将使产学研用协同创新演化模型更具普适性,在指导企业、高校、用户等过程中更为贴近现实,提出的方案也更合理。

2.3 产学研用协同创新生命周期:知识网络的创新演化视角

对于协同创新联盟的形成和演化过程,Porter[①]认为存在生命周期,并根据协同创新联盟在不同阶段的特点将生命周期划分为萌芽期、演进期和衰落

---

① Porter E M. Clusters and the New Economics of Competition[J]. Harvard Business Review,1998(6):77-91.

期。Porter的这种划分方式揭示了协同创新联盟由创建到解体的发展规律,但其对于联盟存在生命周期的原因并未进行深入研究。通过分析研究,本书发现使得产学研用协同创新联盟发生演化的根本原因在于知识网络,正是其所具有的这种自组织特性使得协同创新联盟能够自发地进行演化,而这种动态演化过程又可依次分为知识生成、知识扩散、知识衰减。

自组织是知识网络所具有的特性,主要包括以下几点:一是开放性。正是由于知识网络的这种开放性,网络中的创新主体能够自由地与其他主体进行知识和信息等的交换,在交换过程中能够获取很多创新要素。对于这部分新引入的知识量,模型中将其定义为"引入的知识量"。二是非平衡性。在知识网络中,不同创新主体因生产的知识量不同也就具有不同的知识优势,而对于知识网络中各主体所产生的知识量,模型中将其定义为"生产的知识量"。三是非线性。四是涨落性。知识网络的非线性和涨落性特性揭示了协同创新联盟对新事物、新结构探索的过程。在对新事物探索的过程中,知识网络的结构可能会被协同创新联盟破坏,在此过程中以往的知识也会出现衰减,而知识网络中衰减的这部分知识量又将在模型中被定义为"消亡的知识量"。

随着时间的推移,产学研用协同创新的知识网络所具有的结构、功能、状态等都会发生变化,而在这一变化过程中,时间这一变量是始终存在且连续可微的。本文用"引入的知识量""生产的知识量""消亡的知识量"等来表示知识网络中知识的变化规律,这三种知识量均为时间这一变量的函数。同时,通过对产学研用协同创新生命周期各阶段进行分析比较,可以构造出知识的演化曲线。

2.3.1 产学研用协同创新知识增长方程

这里将产学研用协同创新中的各主体用 $I=\{1,2,\cdots,N\}$ 来表示。其中,I 表示知识主体,而在 I 中的各元素则被称为个体。当 $I=1$ 时,表示拥有单个创新个体;当 $I>1$ 时,这里的 I 表示整个产学研用协同创新联盟[①]。

根据假设,$v(I,t)$ 表示在时刻 t 时,知识主体 I 所具有的知识量,而

---

① 司训练.知识生产网络的进化研究[M].北京:经济科学出版社,2007.

$\Delta v(I,t_0,t)$ 则代表在时间段 $[t_0,t]$ 内知识主体 I 的知识增长量,存在：

$$\Delta v(I,t_0,t) = v(I,t) - v(I,t_0) \qquad (2\text{-}1)$$

$\bar{v}(I,t_0,t)$ 表示时间段 $[t_0,t]$ 内知识主体 I 的平均知识增长量,存在：

$$\bar{v}(I,t_0,t) = \Delta v(I,t_0,t)/(t-t_0) \qquad (2\text{-}2)$$

假设时间变量 t 可微,那么在时刻 t_0 时知识主体 I 的增长率可表示为：

$$\overset{0}{v}(I,t) = \lim_{t \to t_0} \frac{v(I,t) - v(I,t_0)}{t - t_0} \qquad (2\text{-}3)$$

在时间段 $[t_0,t]$ 内,知识主体 I 的知识增长量 $\Delta v(I,t_0,t)$ 主要来源于三方面：一是知识主体所生产的知识量 $v_1(I,t_0,t)$；二是知识主体从外界引入的知识量 $v_2(I,t_0,t)$；三是在发展过程中消亡的知识量 $v_3(I,t_0,t)$,存在：

$$\Delta v(I,t_0,t) = v_1(I,t_0,t) + v_2(I,t_0,t) - v_3(I,t_0,t) \qquad (2\text{-}4)$$

将时间段 $[t_0,t]$ 内知识主体 I 的平均知识生产率、平均知识引入率、平均知识消亡率依次表示为：

$$B(I,t_0,t) = \frac{v_1(I,t_0,t)}{(t-t_0)v(I,t_0)} \qquad (2\text{-}5)$$

$$S(I,t_0,t) = \frac{v_2(I,t_0,t)}{(t-t_0)v(I,t_0)} \qquad (2\text{-}6)$$

$$D(I,t_0,t) = \frac{v_3(I,t_0,t)}{(t-t_0)v(I,t_0)} \qquad (2\text{-}7)$$

将公式(2-5)、(2-6)、(2-7)代入(2-4)式后,(2-2)式可以改写为：

$$\bar{v}(I,t_0,t) = [B(I,t_0,t) + S(I,t_0,t) - D(I,t_0,t)]v(I,t_0) \qquad (2\text{-}8)$$

根据定义,令：

$$B(I,t_0) = \lim_{t \to t_0} B(I,t_0,t) \qquad (2\text{-}9)$$

$$S(I,t_0) = \lim_{t \to t_0} S(I,t_0,t) \qquad (2\text{-}10)$$

$$D(I,t_0) = \lim_{t \to t_0} D(I,t_0,t) \qquad (2\text{-}11)$$

如果式(2-9)、(2-10)、(2-11)的极限存在,则称$B(I,t_0)$、$S(I,t_0)$、$D(I,t_0)$分别为时刻t_0时知识主体I的知识生产能力、知识引入能力、知识消亡能力,可依次简记作:B、S、D;根据定义,存在$B \geq 0, S \geq 0, D \geq 0$。因而,结合(2-3)式,可以将(2-8)式的极限形式改写为:

$$\overset{0}{v}(I,t) = (B+S-D)v(I,t) \qquad (2-12)$$

知识主体I的知识增长满足(2-12)式,因此,可以将式中的方程称为知识主体I的知识增长方程。其中,B、S、D与时间变量t和知识量$v(I,t)$都有关。

2.3.2 产学研用协同创新知识演化模型

在初创阶段,产学研用协同创新联盟内部企业的知识主要来自两个方面:联盟外部引入和联盟企业自己生产。这时候,知识增长较多而衰退较少,就使得整个协同创新联盟的知识呈现增长趋势,即$B+S-D=\lambda>0$,且知识增长方程可求解为:

$$v(I,t) = v_0 e^{\lambda(t,t_0)} \qquad (2-13)$$

依据(2-13)式,可画出产学研用协同创新联盟在知识生成阶段的演化曲线,如图2-4所示。

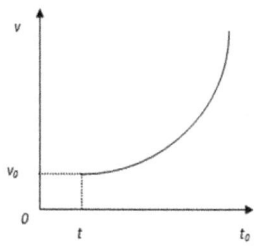

图2-4 联盟知识生成曲线

随着产学研用协同创新联盟的发展,其知识生成能力逐渐加强,对隐性知识的学习能力也不断提高。与此同时,联盟对外界知识的引入数量也逐渐下降,而联盟也逐步开始出现核心技术人员离职、各类小群体产生等各种知识衰减的情况。这时候,对于B、S、D之间的大小关系就很难测定。为了解决这一问题,本文以传染模型①为基础,实现了对知识增长方程的求解,并最终得出了知识扩散模型。

假设在产学研用协同创新联盟中存在 I 个知识主体,v 个知识接受者,其中知识接受者和不接受者 $(I-v)$ 之间存在独立知识传递关系的概率为 β,那么知识接受者和不接受者存在知识传递关系的数量为 βv,可知时间 t 的函数关系为:

$$\Delta v(I, t_0, t) = \beta v(t)\{I - v(t)\}\Delta t \tag{2-14}$$

当 $\Delta t \to 0$ 时对方程进行求解,能够得出:

$$v(t) = I\{1 + \varphi \exp[-\kappa t]\}^{-1} \tag{2-15}$$

其中 $\kappa \equiv \beta I$,$\varphi \equiv [I - v(0)]/v(0)$。分析式(2-15)可以发现,知识扩散速度随 β 值的增加而增加。当知识接受者为 $I/2$ 时,曲线出现转折,在 $I/2$ 出现之前,知识扩散速度呈上升趋势;而在 $I/2$ 出现之后,知识扩散趋势呈现递减趋势。

对于产学研用协同创新联盟的知识扩散曲线,在知识引入初期,知识接受者数量增加的速度远远大于知识成熟后,知识接受者进入的速度,如图 2-5 所示。

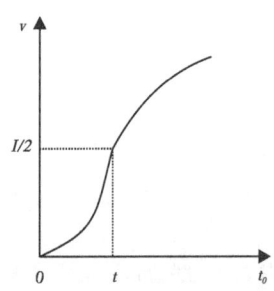

图 2-5 联盟知识扩散曲线

当产学研用协同创新联盟发展到一定阶段,会出现知识生成率与知识引入率之和小于知识消亡率的情况,此时,联盟的协同创新能力开始下降,而联盟也逐渐步入衰减阶段。此时 $D > B + S$,即 $B + S - D = \lambda < 0$。求解知识

---

① 李志青.社会资本技术扩散和可持续发展[M].上海:复旦大学出版社,2005.

增长方程,能够得到:

$$v(I,t) = v_0 e^{\lambda(t,t_0)} \tag{2-16}$$

根据(2-16)式和 $B+S-D=\lambda<0$,可画出产学研用协同创新联盟的知识衰减曲线,如图 2-6 所示。

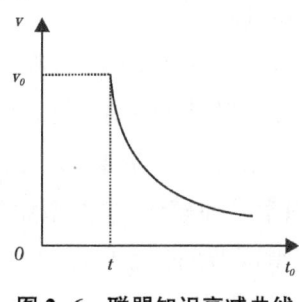

图 2-6 联盟知识衰减曲线

2.3.3 对模型的解释

从本质上来看,在产学研用协同创新联盟之间流动的其实是知识要素,各创新主体对知识共享的需求才使知识网络得以形成和发展。在知识的流动过程中,若各主体失去了知识共享的需求或机会,知识网络就难以运作下去,这也将导致知识流动减缓并最终使得整个创新系统呈现衰减趋势。由于时间段不同知识网络发挥的作用也不同,这就可用形成、发展、衰退三阶段来表示产学研用协同创新的演化过程。

在形成期,伴随着产学研用协同创新联盟的形成,知识网络也逐步建立。在联盟中,知识盟主或核心企业首先会对自身情况进行分析评估,在明确优劣势的基础上,核心企业会进一步分析知识网络中的其他成员,并根据成员的特点来制定联盟合作契约。在核心企业与网络成员的相互配合下,产学研用协同创新联盟得以建立。随着联盟的建立,知识网络中各主体间的活动也逐渐增多,彼此间的合作也不断加深。知识网络成员间的知识合作为创新营造了良好的氛围,同时也使得成员间的知识开始外溢,进而使得联盟的整体创新能力得以提升。在联盟的形成阶段,知识网络中成员生产的知识量和从外界引入的知识量都快速增长,使得整个知识网络得以迅速发展。

当整个联盟的创新氛围浓厚、知识网络中各节点连接紧密时,产学研用协同创新联盟开始进入成熟期。在成熟期,各创新主体间开始加强显性知识和隐性知识的传播,各主体间也开始共享创新知识、创新思维、创新技术等。同时,伴随着知识网络创新能力的提升,协同创新联盟的优势日渐明显,联盟中参与创新的主体数量日渐增加,整个知识网络的规模也不断扩大。而随着发展,联盟创新知识的增速也呈现平稳且逐渐下降趋势[①],可以说,这一阶段是整个协同创新联盟创新的高峰期。

产学研用协同创新联盟是一个自组织系统,在经历成熟期的高速增长后,若没有足够的创新知识产生,知识网络的创新能力和创新优势将受到限制,并最终使得协同创新联盟走向衰退。在衰退期,从宏观环境来看,协同创新联盟的竞争优势开始被其他组织学习和模仿,同类型竞争者的出现使得创新主体开始退出知识网络,这也使得联盟的创新收益开始下降,知识网络最初大规模、低成本的优势开始丧失并逐渐进入规模不经济的困境。从知识网络内部来看可以发现,企业为便于发展和管理所建立的专业分工和程序化方法阻碍了创新,不同人员、部门间的交流合作出现障碍,创新活动开始趋向于内部化,部门间的合作创新大幅减少,整个知识网络的学习、创新能力开始降低,其所产生的知识创新数量也不断减少。

2.3.4 案例分析:成都高新区产学研用协同创新的演化之路

1. 成都高新区产学研用协同创新的现状

1991年,成都高新区获批成为全国首批国家级高新区之一。成都高新区的现有规划面积为613平方公里,在成都市乃至整个四川省,其都是重要的高新技术产业集聚地。现如今,成都市高新区正围绕"一区四园"总体布局,按照产业生态圈理念,加快建设四大产业功能区,勇担国家创新使命,深化改革再出发,凝心聚力建设高质量发展示范区和国际化产业新区。在发展的同时,成都市高新区还对其未来进行了明确规划,并确定了"三步走"的发展目标:从现在到2020年,进一步巩固国内顶尖高科技园区地位,成为引领中西部高质量发展的样板示范区;从2020年到2035年,迈入世界一流高科技园区行列,成为国家创新网络的重要枢纽;从2035年到2050年,进入世界一流高科技园区前列,成为全球科技与产业创新的主要策源地之一。

---

① 万君. 知识网络的形成与演化研究[D]. 成都:四川大学,2010.

从发展现状来看,成都高新区产学研用协同创新联盟目前正处于成熟阶段。在此阶段,协同创新联盟内部的知识网络已相对完善,而对于经济、知识、社会资本等联盟也形成了最优组合,协同创新联盟的外部性日趋明显。但是在高速发展的同时,成都高新区也面临着一些挑战。本书将对成都高新区产学研用协同创新联盟的发展过程进行梳理,并从知识网络着手深入探究联盟的演化规律,希望从延长成熟期、减缓衰退期等方面为成都高新区的进一步发展提供建议。

2. 星月式知识网络结构——成都高新区产学研用协同创新知识网络的形成

在我国,高新区产学研用协同创新联盟的建立一般会受到政府部门的影响,整体来看,可知其多遵循"政府联姻→产业聚集→创新产出"的演变规律,即在协同创新联盟的发展过程中,最初是以政府部门为主导,不断进行招商引资以吸引更多企业落户;然后,借助于高新技术产业的带动,相关产业开始向高新区汇聚;之后,依托市场竞争和文化融合的作用,产学研用协同创新联盟中的企业开始进行合作;最后,随着知识网络的建立和完善,有关创新的思想、技术、产品等都开始涌现。

1991年,在成都高新区建立之初,政府就制定了包括新材料、生物制药、计算机技术等多方面内容的产业规划。之后,经过多年的发展,政府部门对成都高新区的发展规划有了更明确的认识,并根据高新区的实际发展情况对以往的规划进行了调整优化。高新区的规划面积被调整为47平方公里,所涉及的产业也集中于食品工业、生物医药等方面。之后,经过不断发展,西门子、旺旺集团、地奥制药等企业开始入驻成都高新区。到了2000年,成都高新区已实现巨大增值,其中工业的增加值为16.9亿元,产业的增加值为41.2亿元。

从建立开始,成都高新区就明确了其发展模式,坚持构建"大项目引领,中小企业支撑"的"星月式"发展格局。对于产学研用协同创新联盟,其最初也形成了星月式的知识网络结构。借助于这种发展模式,高新区一方面利用跨国公司的技术和研发优势引入了大量创新知识,另一方面,新知识的引入使得上下游的企业开始进行模仿创新,进而使得协同创新联盟自身知识生产力度加大。随着知识引入量和知识生成量的增多,成都高新区在形成阶段的知识生产量在不断增加,生产速度也在不断提高。

3. 全通道式知识网络结构——成都高新区产学研用协同创新知识网络的成熟

成都高新区要想快速发展,就需要大量的知识和技术,但这些知识多以隐性知识的形式存在且很难直接获得。因此,要想完善和优化高新区产学研用协同创新联盟中所构建的知识网络,就需要加强人与人之间的交流与沟通,可以通过举办正式或非正式活动来增进人们之间的感情,同时还要保证知识网络各节点间的联通性,此外还需要扩大知识网络的范围,让其逐渐参与到高校、科研院所、中介机构等中去,进而保证产学研用协同创新联盟内部知识能够得到快速流通和扩散。

成都高新区产学研用协同创新联盟初步建立后,为避免知识网络出现封闭性和排他性的情况,高新区政府开始采取多种方法增加知识网络的开放性。例如,成都高新区建立了企业信息交流平台以增进企业间的交流,同时高新区还针对企业发展的问题建立了技术创新公司、投融资公司、管理服务公司等。到 2001 年,伴随着西部园区的加入,成都高新区的发展规模又得以壮大,而整体规划面积也扩展到了 68 平方公里。2003 年,成都高新区的发展规模进一步扩大,且其规划面积已扩大至 80 平方公里。与此同时,英特尔、中芯国际等重大项目也开始在成都高新区实施落地。到 2005 年,高新区的产业也实现了巨大增值,且增加值分别为 140.8 亿元和 66.2 亿元。

在发展成熟期,成都高新区产学研用协同创新联盟的知识网络结构为全通道式网络结构。借助于这一结构,高新区内部的创新气氛浓厚,各成员间知识扩散速度加快,园区的自主创新能力不断提升。到 2006 年,成都高新区的创新已取得了很大成效,其中专利申请数、专利授权数、新增实施项目数依次为 608 件、296 件和 156 件。

4. 传染流式知识网络结构——成都高新区产学研用协同创新知识网络发展趋势

从 2007 年开始,成都高新区就不断加快发展速度,在创新能力、产业层次和规模等方面都实现了跨越式发展,规划面积也实现了进一步扩大,发展至 130 平方公里。在之后的 5 年,戴尔、联想、深天马、京东方等重大项目开始落户成都高新区,这些项目的落户使得成都高新区在光电显示产业、终端制造业、软件及服务外包产业等方面取得了巨大成就。与此同时,成都高新区也逐渐发展成了全国光电显示产业核心城市、中国第二大信息安全产品研发生产基地。在2010年,成都高新区申请的专利数量为6807件,获得的专利授权为5571件。

伴随着成功,成都高新区也存在一些问题。一方面,高新区中的企业多为外界引入,外来企业与当地文化和当地企业间的差异性就使得产学研用协同创新联盟中的知识网络结网度低。另一方面,成都高新区对外界知识的依赖程度过大,进而使得园区内创新能力提升速度缓慢。

分析成都高新区产学研用协同创新联盟发展过程,可以发现其与国内外大多数高新区发展过程中遇到的问题相似。主要问题有:外来企业能力较强,而本土中小型企业发展能力有限;外来企业与本土企业间存在无形障碍,彼此间交流频度较低;外来企业因土地、人力、基础设施等成本的上升而搬离成都高新区。为应对成都高新区所面临的这种发展困境,可采取以下措施:通过构建传染流式知识网络结构来增加知识网络中各节点间的知识交流频度;打破不同层级间的界限以加速知识流动;对于园区外的高校、科研院所等也要积极建立合作关系以增强知识网络的结网度。

回顾成都高新区的发展历程可以发现,在三十多年里,其先后经历了萌芽、形成、发展和成熟等四个时期。而成都高新区的发展历程也证实了产学研用协同创新联盟的演化路径,如图2-7所示。同时,其发展过程还为以知识网络为核心动力的产学研用协同创新联盟的演化发展提供了实践基础。

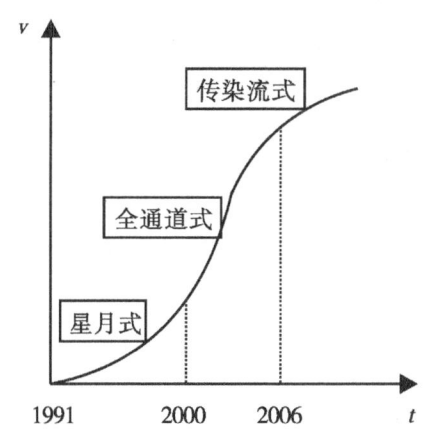

图2-7 成都高新区协同创新知识网络的发展历程

2.3.5 结论

对于产学研用协同创新联盟而言,知识网络是其演化的根本动力,且协同创新联盟的演化趋势受到"引入的知识量""生产的知识量""消亡的知识量"等因素的影响。产学研用协同创新联盟的发展主要依靠知识网络中的知识溢出和知识扩散。或许在联盟成立初期会秉承"引进来"的原则,但还是要不断探索和创新知识网络的结构模式以快速成长。

通过对成都高新区进行分析,我们能够更为深入地了解知识网络对产学研用协同创新联盟的作用。在知识共享的过程中,非正式知识网络发挥着巨大作用,不仅能够促进成员间的知识交流,还能提高彼此知识共享的程度和效率。与此同时,非正式网络中各知识主体所营造的合作创新氛围能够使整个产学研用协同创新联盟保持旺盛的生命力。

第 3 章
产学研用协同创新生命周期模型及激励不足问题

由于知识经济这一时代的来临,传统资源正在逐渐地被知识所替代,知识正成为关键的经济资源和隐性资产,也成了企业保持竞争优势的不竭动力①。为此,其他企业、高校、研究院就成为企业所要联结的对象,从而结成产学研用协同创新联盟,也就是说,形成一种化劣为优、责任共担的局面②。战略联盟的高级表现形式之一就是产学研用协同创新联盟③,知识是整个整体的中心部分,将其细分可以分为知识转移、知识共享以及知识整合④。从以上描述可以得出,产学研用协同创新联盟的主要目的是提高联盟的绩效,而提高绩效的主要方式就是通过成员间的知识转移和知识共享。产学研用协同创新激励机制就是为了促进并激励产学研用协同创新联盟知识主体进行知识共享。

目前来说,与产学研用协同创新联盟整体相关的研究有对概念以及特征方向的研究⑤,还有对其效应方面的研究,还包括产学研用协同创新这一联合

---

① 彼得·德鲁克. 知识管理[M]. 杨开峰,译. 北京:中国人民大学出版社,1999.
② Norman P M. Protecting Knowledge in Strategic Alliances Resource and Relational Characteristics [J]. *Journal of High Technology Management Research*,2002,13(2):177-202.
③ Inkpen A. Learning Knowledge Acquisition, and Strategic Alliances [J]. *European Management Journal*,1998,16(2):223-229.
④ Wang J R, Zhao S. Dynamic Model of Knowledge Alliance Based on Knowledge Spillover and Absorptive Capability[J]. *Chinese Journal of Management Science*,2005,113(1):42-47.
⑤ Amabile T M. Motivational Synergy: Toward New Conceptualizations of Intrinsic and Extrinsic Motivation in the Workplace[J]. *Human Resource Management Review*,1993,3(3):185-201.

体中的对知识共享以及知识转移激励的研究①,除此之外还有对整体的如何构造以及用于激励的策略②这些问题的探讨。由于这一整体存在着复杂性和实行共享转移的风险性特征,除了上述两个部分以外,知识产权客观存在的因素和主体本身是否有合作的想法都会使得激励机制活动变得更加困难,从而在管理和控制上不能够得到很精确的解决。正因为如此就会出现许多的问题,比如会导致协同效率得不到明显的提升,联盟内的绩效由于激励机制无法得到良好实现而不能实现快速提高。因此,对产学研用协同创新联盟激励机制相关的运作机理进行深入研究是十分必要的。

鉴于产学研用协同创新联盟是一个拥有着动态性特征并且利用网络组建的组织,它自身有着属于自己的生命周期,本书的目的就是构建一种以产学研用协同创新的生命周期为主要导向的科学模型。不同时期内的情况也是不同的,因而要通过生命周期这一角度去研究产学研用协同创新联盟的激励机制在各个时期的运作情况和运作原理。对于产学研用协同创新联盟的生命周期的不同阶段来说,联盟的策略、动机与行为以及外部环境等都会导致许多不同之处的产生③,因而每一个时期的运作的模式、内容和目标对激励机制来说也是有所不同的。我们尝试去不断地研究激励机制运作原理,这样可以使得激励机制更好地将每一个知识主体的发展过程进行有效的控制,对产学研用协同创新联盟的进一步发展有着非常重要的理论研究和实践意义④。在另一方面,产学研用协同创新联盟各成员之间在目标、利益、组织文化等许多方面有着不同之处,就很容易出现多种多样的碰撞,从而影响合作的效果,更严重的会导致合作失败⑤。所以,研究有生命周期的产学研用协同创新的激励不足问题具有非常重要的意义。

---

① Qi D F, Tian Y Z. Study on Modular Motivation Planning Synergy Decision-Making Base on Knowledge Innovation [J]. 2008 INTERNATIONAL CONFERENCE ON MANAGEMENT SCIENCE & ENGINEERING (15TH),2008:1078-1083.

② 杨翩翩,刘益,侯吉刚.知识立方体模型及激励工具的选择[J].科技进步与对策,2010,27(1):134-137.

③ 顾新,李久平,王维成.基于生命周期的知识链管理研究[J].科学学与科学技术管理,2007(3):98-103.

④ 孙新波,刘博,罗能,等.基于生命周期的产学研用协同创新联盟激励机制运作机理[J].管理学报,2013,10(5):754-760.

⑤ 吴婷,李德勇,吴绍波.基于生命周期的产学研用协同创新联盟冲突管理研究[J].学术论坛,2010,33(3):198-201.

3.1　产学研用协同创新生命周期模型

生命周期理论来源于达尔文的生物进化论。经济系统和社会系统与自然界的生物系统相似,都要经历"出生——成长——成熟——衰退"的过程,外部环境的变化和内部结构的调整所带来的交互作用对它的影响是会随着时间的流逝不断演变进化的。在20世纪70年代,伴随着自然科学和社会科学的不断渗透,以及经济、技术、管理、制度等方面的有机结合还有系统论、信息论、控制论等相关学术成果的研究不断盛行,很多经济学家从生物进化论的思想中受到启发,利用这一理论去研究社会经济的变迁、社会制度的演变、各个方面的技术创新、与产业有关的进化、和企业发展相关的变化等重大问题。生物进化与产品知识之间存在着相通性,有关生物进化论的一些理论和某些方法——生命周期理论就理所当然地为研究产学研用协同创新的生命周期提供了相关的理论基础。

通过上述产品所体现的合作创新、知识网络创新的视角来评价,产品的生命周期性是企业的生命周期性产生的重要原因;同理,很多个企业的繁荣以及衰退的合力是整个产业的发展呈现出周期性的原因。一般来说,一个产业在经过高速发展之后就经历一个临界点,然后就会走向衰退,更严重的是走向灭亡。所以说,产学研用协同创新通常是为了对某一特定领域进行认定(通常而言中心是某一个主导产业),为了可以展开成更强并且维持一种好的竞争优势的形成,有着关联性机构支撑以及许多在产业上关联性较为密集的企业在空间上的集聚,所以我们认为产学研用协同创新就好像产品、知识、企业、产业等因素一样也是在经历着诞生、成长、成熟到衰亡这样一个过程。这里借鉴生命周期理论,根据运作机理[①]和决策目标[②][③]等的不同,将产学研用生命周期分

[①] 孙新波,刘博,罗能,邵煌涵.基于生命周期的产学研用联盟激励协同运作机理[J].管理学报,2013,10(5):754-760.
[②] 顾新,李久平,王维成.基于生命周期的知识链管理研究[J].科学学与科学技术管理,2007,28(3):98-103.
[③] 刘洪民,杨艳东.用户创新与产学研用协同创新激励机制[J].技术经济与管理研究,2017(7):31-34.

为酝酿期、组建期、运行期和调整期四个不同阶段。

3.1.1 酝酿期

1. 酝酿期的运作机理

（1）运作的模式。在发展初期，当联盟想要确定是否存在适合联盟整体发展的潜在合作对象之前，首先需要对联盟的策略和动机有一个深入的了解，然后才能以此为基础进行不断探究，进而得以研究不同的知识主体，并对这些知识主体开始初步判断和简易的评价分析。在这个时期中，知识主体和环境会对联盟整体产生影响。所以说，要想了解知识主体的动机以及让外部环境变得更加稳定，使用有效的激励办法是十分必要的，如定制工作福利相关政策，或者改善工作环境，提高薪酬等。由此可以看出，在整个联盟发展的初级阶段，知识主体相互之间是十分陌生的，他们之间存在的隐性激励机制并不是很强，因而在激励协同要素下，显性激励机制就占据了十分重要的地位。显性激励机制在联盟整体发展运作模式的形成过程中起着主导作用。

（2）运作的内容。对比产学研用协同创新与激励协同的运作内容，可以看出二者的发展过程有着很大的一致性。在形成初期，激励协同的运作内容是包含产学研用联盟运作内容的，主要包括以下几个方面：一是设计合作伙伴的选择机制，二是签订相关契约，三是安排不同的物质激励以及其他的显性激励。伙伴选择不当会导致产学研用联盟的失败，联盟的成效会因为合作伙伴的影响而导致整个联盟受影响[1]。因此，在联盟刚开始发展之际，一些有关联的核心企业为了能够更高效地找寻适合自身的合作伙伴就会去建立某种适合联盟整体发展的选择机制。而展现出伙伴的选择以及联盟的成立的证据就是契约。签订契约就会让联盟产生一种法律关系，契约中的权利与义务在契约中得到充分的展现，如此对于知识主体来说就会呈现一种负向的激励。为了更好地去实现知识主体的动机，每一个知识主体都对某些方面在心中有一个预想，使一些知识主体产生实现与联盟相关的特定行为的目标。除了这些，为了更好地发展产学研用联盟，就要制定适合联盟发展的相关激励措施。由于

---

[1] Walter J, Lechner C. Knowledge Transfer Between and Within Alliance Partners: Private Versus Collective Benefits of Social Capital[J]. *Journal of Business Research*, 2007, 60(7): 698-710.

内部环境和外部环境的相互作用下具有一定的复杂性,并且显性激励机制也有柔化性的特质,因此对这三种激励机制的更好的实施就是将协同化发挥到最大的效果,从而使得产学研用协同创新激励机制的柔性化特质在客观的条件下得到充分的体现。

(3)运作的目标。在产学研用协同创新发育的时期,怎么样才能够让激励协同从产学研用联盟战略的视角中更好的发展,以及能够将整体的动机和意愿得到更有效更科学的结合,合理地探究联盟的成功组建并不断运行的极具影响力的因素。鉴于此种原因,做好基础性的协同目标是激励协同成功的关键因素,这些都为将来产学研用联盟在科学规范、合理有序、有效地运行这些方面打下坚实的基础。因此在这样的一个阶段,要以全方位地了解每一个联盟成员的强烈意愿以及成功筛选联盟伙伴作为目标,进而有效进行产学研用联盟组建等。

2. 酝酿期的管理

对酝酿期的决策的研究可以分为四个部分,分别为市场机遇识别、企业核心能力的识别、知识需求的分析、产学研用协同创新模式的研究。

(1)市场机遇识别。市场经营环境对于市场机遇而言就是一种境遇和机会,可以使企业达到超常发挥,但是这些机会通常来说是有期限的,并且随着各种因素的影响而产生变化。实行识别市场机遇有四项原则需要去遵守,包括时效性、真实性、适用性和风险性评估这四个方面。在对市场机遇识别的划分中可以分为这两个部分:首先为了能够验证市场的吸引力从而对其价值做出探索;其次为了对本企业的可行性进行测验就要去了解在市场中所需求的资源并且对其进行分析,可以通过对机遇的判断来做到。想要更好地了解市场机遇的关键之处,可以通过分析市场中的环境以及对市场未来可能出现的变化进行预测,宏观微观环境分析与行业环境分析这两个部分就是对市场环境的主要分类方式。现如今,SWOT法、波士顿矩阵法、通用电器公司矩阵法(即SUB法)这些方法都可以用来分析市场环境。而时间序列法、回归分析法、AHP法、DEA法等是属于环境分析的定量方法。当然除了定量分析还有定性分析,定性分析的方法可以分为以下几种:一是经验判别法,即借助于以往的经验来判断并识别市场机遇;二是专家预测法,即专家通过相关的理论知识,根据市场的运作规律来对市场机遇进行预测;三是图表分析法,即借助于相关的数据,通过图、表等方式对市场趋势有一个直观的认识;四是其他方法。市场机遇识别是具有现实意义以及具有复杂性的特征,市场机遇识别主要是对定性和定量做出相应的判断,而定性和定量会因为环境的变化以及市场需求而有所改变。因此,对市场机遇的识别可以通过变化程度的高低来反映。

(2)企业核心能力的识别。"不同的生产技能所协调的方式也是不一样的,组织这一整体只有对知识进行不断的积累,才能够更好地去学习到更多的技术学校的知识。"这句话就是一种对企业核心能力的理解。在通常情况下,想要更好地去识别核心能力就要更加精准地知道核心能力的本质,要了解它的相关原则。具体原则主要包括五个方面:第一,层次性与系统性,要识别企业的核心能力,就要对企业进行综合考察,可以从企业结构、企业功能等各层次进行考虑,也可以将企业看作一个整体,将各核心能力放到整个系统中去权衡;第二,细分性,通过分析调研,将企业的核心能力划分为多个细分层面,具体可从地理条件、人才、资金、技术、社会环境、市场竞争等方面进行考虑;第三,数据可获性,在制定识别企业核心能力的方案时,要注意考虑方案中各数据是否可获得,因为在没有数据支撑的条件下,再完美的方案都没有意义;第四,全面性,为充分识别企业的核心能力,就需要尽可能地从多方面、多角度去全面考量;第五,合理有效性,对于已识别的核心能力,还需要进行重新检验,以衡量其是否合理有效。在当今这个时代,主要通过非定量描述法、半定量方法、定量方法以及半定量与定量相结合的方法去认识和辨别核心能力。对这些方法也要有更细致的了解。非定量描述方法简单来说就是以文字和图片作为最主要的操作手段来体现核心能力。而半定量法则是为了计算核心能力的水平,而其计算的依据就是要先建立适合的评价体系,再用主观判断法对其进行分析评价。当然这里所说的定量方法是一种纯定量方法,它是没有主观的定量指标的。而平常所听到的半定量与定量相结合的方法就是对前两者的结合使用。首先要有能够用于评价的指标体系,然后通过多目标决策方法对其进行分析然后得出结论。多目标决策方法在现实生活中比较经常使用的有五种:一是AHP,二是模糊综合评价法,三是模糊识别模型,四是灰色聚类法,五是神经网法。通常所说的四类核心能力识别方法具体是指:第一,非定量的描述法;第二,半定量的方法;第三,定量的方法;第四,半定量与定量相结合的方法。当然,每一种方法都有利有弊。企业要充分认识并区分自身的核心能力,然后根据自身的能力确认自己是否能独立去实现市场机遇的要求。当企业本身的核心能力可以适应市场机遇时，该企业就拥有了行动独立的自由。若是不行，不断对知识需求进行判断就是该企业接下来所要做的任务。

(3)知识需求的分析。简言之，知识需求的分析就是企业是否对自身状况有着清楚的定位。比如企业对自己所需要的知识的科学性及企业发展战略是否有全面的了解，自身还有什么缺陷和不足，对未来的发展目标有没有全面的规划等。除了考虑自身这些因素以外，还要关注市场等一些外部环境的需要。通常情况下对企业知识需求的分析可以分为三步：首先，我们要关注市场对知识环境需求的影响，对此关注的首要前提就是要对市场机遇做出识别；其次，要了解发展企业知识的需求，这主要就是根据识别核心能力所得；最后，如果企业不具备市场机遇所需的知识条件，要努力地找寻其中的问题，对知识主体的需求有着更加清晰的定位。另外，须更加深入地分析知识需求，学习了解企业与知识需求有联系的内容，如此，才能使得企业在获取知识的过程中成功防范一些问题的出现，减少各种误差的可能。

(4)确定产学研用协同创新的战略模式。知识需求得到全方面的了解之后，核心企业大体上会出现以下三种选择：第一，依靠本身的能力去获得知识，并不断积累；第二，依靠他人，比如利用并购的方式将他人的知识转变为自己的知识并进行积累；第三，与他人合作，即通过组建产学研用协同创新联盟等方式来获得知识的积累。

自身的能力是有限的，企业在实际操作过程中发现只依靠自己来获取知识会有各种问题出现。企业吸纳外部知识的手段有两种：一是并购其他拥有知识的组织，二是组建产学研用联盟。相关组织是否保持法律和经济的独立性是并购与组建产学研用联盟的本质区别。通过购买组织的股份和组织的财产权来控制对方是并购的一种方法，这样会导致经济独立性和决策的自主权的丧失。想要联盟的优势之处能够得到发挥，联盟就要运用共享的方式来运作，如此内部的每一位成员就能够很好地在法律以及经济这两个方面保持其相对独立性。相比较而言，提高企业核心能力最简便的方法就是组建产学研用联盟。但是选择这种方法就要对知识进行需求分析，有针对性地提出产学研用协同创新设计的可施行性，进而科学地确定产学研用联盟的最终目标和相关的框架结构。

3.1.2 组建期

1. 组建期的运作机理

(1)运作的模式。产学研用联盟在经过初步的发展后就会很快地步入组建期,组建期最明显的特征就是快速的成长性。而这种特征也是在前期发展中关于显性激励机制完美的形成,而在这一个时期,隐形激励则成为激励协同各因素中最主要的部分。其中的原因就是当产学研用联盟步入这一时期时,联盟内各个主体已经彼此熟悉,也就使得联盟开始产生整体的文化观和价值观。此时隐形的激励就会起到主导作用,因此隐性激励机制有利于稳定联盟每一个主体更好地发展。

(2)运作的内容。在组建阶段,产学研用联盟快速运行的前提条件是联盟的稳定性。确保产学研用联盟的稳定也可以通过激励协同的运行来实现。在产学研用联盟这种大环境下,一般来说对于不同知识主体间协同激励关系层可以大致分为三个方面:第一,组织和组织之间的关系;第二,员工和组织之间的关系;第三,员工和员工之间的关系。就组织与组织来说,组织之间沟通的桥梁可以通过联盟文化架起。联盟处事所用到的哲学与联盟的行为准则的外化也是一种联盟文化,这种情况是知识主体在不断地适应外部环境、并对组织内部的价值观和行为方式加以汇总[①]。每一个联盟整体都有着自己独特的核心文化,这是联盟内在精神与价值观的体现。统一的价值观一方面可以使组织之间的凝聚力得到提升,另一方面可以使绩效得到更全面的提高。在员工与组织这个关系层可以看出,员工与组织之间是有着一些心理契约关系的。员工和组织之间存在的责任与义务也会在心理契约中所涉及[②],通过如此会使得这二者建立一种短期的关系,这种关系的维持主要将经济交换作为一种根据,不仅如此,经过不断的发展,员工和组织还能够逐渐形成更加稳定的长期关系,长期关系则是以社会情感交换为根基[③]。从员工与员工这一方面来

---

① 刘敦虎,陈谦明,高燕妮,等.知识联盟组织之间的文化冲突及其协同管理研究[J].科技进步与对策,2010,27(7):136-139.

② Zhao H,Wayne S J. The Impact of Psychological Contract Breach on Work-related Outcomes: A Meta-analysis[J]. *Personnel Psychology*,2007,60(3):647-680.

③ Sarkar M B,Echambadi R,Cavusgil S T et al. The Influence of Complementarity, Compatibility, and Relationship Capital on Alliance Performance[J]. *Journal Academy Marketing Science*,2001,29(4):358-373.

说,起着主导作用的就是相互的精神激励。想要员工与员工之间形成知识的交流与合作,在转移和共享中隐性知识十分的显眼,这样以后员工与员工之间建立起一种互相信任以及尊重团结友爱的合作关系,联盟整体中的重要关系资本也就此建立①。由此可以了解到,不同的知识主体对其层次划分也有所不同,主要是受到隐性激励的影响,而隐性和显性激励二者相结合就成了复杂的激励协同系统。

(3)运作的目标。在组建阶段,隐性激励机制在显性激励的基础上组建了。如果从激励的根源来看,显性激励的内化是隐性激励的源泉。并且,这种内化的过程是在产学研用联盟生命周期的基础上实现的,产学研用协同创新不同阶段的激励需求需要显性激励的内化和隐性激励的外化来匹配,最终实现防范联盟的不稳定的目标。协同化思想是激励协同在组建期的特征。产学研用联盟快速成长可以通过将协同化思想植入激励机制设计之中。而且对显性、隐性这两种激励加以整合,达到某种协同效应,也就是"1+1>2"的效用,核心价值体系在联盟整体中得以发展建立,从而使得稳定性在整体中得到更好的发挥,防止各种危险出现的可能,绩效也可以得到提高。产学研用联盟激励协同会形成一种稳定的向心力。

2. 组建期的管理

合作伙伴的选择、利益分配方式的确立、相关合作协议的签署和建立产学研用协同创新联盟这几个部分是对组建期的决策划分。

(1)合作伙伴的选择。组建产学研用协同创新联盟很重要的一步就是对合作伙伴的选择,这是产学研用联盟成败与否的决定性因素。在选择时,一方面要对潜在合作伙伴的核心能力能否弥补自身的欠缺之处进行校验和分析,另一方面,在检测通过的基础上还要进行全方位的分析,根据结论去综合评价合作伙伴并做出选择。

对合作伙伴进行综合评价可以通过两个方面来进行,即确定综合评价指标体系以及选择合适的评价方法。产学研用联盟的类型是多种多样的,在选择合作伙伴时也有着不同的需求,因此要根据联盟的需求来制定相应的评价

---

① 林莉,周鹏飞.知识联盟中知识学习、冲突管理与关系资本[J].科学学与科学技术管理,2004(4):107−112.

指标。将合适的评价指标制定完善后,根据所制定的评价体系对合作伙伴进行总体的评价分析,总共有以下几种分析方法:第一,层次分析法(AHP);第二,ANP法;第三,神经网络法;第四,模糊数学方法;第五,TOPIS法;第六,模糊优选法;第七,数据包络分析法(DEA法);第八,灰色关联度评估法;第九,遗传算法;第十,基于活动的成本分析法(ABC);第十一,多阶段多指标的理想方案法;第十二,时序多指标决策的灰色关联分析法;第十三,模糊层次分析法(F-AHP);第十四,投影决策方法;第十五,案例推理法等。这些都是综合评价合作伙伴的方法,大体上都属于定性方法、定量方法或者是将二者相结合的方法。金无足赤,人无完人,方法也是有优点和缺点的,应用这些方法的结果也是不一样的。所以,在实际运用过程中,要具体问题具体分析。首先要制定并确定适合的评价方法,在此基础上建立合作伙伴的选择方式的模型,接着要运用模型进行不断模拟和优化,最终对合作伙伴进行确定。当合作伙伴的能力并不足以发展联盟时,就得重新选择合作伙伴。

(2)确定利益分配方式。产学研用协同创新组织能够成功运作很重要的一点就是要制定适合的利益分配方法,通常情况下,关于利益分配机制等方面的内容合作协议中都必须有很明显的涉及。制定利益分配方式要坚持以下四个原则:第一,互惠互利原则,产学研用协同创新组织要想能够长期合作,彼此之间就应该互惠互利,因为当合作各方都受益时,彼此才会自发遵守并维护合作,进而才能够保证合作的长久进行。第二,结构利益最优化原则,要想让产学研用协同创新各成员能够合作,不仅要制定合理有效的组织结构,还要让组织结构的利益达到最优。第三,风险与利益相对称原则,在产学研用协同创新过程中不仅有机遇也存在着风险,要使各成员所承担的风险与利益相对称,即承担的风险越大,可能获得的利益就越大;第四,个体合理原则,在产学研用协同创新过程中,不仅要保障整体结构、利益分配的合理,还需要确保个体利益的合理,对于个体利益分配不合理的地方要积极进行排查、解决。其实,各知识链人员之间的合作就相当于是一种合作的博弈,各合作成员之间运用合作博弈理论和相关的方法,然后建立成包含整体成员之间的利益分配的一种合作博弈模型,解决相应的关于利益分配的问题。

(3)签订合作协议、成立产学研用协同创新联盟。确定合作方式在合作协议中是第一步,完成第一步后就要继续弄清楚合作双方各自的权利和义务,主要包括资源的投入、风险分担、利益分配等方面,而且最后能够利用法律武器保护自身的权益。想要产学研用联盟有秩序地去运行,合作协议就是十分重要的内容。它是一种制度基础和法律的保证,对产学研用协同创新的经营成效具有很大的作用。

联盟的合作协议签订完成以后,战略合作伙伴关系就此形成,产学研用协同创新联盟就此组建成功。想要更好地让联盟发展,就要根据每一位成员的能力去划分他们的具体分工。当然成员与成员之间也需要不断地磨合才能够更好地合作,而建立联盟协调委员会对此就起着很重要的协调作用,该委员会主要就是以协调作为主要的工作。一切安排执行完成就标志着产学研用联盟的成功设立。

3.1.3 运行期

1. 运行期的运作机理

(1)运作模式。产学研用联盟的核心和本质阶段就是运行期。在这个时期,各知识主体根据联盟所制定的目标不断行使权利与履行义务,同时相互学习,共同投入资源,最终达到提升联盟绩效的效果。但是,由于联盟管理存在复杂性和知识共享的不对称性的影响,调整期在产学研用联盟中很快就会出现。所以这就得运用激励协同让运行期在联盟中得到维持。为了能够让知识主体的需求得到完善,在这一时期就会运用在组建期形成的激励协同系统,从而开展全方位、各个层级的激励措施。外部环境也有复杂性的特征,显性需求与隐形需求在知识主体中的划分也将变得不是很重要①。希望能够形成一种混合的、多层次的需求,所以单一的激励要素就不能够满足产学研用联盟复杂性这一需求。显性激励和隐性激励共同组成活性激励这一协同体,活性激励的特点是柔性化与导向性,这种特征可以给知识主体带来关于激励的满意度,所以说,在这个时期应形成以显性以及隐性激励的结合为辅导的形式,从而体现出活性激励这一最重要的部分。并且它们还可以通过协同演化转化成涌现激励,如此,产学研用联盟的绩效也能够得到更好的发展,知识主体间的知识活动也会更加顺畅,从而让知识实现增值。

---

① 罗永泰,卢政营.需求解析与隐性需求的界定[J].南开管理评论,2006,9(3):22-27.

(2)运作内容。运行期内,除了要根据产学研用联盟的特征来设计激励机制,还要关注知识主体需求具有多样性和渐增性。这就需要采取一些激励措施,例如活性激励和涌现激励信息技术以及文化机制。若使协同创新的作用能够在知识主体得到更好的运用,信息技术的使用就显得尤为重要,通过信息技术平台的建立使知识主体之间实现知识的共享,并且让需求得到不断的满足,同时,在一定程度上使得信息不对称的现象得到消除,从而让信息技术发挥其最大效应。此外,主体之间的相互信任以及协作的程度还会受到制度文化机制的影响,这种影响在隐性知识中发挥了深刻的作用,主要在传播、转移、共享和利用活动这些方面。因此,知识主体的活动希望能进行得更加顺畅,相互信任、尊重,形成良好的合作氛围在知识主体之间显得尤为重要。

(3)运作目标。在运行阶段,想要提高产学研用联盟绩效很重要的就是激励效应的协同涌现。它保证了协同效应。要想让每一位知识主体的信任得到提高,并且使得整个产学研用联盟在运行过程中能够最大化实现效应,就要注重激励协同这一战略激励模式。根据知识所具有的一些很高效率的活动,比如共同分享、相互交流、整理合作、碰撞、转移以及激活等,效应之和就会在整个联盟超过独自任务量的汇总。

2. 运行期的管理

运行期的决策包括三点:一是如何培养组织之间的交互学习机制,二是如何建立组织之间的相互信任机制,三是如何形成知识优势。

(1)培养组织之间的交互学习机制。交互学习指的是至少两个相同组织或者不同组织的成员通过最直接的见面进行交流,以此互相切磋、互相学习。交互学习是复杂的,因为它是一个受到每一个组织层面和个人行为影响的过程。产学研用联盟为组织之间的交互学习提供了平台,但其内部成员之间的交互学习还是受到许多因素的影响,比如学习意图、学习能力和开放度等。

在联盟中建立有效的学习机制对于产学研用联盟成员之间的交互学习具有十分重要的促进作用。当然,若想创造良好的交互学习机制,充分的学习目标就显得尤为重要,从而使得成员的学习能力在整个过程中都有所进步,有利于建立更好更长期的合作关系、营造出良好的环境氛围,学习结构的设计也十分重要,能够鼓励个人和组织依靠自身能力学习积累知识并将所学所获与他人交流分享,如此才能更好地发展自身的能力。当每一个成员的个人能力得到提升时,整个组织在知识水平以及认知能力方面也会得到提升,但也要经过进一步的规划才能得到更多的进步以及有利于将他人的核心知识以及技能转为自有,组织的核心能力也会因此而得到升华。

(2)建立组织之间的相互信任机制。为了使产学研用成员各方从内心深处都能够认可对方,相互信任机制的建立十分必要。顾名思义,相互信任就是双方在合作中出现各种不确定因素时,向对方承诺可以信赖自身。信任是相互的,因而是会相互影响的,双方的利益是相辅相成、相互影响的,任何一方想要采取某种行动,都要考虑此次行动可能给自身带来的影响。成员之间要想更好地发展合作以及建立更长的知识链,相互信任十分关键。通过相互信任,组织中的人员各方能够建立经常性的合作关系,从而实现经验互享并一起创造新的知识内容。而知识共享还可以提高成员之间的信任度,知识的"放大"效应也就会因此而形成。由此,知识层次也会有所变化,会使得个人的层次上升到组织的层次,还有可能使层次在不同组织间进行变化。相互信任在产学研用联盟中十分关键。培育相互信任机制,要及时杜绝欺骗及机会主义行为,这样信任循环机制才能够得到更好的完善与发展,成员之间的沟通以及交流也变得更加轻松,程序在合作中也显得更为公平,联盟文化也可以得到统一,形成联盟内部的专属知识文化。

(3)形成知识优势。知识优势指的是产学研用联盟与其他联盟相比所展现出的一种优势,这种优势主要体现在知识流动的过程中。存量优势以及知识流量优势是其主要的两个划分,也可以说知识优势是由这两部分组成的。产学研用联盟的人员进行知识共享和知识创造的前提就是做好知识储备积累。想要不断完善和发展产学研用联盟的知识优势,首先就要将组织核心能力作为一种基础,让每一位成员拥有并保持组织核心的能力,从而建立知识优势。运用知识优势共享知识能使组织整体以及内部各位成员的知识流动效率不断提升,从而使组织的学习能力以及学习后的成果能够得到提升,并促进个人知识向组织知识转化。其次,对拓展组织核心能力也要加以关注。拓展组织核心能力就会产生价值的活动领域,但是有可能会导致核心刚性的产生。为了避免这种现象的出现,保障组织之间更好地进行知识共享,拓展组织核心能力就显得尤为重要。再次就要注重提升产学研用联盟能力。不断加强产学研用联盟能力的效率,让联盟能力从低层次向高层次发展。

3.1.4 调整期

1. 调整期的运作机理

(1)运作模式。当知识主体完美地结束它在运行阶段的任务和目标后,激励协同也会步入调整期。知识主体之间会产生加强合作、保持现状、停止在产学研用联盟调整期这三种情况,对有关联的内容进行经验总结、对联盟的绩效进行评价分析以及对其所做的贡献进行了解便是接下来需要做的事情。知识主体的工作会因为一些因素影响产生一定的阻碍,主要有知识的存在模糊性、知识的特殊性、知识的复杂性等一些知识独有的性质,所以说,在调整期,激励协同的作用依然必不可少。在运行期时,激励协同系统已经发展得相当健全了,激励协同的发展方向是由活性激励决定的,它是运行期的一种主导激励要素。因而,在处于调整期时,激励协同运作依然是产学研用联盟使用的一种必不可少的形式,也就是把活性激励作为主要的激励形式,一旦进入调整期,所谓的涌现激励可能就不会出现。

(2)运作内容。产学研用协同创新联盟处于调整期的这段时间,活性激励在激励协同要素中具有十分重要的作用。这个阶段的活性激励可以包括以下几个方面:第一,知识产权机制。我们通常所说的知识产权机制就是通过采取一些措施与方法对和知识价值有联系的活动进行考核分析,从而把知识进行资产化和市场化,以及使得产学研用联盟的知识活动在利益上做到量化。如此可以通过知识产权机制对每一个知识主体的知识起到些许保护作用,也可以使得知识在主体之间不断运动,从而激励产学研用联盟再次建立新的产学研用联盟,使联盟开始新的生命周期循环。第二,激励反馈机制。激励反馈机制实际上就是一种考核形式,其考核主体就是激励协同效应,通过运用一系列手段如建立考核指标,分配权重,科学地建立考核指标体系等,把联盟整体作为主体进行有效的激励和科学的评估,还要对激励协同调整进行科学的反馈,形成一种良性循环的动态反馈效果。第三,激励优化机制。激励优化机制有利于知识主体间的激励创新形成,从而在一定程度上让激励机制变得更好,并且也有利于稳定产学研用联盟,在重新组建方面也变得更加简易。

(3)运作目标。激励协同不是一成不变的,它在自身全部的生命周期中都是有关联的。这个阶段中,激励协同对产学研用联盟依然有着很大的影响。

处在调整期的联盟激励协同可以充分发挥知识主体要素中的活性激励机制,最后达到充分评估知识价值、划清管理联盟边界、有效评价激励协同效应等运行标准。当然,因为不同的知识主体对激励协同的运用程度不一样,所以产学研用联盟调整期也会产生升级、稳定或消亡等不同的状态。很明显,最令人满意的状态是产学研用联盟是一种稳定的情形,知识主体在综合程度非常高时,对于知识的产生、创造与创新是最为有利的。由此可知,为了使产学研用联盟能够产生稳定性,必须高度重视并且积极促进激励协同在联盟中的运用。

2. 调整期的管理

产学研用联盟的绩效评估以及对其成败原因的分析是调整期的主要决策。

(1)产学研用联盟绩效评估。想让产学研用协同创新做到持续发展,绩效评价就是很重要的因素。在协同创新目标完成以后,协同创新体就需要进行绩效的评价与估计,并根据所得到的结果去规划之后如何去发展:是保持原来的协同创新体,还是把原来的协同创新体作为奠基,取其精华,弃其糟粕,开始新一轮创新,或者把原本的组织解散,不再进行合作等。协同创新具有多元主体的特点,绩效评估的原则包括需求导向、促进创新、注重实效三个方面。在这一时期对其评价的内容包括三个部分:第一,从它所具有的知识方面的优势来考量,知识存量优势和知识流量优势对建立产学研用知识优势评价模型有着重要的作用,因而可从这两个方面去建立评估指标体系。第二,根据每一个成员的实际贡献程度来考虑,这样能使联盟在对研究成果所带来的收益进行分配时拥有合理的依据。也就是评价每一个创新主体的贡献度时,可以从伙伴重要程度、资源投入、努力程度和任务完成水平几方面进行衡量。第三,根据产学研用协同创新的协同度来考虑。也可以从这些方面来衡量状态子系统和过程子系统这两个维度。

(2)产学研用联盟成败因素分析。通过对产学研用联盟成功与失败的因素进行探讨,成员可以总结成功的原因,吸取失败的经验教训,不断提升自身整体的知识能力,为未来产学研用协同创新的成功打下坚实的基础。

3.2 产学研用协同创新生命周期激励不足问题

借鉴产品生命周期和企业生命周期理论,根据决策目标的不同,产学研用协同创新联盟每个阶段的冲突都有着动态性的特征,而它的周期可以分为四个阶段,分别为酝酿期、组建期、运行期和调整期[1]。在联盟的动态发展过程中每个阶段的各类冲突所发生的频率和强度也不尽相同。下面从产学研用协同创新联盟的这一整体的生命周期视角来探索不同阶段可能发生的激励不足问题。

3.2.1 酝酿期

酝酿期是产学研用协同创新联盟形成的萌芽期。每一个准备参与联盟的成员所要做的准备工作有很多,包括自身核心能力评估、发展机遇识别、未来联盟战略模式选择等。只要这些不能够使得联盟组建起来,每一个成员也不算是真的有效结合。因此,在这个期间,成员之间不存在冲突,各个成员与联盟主体之间也不存在冲突,如果出现冲突也是一些成员自己的原因所造成的冲突,而不属于联盟这一整体造成的冲突。

事实上,联盟在刚刚建立的时候主要是认识和评价市场存在的机遇,主要任务是选择合适的机遇实现模式。这个时期的联盟整体为了能够找到合适的隐藏的合作伙伴就会产生不断探索和辨析其他知识主体的行为,这种预判性的行为会受如下因素的影响:第一,各个知识主体之间的联盟动机和联盟的意愿。产学研用协同创新联盟的建立一定是有着某种使命与愿望的,而联盟中的各成员加入联盟也是有着某些原因的,这些动机可能会与整个联盟的愿景相关,也可能是以成员自身为核心主体的。第二,机会主义倾向。在加入产学研用协同创新联盟时,很多企业都具有机会主义倾向,其中尤以中小企业为主。这些具有机会主义倾向的企业希望能够借助大型企业、核心企业、知识盟主等的知识外溢来增加自身的知识量。当联盟进行协同合作时,那些具有机

---

[1] 陈劲,阳银娟. 协同创新的理论基础与内涵[J]. 科学学研究,2012(2):161-164.

会主义倾向的企业往往出力较少,较多依靠其他企业。第三,知识保护与垄断态度。在加入联盟之前,一些企业会比较关注联盟对知识产权保护和垄断的态度。这是因为,在进行合作创新时,不同企业可能贡献不同,有时可能仅是大型企业在进行创新,当产生了一定知识成果时,如果不为这些创作新知识的人提供法律、制度方面的保障,就会大大打击这些人员的积极性,这样下去会形成恶性循环,并最终使得联盟的创新产出大量降低。与此同时,还要注意保护中小企业的合法权益,不能因为其规模、技术、人员、资金等因素就限制、否认其对创新做出的贡献。第四,联盟策略。在引入联盟成员时,要对联盟的各种策略有一个明确认识,具体包括利益分配、知识产权保护、成员合作策略、成员的权利和义务等。第五,风险偏好。对于产学研用协同创新联盟的各种合作创新项目,不同的企业拥有着不同的风险偏好,即有些企业认为风险越大可能获得的收入就越客观,而有些企业则倾向于中低风险的合作项目。从现有情况来看,大部分企业都更希望能够承担较低风险而获得较高利润,而产学研用协同创新联盟的建立正好可以实现增加收益、分摊风险的目的。第六,知识需求。对于加入产学研用协同创新联盟的各成员而言,他们对于知识的需求存在着差异。如,有的企业希望借助外界知识来共同进行创新研发,而有的企业则希望通过学习、借鉴其他企业的优秀知识来提升自身。第七,外部环境的高度不确定性。在产学研用协同创新联盟进行合作交流时,外界的环境时刻都在发生着变化,如政府相关的产业政策、优惠政策等可能会因为联盟的这些都是影响这种预判性的行为。从这些影响因素中我们可以看出,知识主体以及外部环境这两个方面对处在联盟生命周期酝酿期这一时期的激励障碍产生影响。

总之,市场需求与科研创新成果不匹配,盟主的缺失导致联盟动力不足,即"无的放矢"和"群龙无首"。

案例:惠州产学研用联盟的孵化

2015年惠州出台了创新驱动发展"1+6+N"系列文件,进一步强化经济结构调整和产业转型升级的政策引领。其中,"1"是总体纲领,是成都市委、市政府发布的《关于实施创新驱动发展战略加快建设创新型城市的意见》;"6"是创新驱动发展的平台构建、能力跃升、企业培育、动力激发、成果燎原、环境优化"六大行动"实施方案,明确了落实创新驱动发展战略的具体工作任务和工作责任分工;"N"即落实总纲和"六大行动"要求和为贯彻粤府〔2015〕1号文精神而制定的一系列配套政策措施,目前已出台促进新型研发机构发展、促进股权投资业发展、科技企业孵化器认定和扶持、科技合作专项资金管理、高新技术企业认定专项资助、科技创新券补助、知识产权评议管理等7项政策。创新驱动发展系列文件的出台为惠州加快建设高校和企业的研发机构,构建惠州市的实验室体系,全面建设企业和高等院校、科研机构产学研合作,提供高层次、全方位的强有力支撑。

然而,构筑产学研用协同创新联盟需要企业、高校、研究院所、用户协会等多方参与。惠州市虽然地处粤港澳大湾区,但整体科研实力不强,尤其是欠缺高素质研发人才以及人才培养机构组织。没有源源不断的人才资源供给,创新发展很难持续前行。

针对惠州高校、科研院资源相对匮乏,科研力量薄弱的短板,惠州把建设新型研发机构作为提高创新驱动能力的突破口,大力推进新型研发机构建设。新型研发机构与政府包办的传统科研机构相比,跳出了传统的行政管理模式,建立市场化运行机制和现代化管理制度,自主经营,独立核算,面向市场,在科技研发与成果转化上具有高效快捷的特点。新型研发机构始终从行业、企业的实际需求出发去研究问题、解决问题,坚持问题导向、市场导向,引领行业发展,开创了一个跨越式提升创新能力并快速实现产业升级转型的科技研发模式。比如惠州广工大物联网协同创新研究院有限公司,目前已合作孵化5家企业,以委托服务、技术研发、技术服务和咨询服务等方式服务惠州本地企业近100家,有力地帮助了惠州企业实现升级转型。惠州新型研发机构建设主要以企业组建、联合高校和科研院所共建、开展国际科技合作三种模式进行产学研合作,构建与惠州产业链相匹配的创新平台。目前,已认定的有7家,为中山大学惠州研究院、TCL集团工业研究院、惠州市德赛工业研究院有限公司、惠州市亿纬新能源研究院、中科院自动化所惠州先进制造产业技术研究中心、惠州华阳汽车电子研究院、惠州市硕贝德科技创新研究院;已建成和在建的有14家,包括惠州—广东工业大学物联网协同创新中心、惠州TCL云创科技有限公司、北京化工大学惠州研究院、三航(惠州)国际无人机研究院等。通过对新型研发机构建设的重视和大力支持,惠州集聚了一批创新资源,打破了创新资源较为匮乏与社会经济发展不相适应的局面,正积极发挥作用,大力提升惠州的科技创新能力,也为惠州的科技成果转化落地注入新的力量。

3.2.2 组建期

组建期是联盟的发展初期。要先明确联盟的共同目标,找出联盟成员可以加入其中的约束条件,还要筛选联盟体的成员,确定合适的联盟组织模式,建立合理的利益分配方案,制定每一个成员的合作约定,组建便捷的沟通和共享信息系统等。在这一时期,联盟的基础设施建设是主要任务。目标冲突、文化冲突和信息冲突这三个部分可以说是这一时期联盟的主要冲突表现。一方面,联盟中的所有成员都是独立的利益主体,每个成员都有适合自己发展的目标,每一个成员都会为了能够发挥自身价值的最大效应而通过加入联盟不断寻找互补资源。因此,若是每一个成员的目标或者单个目标与整体目标之间存在冲突,就有可能引发目标的不一致。从另一个角度来说,联盟中的每个成员都有着自身的文化,不同的文化会导致它们在建立联盟的行为模式上出现极大的不同,好比在对合作伙伴的选择和联盟发展规划的制定上可能会产生分歧,导致文化冲突的产生。除此之外,所有联盟在联盟刚开始建立之际都会对想要加入其中的合作者进行筛选、评价,与此同时其他联盟也会做此考察。众所周知信息不对称是客观存在的,因此联盟无法知道每一个成员加入联盟的目的,并且由于初期成员之间不是十分熟悉,就会导致没有合适的途径使得有效信息进行传递,就可能发生信息冲突。在这个时期,因为联盟体还在建立的初期,联盟内部的责、权、利等方面也没有划分完全,冲突尚不会很明显,但即便如此,联盟在组建期是十分脆弱的,冲突的产生在这一时期对联盟具有特别大的影响,一旦处理不好就会使得联盟整体破裂甚至消失。

在建设期间,加入联盟的成员会进行寻找合作伙伴,签订合作合同,确立合作方式等工作。刚开始合作时,信息不对称的产生,有可能使得成员在产学研用创新合作中无法很清楚地知道其他合作伙伴的合作类型,因此很难相互信任。在这个时候,由于每一个成员资源投入的重要性不一样,权利地位也有所不同,在合同签订过程中,强势一方有时会损害弱势一方的利益,二者之间有着明显的利益冲突。关于合作模式的确定,产学研用无论哪一方都有着自己的观点和见解,每一方都可能选择实现其目标的最佳方式,因此很难达成共识。组织时期的产学研用伙伴关系就像婚姻的磨合期,具有高度的冲突性①。

另外,知识主体开始正式选择产学研用协同创新合作伙伴是为了能够对知识需求进行分析并且预测决策活动,从而一起明确联盟的共同目标。在这个阶段,知识主体就会努力寻找自己与协同创新之间知识的差距,这就像是对关系资本进行审查,对信任档案进行建立,并且从整个方面对外在的合作伙伴进行科学的预判等。从另一方面来说,信息非对称会使知识主体存在机会主义和一些暗箱操作,这也说明了产学研用协同创新激励十分重要的一点就是要建立互信和交流基础上的关系资本。从中可以看出,结构维度是产学研用协同创新生命周期构建期的激励障碍因素。

总之,组建期盟主独自投资研发而其他成员无投资动机,即"赴汤蹈火"和"作壁上观"。

案例:汇聚全球资源,构造浙大创新生态系统

长期以来,浙江大学着力构筑"泛浙大"科技创新创业一体化,从而形成开放、联动、国际化、产业化的协同机制,建立创新链与产业链互融的系统解决方案。在产学研创新服务区域平台方面,秉承"长三角战略必争、珠三角战略合作、京三角战略拓展、中西部战略互动、金三角战略布点"的布局理念,不断夯实与浙江省、江苏省的产学研合作,积极参与打造城西科创大走廊,有效构建宁波、苏州、昆山、常州等区域创新平台,继续完善与广东省、山东省等区域的产学研合作渠道,持续推进天津滨海区的产学研载体的建设,大力拓展与中西部地区的产学研合作渠道,努力促进与西安、鄂尔多斯、包头等能源金三角地区的交流合作。

浙大创新生态系统构造之初遭遇盟员协调难、节点技术发展迟缓、某些企业中途退出等困境。与之相对应,浙大校内人才呼应不高,人力资源供应得不到保障,加剧了盟员退出的念头。资源投入比例一旦超出了盟员所能承受的范围,浙江创新生态系统的构建必然会受挫。

针对联盟构建期可能出现的问题,浙大将教学和科研进行有机结合,锻炼学生的创业能力,提供强大的技术支持,积极响应国家"大众创业、万众创新"的方针,激发师生开展创业合作的热情,建立优化科教合作人才培养新模式。

---

① 王炳成.企业生命周期研究述评[J].技术经济与管理研究,2011(4):52-55.

在国家支持双创的时代背景下,浙江省的重点大学浙江大学国家科技园围绕"成果转化、企业孵化、人才培养"这三大中心任务,不断整合资源,提升服务能力,通过建立科技成果转型以及企业孵化平台使学校的科技成果快速转化,推动高新技术企业迅速发展;设立创业创新服务平台,为成果转化和企业孵化予以支持;对提供培养创新创业人才的平台,有效地推进大学生在就业方面的教育,扶持大学生自主创业;建立国家级众创空间,浙江大学 e-WORKS 创业实验室等措施切实为校内外师生创新创业做好各项优质服务。

在此基础上,浙大创新生态系统的构建取得了骄人的成绩。2006 年浙大科技园被科技部认定为国家高新技术创业服务中心(国家级科技企业孵化器)。2012 年 3 月,在全国 86 家国家大学科技园复核和考评工作中,被评为全国优秀(A 类)国家大学科技园,总分排名全国第三,取得历史性突破。2016 年在创新创业方面,新创办孵化企业 47 家;新认定国家重点扶持的高新技术企业和杭州市级高新技术企业 12 家以上;浙大科技园与"浙大科技园—溢思得瑞国际创业苗圃"合作引进海归创业企业并落地 2 家,29 位创新人才被纳入杭州市"5050 人才计划",有 10 家企业获得西湖区第五批"325"人才计划资助,引进国家级千人计划 1 个,省级千人计划 1 个。

3.2.3 运行期

联盟实施的关键时期就是运行期。这个阶段中,联盟是以促进每一方彼此信任、分配每一个成员应该承担的责任、分配成员之间的资源配置并监督联盟的健康运作作为主要的任务。运行期的冲突包括文化冲突、信息冲突、信任冲突、目标冲突。一开始,在联盟成立之后,每位成员都会投入资源,享受自己的权利,履行自己的义务,最终能够实现联盟之间共建共享的目标。因为各个成员是紧密联系的,所以想要解决成员之间的合作困难就必须要克服文化差异。如果成员缺乏一种虚心学习的态度,就容易因文化差异而导致文化冲突。紧接着,在这个阶段中联盟中的成员通过不断地合作加深了相互之间的认识,然而当考虑到自身利益的时候就会采用如有意隐瞒相关联的信息、有意损害交流的基础,阻碍信息的有效传递等一些保护方式与防范措施,也就是说这是由于信息不对称而引起的信息冲突。然后,当成员向联盟体内投入资源之后,因害怕加入联盟而失去自身竞争优势,联盟中的成员在执行协议时容易减少投入,再加上合作伙伴中存在机会主义,这些因素就会对成员之间的沟通产生阻碍,最终会导致信任冲突。总的来说,联盟成员之间的目标发生偏移可能是由于时间的推移带来的内部环境的变化,最终可能会引发目标冲突。这个阶段,若有较为完善的联盟管理制度和科学的利益分配制度,联盟各成员的权利、责任和利益都可以得到实现。一旦有人不履行合同,就会有很大的摩擦。除此之外,在运行期间,由于合作的深度和广度最大,联盟的各个方面都会涉及,并且会有各种各样的冲突,所以运行期间的冲突是最强最复杂的。因而在运行阶段,由于各个成员职责和权利的不均衡,各企业文化的发展不平衡,以及随着合作的深化而逐渐暴露出来的组织时期的潜在冲突,使得冲突越来越严重,这也是冲突最为明显的阶段。

在运行期,各成员彼此互相学习,投入自己的资源,各自履行自己的义务、实现自己的权力,完成联盟设定的目标,最终使得联盟的绩效能够得以提升。在此阶段知识活动通常是主要内容,它是由知识去传递和发散、也通过知识分享与转移,它还包括知识协同与知识涌现、它还有知识创新与创造。让各主体之间的知识活动更加畅通,帮助实现主体成员的知识增值,最终使得联盟的绩效实现最大化,这就是联盟激励的核心目标和本质内容。知识活动特别是隐性知识活动的很多问题都会影响联盟知识活动的顺利进行。知识活动会受到不同因素的影响,主要包括:第一,知识自身的特性。知识具有时效性、探究性、不确定性、实用性等特性,在知识的这些特性的影响下,联盟中的知识活动可能会以不同的形式进行。第二,不同主体之间的联盟策略不同,各成员出自于不同的目标加入产学研用协同创新联盟,因此与联盟之间制定不同的合作策略,这些灵活的联盟策略不仅为联盟带来了更多的合作伙伴,还为成员带来了更强有力的外援力量。第三,关系资本的极度缺乏。在产学研用协同创新联盟中,各成员原有的关系资本之间存在差异。有些企业可能会关注于自身实力,而忽略了和外部企业的合作,而有的企业可能在处理各方关系上存在优势。关系资本的差异可能会使不同企业的工作进度受到不同程度的影响。第四,知识主体之间的知识鸿沟。在产学研用协同创新联盟中,大型企业、中小型企业之间可能存在着知识鸿沟,而这也将使得各知识主体在交流时存在障碍,进而降低合作效率。第五,学习能力的不对等。在产学研用协同创新联盟中,各成员的学习能力都不相同。相比较而言,那些创业型企业、年轻人多的企业往往更具有活力,因为它们能够快速接受新鲜事物并做出改变,而这些企业用新模式代替旧模式的成本也相对较低。所以说,联盟生命周期的运行期的激励障碍因素主要来自知识特性、知识主体和联盟结构三个维度。

不仅如此,在运行期,内部各成员之间互相学习,分别投入资源,充分履行自己的义务、享受自己的权利,最终实现联盟的终极目标。组织惯例、文化差异会给运行期带来冲突。另外由于联盟成员之间频繁接触,再加上组织惯例差异带来的解决问题的方式和程序的差异逐渐明显,各联盟成员在任务分配的权利与责任方面也变得很敏感,最后会导致人与人之间的摩擦也变得更大。知识差异如果过大,很可能会给联盟成员实现知识的共享和交流带来困难,最终会直接导致合作的失败。但是如果合作各主体在知识共享的过程中存在机会主义行为,就会导致仅投入较少的知识或者说只投入质量较差的知识,联盟难以实现价值创造。与此同时,如果合作一方的核心知识被另一方窃取,就会导致被窃取的一方失去优势竞争能力,这一行为会导致冲突加剧。另一方面来说,随着时间的不断流逝,联盟成员之间的目标可能会由于外部环境的改变而发生偏移,最后会产生目标冲突。

总之,在运行期,盟主核心知识垄断而其他成员免费享受知识溢出,即"画地为牢"和"火中取栗"。

案例:望花区工业创新联盟运行升级

望花区是东北老工业基地的一个缩影,辖区总面积112平方公里,总人口32万人,区内有西露天矿、抚顺铝业、新抚钢、东北特钢、石化三厂、洗化总厂、抚顺热电厂等国有大中型企业,形成了以煤油电钢铝为代表的工业体系。同时,区内拥有丰富的科研资源:国家级研究院——抚顺石化研究院、位于辽宁省的一所重点综合性大学——辽宁石油化工大学,13所大中型企业的科研机构均在这里。这里共拥有院士1名、各类科技人才2万余人,每年能获得国家、省、市级科研成果150余项。

长期以来,望花区虽然拥有雄厚的工业基础和强大的科研资源,但这两大优势受合作理念、内部管理机制、内部信息沟通和内部利益分配等方面影响,最终也没有形成科学高效的联结机制,最后导致资源流转存在阻力,未能获得"1+1>2"的效应。

经济社会发展对科技创新的需求越来越高,再加上各科研院所和各辖区企业对相互合作有极高的期盼,于是各区委、各区政府审时度势,在 2015 年 12 月主动组建了政产学研用协同创新联盟。这一联盟以政府为主导,集聚了区域性的科技资源和众多的工业资源等优势,因此吸收了区内一大批科研院校和优秀工业企业的参加。联盟现共有会员单位 76 个,理事长单位 7 个。联盟特聘中国工程院院士胡永康作为联盟的科技顾问,另外还首批聘任 127 名技术专家,并将专家细分为包括有色金属材料、黑色金属材料、装备制造业、精细化工和新材料等五大课题组,科学精细助推区域经济发展。联盟自创建以来,促成了一批以水基防锈技术为代表的产学研合作成果的成功诞生,取得了显著的经济效益和卓越的社会效益。在 2015 年,该联盟成功获得了中国产学研合作促进奖(单位)。

3.2.4 调整期

联盟在完成联盟目标后会为避免解体而形成一个自行反应的时期——调整期。调整期的主要任务是在联盟终止前进行实现判定、利益分配、综合绩效评价等各项善后工作。调整期的主要矛盾是:现有联盟各方在科学进行绩效评估以及合理实现利益分配和解体过程中的一些工作的不完善,会引起利益的冲突[①]。另一方面,由于联盟的终止和联盟的解体,现有的联盟各方将重点放在工作的最后,所产生的冲突与组建期、运行期相比可能会有所缓和,并且只有当利益分配与贡献非常不匹配时,利益冲突才会以一种剧烈的形式出现。

随着联盟经验的增加和信任程度的不断加深,导致各主体间的磨合变得相对容易。各主体之间的交易成本相对变少,联盟绩效更容易实现新的跨越。最终能够出现稳定的知识联盟,是最为理想的结果。此时知识的涌现、创造与创新的实现极为有利,因此联盟稳定的现象也可以看作是运行期延续的一种表现,可能是由于知识主体长期处于高度聚合的状态。随着联盟的解体,联盟之间的信任机制也受到质疑,可能是由于知识主体之间的差异。另一方面,联盟绩效的提升会受外界环境的制约,联盟协议的正常终止也会带来同样的效果。综上所述,联盟结构和外部环境两个维度是导致联盟生命周期解体期的

---

① 王进富,张颖颖,苏世彬.产学研用协同创新机制研究———一个理论分析框架[J].科技进步与对策,2013(16):1-6.

激励障碍的主要因素。

处于调整期,为了分配联盟合作过程中的残余价值,产学研用协同创新联盟还要进行科学的绩效评价。联盟关注的一个重要问题是会不会对联盟成员的贡献评价与补偿产生争议。导致联盟成员冲突升级的因素有:绩效评价不公、残余价值分配不当。有的冲突甚至需要通过司法途径去解决,这样会产生较高的协调成本。

总之,调整期因成员贡献度模糊导致创新成果利益分配不公,即"赢者通吃"和"多龙治水"。

案例:新常态下长清区产学研用协同创新联盟调整

长清区成立产学研融合发展联盟之后的重要任务是推进产学研工作。在联盟协同进入收官阶段时,有关部门会对广大相关企业和长清大学城区的11所知名高校进行深入的调研考察,初步建立了产学研数据库,还创建了产学研整合联盟信息平台。现在来说,这个平台大约吸纳了89名高校院所教授以及112项成果和189家企业。在这些企业中,已签约的有26家,99家有合作意向,剩下46家有明确的合作目标,这也就顺利组成了长清区产学研融合发展校企联盟。

产学研用结合的长效机制是一个需要长期探索的过程。产业重大技术创新的一个重要前提是长期而稳定的产学研结合机制。临时性或者短期性合作占据长清区多数产学研结合的项目的大多数,它主要是把技术转让和单一合作项目作为重点,目前来说很少有以产业链合作创新为重点的合作。产业技术创新战略联盟是一种重要的产学研结合的组织形式,但是这种模式仍处于起步阶段,在如何发挥好联盟的作用,如何借助联盟方式来有效推进产业技术创新工作方面还有很大上升空间。

针对产学研用联盟后期调整阶段,为维持联盟持久运行,科技中介机构具有不可替代的作用。目前长清区科技中介会对产学研一体化的缺位以及对产学研一体化未来的发展产生很大的影响,建立有效的科技信息网络平台和一些科技中介服务机构,并且形成科技成果交易,提供信息咨询以及维护知识产权等中介服务是十分重要的。有效激发科技中介机构协调好产学研各方的利益,及时有效地将高校的先进技术带给企业,把企业所急需的技术准时精确地反映给相关高校院所,把企业和市场的需求永远作为高校院所的研究的重要内容,充分发挥科技中介机构在产学研一体化发展中的作用。

第 4 章
产学研用协同创新的需求匹配机制

我国现阶段的技术创新体系一般表述为:企业为主体,市场为导向,产学研协同。在新技术交易和转移的实践中,大学及其科学家创新的成果能否为企业家所接受,却存在着不确定性[1]。由于科技资源的供给和需求不匹配,科技与经济"两张皮"的问题未能从根本上解决,科技资源对经济的推动作用并未同步产生。我国产学研用协同创新存在的科技与经济脱节现象[2],要求企业家和科学家的良好互动、学术价值和商业价值的紧密结合[3]。

知识社会的创新 2.0 重新定义了创新中用户的角色、应用的价值、协同的内涵和大众的力量,以生产者为中心的创新模式正在向以用户为中心的创新模式转变,产学研用协同创新开始成为创新模式研究的前沿主题。目前有关产学研用协同创新供需两侧的研究主要有两个视角:第一,从产学研用创新主体的内生视角切入,研究关系强度、利益分配、知识流动等问题;第二,从产学研用宏观环境的外生视角切入,研究地理邻近、组织文化、政策激励等问题。

内生视角是指从产学研用协同创新参与主体的互动行为来寻求创新绩效的解释。创新参与主体的关系、特征、策略等都是影响创新要素有效组合的重要因素。初期研究产学研用的学者甚至提出依据主体之间关系强度、质量与亲密程度来判断产学研用属于协作(cooperation)、协调(coordination)、协同

---

[1] 洪银兴.产学研用协同创新的经济学分析[J].经济科学,2014(1):57-64.
[2] 万钢.优化科技资源配置 实施创新驱动发展战略[N].人民日报,2014-8-31.
[3] 谢富纪,肖敏,于晓宇.创新型国家建设的 R&D 资源配置[M].北京:经济科学出版社,2011.

(collaboration)中的哪一种①。Tether和Tajar②探讨了产业自身与专业机构对于创新的不同意义,认为这些机构的"专注度"可以弥补产业自身创新的不足。Bruneel等③认为历史合作经验可以纠正大学研究与市场需求的偏差,但频繁的互动又增加了交易活动的成本。中国的证据表明,知识的不断整合与互动可以形成强大的协同效应④;基于2005年至2009年广东省产学研合作的面板数据,可以证明影响协同创新效率的关键因素是社会网络的密度和深度⑤。

产学研用协同创新的外生视角主要是将产学研用作为一个联盟组织来考量,研究者倾向将其嵌入到地理环境、社会文化、制度政策等方面进行研究。一个易于被接受的观点是:"知识在走廊和街道之间传播要比跨越海洋和洲际容易得多⑥"。Petruzzelli⑦对企业和大学合作申请专利的研究表明,地理邻近对产学研用协同创新的绩效影响显著;陈光华等⑧实证检验了地理距离对跨区域产学研合作创新绩效的影响,结果显示地理距离对专利产出的影响不显著,对新产品产出有显著的负向影响;Elias等⑨认为信任和社会资本对协同创新成效有很大影响,知识交易和知识共享则是信任和创新的基础,正是由于产学研等主体间的知识传递与知识共享,导致了协同关系的形成,从而进一步促进信任关系的建立,为社会资本的深层次合作提供便利。

---

① Golicic S L, Foggin J H, Mentzer J T. Relationship magnitude and its role in inter-organizational relationship structure[J]. *Journal of Business Logistics*, 2003, 24(1):57-76.

② Tether B S, Tajar A. Beyond industry-university links: Sourcing knowledge for innovation from consultants, private research organizations and the public science-base[J]. *Research Policy*, 2008, 37(6-7):1079-1095.

③ Bruneel J, Pablo D'Este, Salter A. Investigating the factors that diminish the barriers to university-industry Collaboration[J]. *Research Policy*, 2010, 39(7):858-868.

④ 芮明杰,邓少军.产业网络环境下企业跨组织知识整合的内在机理[J].当代财经,2009(1):69-75.

⑤ 肖丁丁,朱桂龙.产学研合作创新效率及其影响因素的实证研究[J].科研管理,2013,34(1):11-18.

⑥ Glaeser E L, Kallel H D, Scheinkman A et al. Growth in cities[J]. *Journal of Political Economy*, 1992, 100(6):1126-1152.

⑦ Petruzzelli A M. The impact of technological relatedness, Prior Ties, and geographical distance on university-industry collaborations: A joint-patent analysis[J]. *Technovation*, 2011(31):309-319.

⑧ 陈光华,王烨,杨国梁.地理距离阻碍跨区域产学研合作绩效了吗?[J].科学学研究,2015,33(1):76-82.

⑨ Elias G. Carayannis, Jeffrey Alexander, Anthony Ioannidis. Leveraging knowledge, learning, and innovation in forming strategic government-university-industry (GUI) R&D partnerships in the US, Germany, and France[J]. *Technovation*, 2000, 20(9):477-488.

从以上内容可以看出,有关产学研用的研究取得了一定的进展,但仍有几点问题没有解决:(1)由于创新主体角色的多重性,较少研究者将用户单独作为一个变量来研究;(2)将内生视角和外生视角融合起来进行系统性研究的较为少见;(3)采用结构化量表和面板数据进行研究的成果较多,运用案例尤其是基于中国本土实践的多案例研究成果较少。本书以2008年至2015年我国产学研用协同创新的10个案例为研究对象,采用扎根理论和多案例研究方法,试图建立产学研用协同创新供需匹配机制理论框架,并尝试回答以下问题:第一,影响产学研用协同创新供需匹配的关键因素是什么?第二,能否建立一个统一的理论框架对产学研用协同创新供需匹配模式进行中国特色分类?

4.1 基本概念界定

在上文的基础上,对本书涉及的三个基本概念界定如下。

4.1.1 产学研用

"产学研"和"产学研用"虽然只有一字之差,但后者进一步强调了应用和用户,突出了产学研必须以企业为主体,以市场为导向。"用",主要指"应用"和"用户"。"用"是技术创新的出发点和落脚点。用户直接参与产学研用协同创新,不仅能够减少技术创新的盲目性,缩短新产品从研究开发到进入市场的周期,而且能够有效降低技术创新的风险和成本。产学研用协同的本质是促进科技、教育与经济的有效结合。

4.1.2 协同创新

与协同创新意义相近且容易混淆的概念是"合作创新"(cooperative innovation)。一般地,合作成员只要参与了创新过程中的某一阶段,就是"合作创新",产学研用主体在合作中由于利益不同,难免产生冲突,若不能有效解决冲突问题,则难以产生协同效应。实现协同创新,简言之,"协同必然合作,合作未必协同"①。协同创新要求参与主体之间具有更高层次的承诺、信任与信息共享水平。产学研用协同创新是以知识增值为核心,企业、政府、科研机构和用户等为了实现重大科技创新而开展的大跨度整合的创新组织模式②。

从微观角度看,国内的协同创新多为组织(企业)内部形成的知识(思想、技能、技术)分享机制,特点是参与者拥有共同目标和内在动力,依靠现代信息技术构建资源平台直接沟通,进行多方位交流、多样化协作。从宏观角度看,协同创新是指各方达成一般性资源共享协议,实现单个或若干项目合作,开展跨机构、跨组织、跨学科多项目协作,主要有项目式、共建式、实体式、联盟式、虚拟式等形态。

4.1.3 供需匹配机制

为什么要设计产学研用协同创新供需匹配机制?根本原因有两个:一是知识技术资源供给需求双方严重的信息不对称,无法形成一个统一的、规模较大的市场,这时单一的价格机制无法发挥作用(这也是国家尝试建立统一的产学研用产权成果交易平台失败的原因);二是体制机制的局限阻碍了货币价格机制在这类分配问题中所发挥的作用,知识技术资源的所有人(供方)没有强烈的动力主动发出交易信号,需求方无法找到可以与产品对接的资源。

供需匹配机制是指在货币价格机制无法完全发挥作用时,通过匹配来代替价格,从而使得知识技术资源分配结果具有类似于完全竞争市场时所具有的特点③。这些特点包括:参与供需匹配的知识主体都是自愿的;有多个可供选择的匹配方案;供需双方表达真实准确的偏好;匹配的结果具有一定的稳定性。

---

① 傅家骥.技术创新学[M].北京:清华大学出版社,1998.
② 陈劲,阳银娟.协同创新的理论基础与内涵[J].科学学研究,2012,30(2):161-164.
③ 李军林,姚东旻.匹配与市场设计:一个理论梳理及其在中国的实践[J].经济管理,2013,35(9):170-178.

4.2 研究方法

4.2.1 扎根理论

扎根理论(grounded theory)是一种质性研究方式,其主要宗旨是从经验资料的基础上建立理论[①]。研究者在研究开始之前一般没有理论假设,直接从实际观察入手,从原始资料中归纳出经验概括,然后上升到理论。这是一种从下往上建立实质理论的方法,即在系统收集资料的基础上寻找反映社会现象的核心概念,然后通过这些概念之间的联系建构相关的社会理论,其基本思路和操作程序,如图4-1所示。

产学研用协同创新供需匹配机制理论构建过程符合扎根理论运用的基本要求:不先入为主的构想供需是否匹配问题;不强制性选择产学研用有关的资料;在无法取得一手资料的前提下利用二手定性资料构建理论模型;基于诠释学自我呈现及反思的方法解释特定组织情境中的互动关系;探索组织间(产学研用)的真实结构和机理机制[②]。

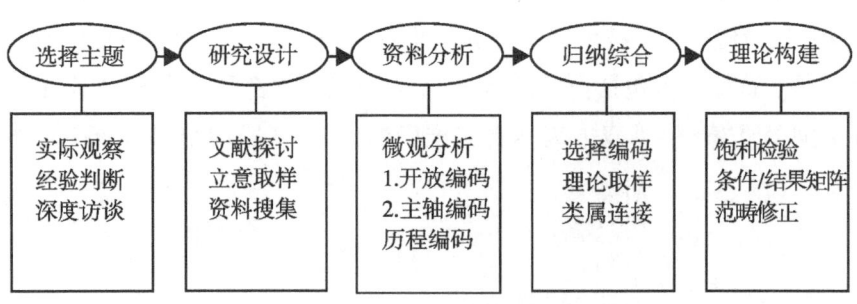

图4-1 扎根理论的基本思路和操作程序

[①] Glaser B G, Strauss A L. The Discovery of Grounded Theory[M]. New York: Aldine de Gruyter, 1967.
[②] 韩巍,席酉民.自我呈现及反思——组织管理研究的一种补缺性方法论[J].西安交通大学学报(社会科学版),2009,29(3):31-39.

4.2.2 多案例研究

一般而言,扎根理论研究也是针对典型案例所开展,它们均遵循归纳性的逻辑思维。案例研究的本质在于创建构念、命题、理论,理论构建型案例研究往往有助于构建"管理的中国理论"[①]。由于多案例研究采集资料的多元性,可以运用复制原则而非统计抽样原则来检验扎根理论的饱和度,学者往往将两者结合起来研究尚未成熟的理论框架和命题假设。

以1992年原国家经贸委、教育部、中科院三部委联合发起的"产学研联合开发工程"为发端,到十八届三中全会提出的"产学研用协同创新",经过二十多年的发展,我国的产学研用案例不断涌现,这为本书的"产学研用协同创新供需匹配机制"研究提供了充足的素材。本研究选择产学研用案例的标准有:(1)确有研究实体或产品,并引起社会巨大反响;(2)无论是成功还是失败,都被媒体聚焦并大量报道;(3)产学研用协同创新成果已经投放市场,并产生经济效益。根据以上标准,按照Eisenhradt[②]提出的4—10个理想数量的案例数,本文最终确定了10个案例,对其中前6个案例的资料进行编码分析和模型构建,后4个案例的资料用于理论饱和性检验和模型一般性检验,见表4-1。

表4-1 产学研用协同创新案例

组织模式	案例	创新成果(绩效)
项目式协同创新	中国高铁高速(CHR)动车组产学研协同攻关小组	CRH1、2、3、5型下线
	特高压交流输电关键技术、成套设备及工程应用项目	国家科技进步特等奖
共建式协同创新	北京大学协同创新研究院	支持产业规模500亿元
	河南粮食作物协同创新中心	国家首批协同创新中心
实体式协同创新	东软集团产学研合作平台	累计授权专利259项
	驼人集团产学研一体化项目	成功转化130项成果
联盟式协同创新	钢铁可循环流程技术创新战略联盟	国家示范协同创新联盟
	长三角科学仪器产业技术创新战略联盟	经济效益3000万元
虚拟式协同创新	深圳虚拟大学园	孵化科技企业861家
	中德产学研国际服务外包平台	年均合同金额2.4亿元

---

① Tsui A S. Contextualization in Chinese Management Research[J]. *Management and Organization Review*,2006,2(1):1-13.

② Eisenhradt K M. Building Theories from Cases Study Research[J]. *The Academy of Management Review*,1989,14(4):532-550.

4.2.3 数据收集

为提高案例资料数据的权威性和代表性,本研究利用三个途径收集资料:第一,检索中国知网 CSSCI 来源期刊,并且首选国家自然科学基金委管理科学部认定的 30 种重要刊物,通过检索"产学研用"获取文献;第二,通过中国知网的"重要报纸全文数据库",以"产学研用"为关键词检索获取相关文献;第三,以百度搜索和 360 搜索等方式,从四大门户网站以及人民网、新华网等主流媒体提取有关产学研用的新闻、报道和评论。

经过反复阅读和筛选,本文获取 2008 年至 2015 年相关文献 764 篇,去掉不涉及"产学研用协同创新供需匹配"的文献,最终保留 512 篇。本文采用 Nvivo10.0 定性研究软件对文献进行编码、验证假设并最终生成理论模型。

4.3 理论框架构建

4.3.1 开放式编码

开放式编码(open coding)是将资料分解、检验、比较、概念化和范畴化的过程。通过仔细检验,为现象取名字或加以分类,将收集来的资料分解成一个个单位,比较各自异同,针对资料里所反映的现象,提出问题[1]。开放式编码的一般程序是:定义现象→发掘范畴→为范畴取名字→发掘范畴的性质和面向→各种不同的开放性译码→写译码笔记。

本文先将收集的资料全部登录到 Nvivo10.0 中,通过软件对文字逐字逐句的分解,剔除掉与产学研用无关、语义重复交叉的语句,形成了 2 360 条有效语句;再经过编码,抽象出 56 个相对独立的初始概念;最后,对初始概念进行聚类分析和范畴化,形成了 15 个"范畴"(category)。因篇幅限制,每一个初始概念只用一条语句来表达。通过开放式编码形成的初始概念和范畴,见表 4-2。

---

[1] 陈向明. 质的研究方法与社会科学研究[M]. 北京:教育科学出版社,2000.

表 4-2 开放式编码和范畴

范畴	原始资料(初始概念)
领导人特质	HL01 地少人多让中国的粮食供需长期"紧平衡",郭天财立志要打破这个紧箍咒(创新动力)
	BC03 北京协同创新研究院院长王茅祥表示:融入京津冀协同发展是大势所趋(合作倾向)
	DR02 二十多年的发展,学校(东北大学)不仅是我们的合作伙伴,也是我们的客户(创业经历)
	TR01 有一点非常感动:钱给了你,不管是否和驼人集团合作,这样的气度无人能比(风险担当)
	CK02 "一半"和"全部",真实体现了仪器行业国产与进口在技术水平方面的差距(全局思维)
价值取向	TD03 陈维江期望对创新行为有更多的宽容,希望能够用更开放的心态来面对先驱者(社会氛围)
	BC02 考核不再是看产出的专利和论文,而是有没有企业愿意为技术产业化"买单"(评价体系)
	DR04 有几千名学生在里面从事他们所满意的工作,就把学校变成了人力资源发展中心(满意度)
	GT01 有的员工在内部看不到闪光点,在外生龙活虎。还得"挖地三尺"在内部找人(组织承诺)
预期收益	CK03 联盟自 2009 年正式运行以来,已召开咨询决策会 50 余次,审查设备 700 余套(合作历史)
	TR02 从全国申报的 500 多个项目中评选出优秀项目 18 个,每个奖励额度为 130 万元(激励力度)
	HL02 "一田三区"的示范推广,实现河南粮食主产区夏秋两季亩产超吨粮或双增"100"目标(亩增产 100 斤、增效 100 元)(发展目标)
	BC04 研究院在吸引津冀区域高校院所、产业领军企业参与协同创新中心建设,还可主动引导北京协同创新中心在天津、河北等地落地适宜的产业化项目,促进相关产业发展(合作期望值)
学习方式	TD01 世界上没有特高压输电的成熟技术和设备,关键参数获取只能立足于自主创新(技术特性)
	GT04 CRH380A 的研制汇集了国内 50 余家企业、30 余家科研院所与高校共同参与(联盟力度)
	SZ01 香港院校企业只能给员工办理旅游签证赴港,而非深圳户籍的员工又不能在深办理赴港的旅游签证,必须回其户口所在地办理,这给工作造成了极大的不便(身份管理)
	DR05 要注重人与人的融合。东软旗下的健康管理平台熙康公司的 1 000 多名员工中,有 500 个是医生和护士,软件工程师和医务工作者就要进行充分的融合(知识协同)
治理结构	BC06 在王茅祥眼里,尽管职位是研究院院长,自己似乎更像一个非营利性组织的 CEO(联盟模式)
	DR01 从 2008 年开始,刘积仁决定从 B2B 转型为 B2C,这是东软力度最大的一次转型(商业模式)
	SZ02 高校首席代表、驻园代表都充当"技术经纪人"的角色,以促进科技成果转化(管理柔性)
	HL04 中心采用"目标任务业绩奖励+突出贡献业绩奖励"的形式,实行"四年总考评,一年一兑现"的业绩奖励发放办法(收益分配方式)
市场把握	TR03 该项目在短短两年里就投入了上千万资金,成立了麻醉耗材产学研专项基金(反应速度)
	ZD01 Joe Sweeney 介绍了自己的经验:"几乎所有合作的屏障都不是项目本身,而是人际互动——缺乏对要求的理解。"(跨文化管理)
	GT06 "中国标准"下的动车组能够适应中国的自然地理环境,满足动车组跨线运营的需要,能够适应中国旅客的出行习惯,也更多考虑动车的使用和维护的需要(产品定位)

续表

范畴	原始资料(初始概念)
	DR07 比如做社保行业,如果技术人员只懂技术是不行的,他需要理解客户的真正需求,我们要有能力告诉客户做什么,而不是让客户告诉我们(消费者偏好)
社会网络	CK04 研究院所特有的"政、产、学、研、金、介、用"七星论发展模式,瞄准国家战略发展导向,与经济社会发展高度融合(网络强度)
	HL06 他要给本科生上大课,要给硕士生"吃小火",还要给博士生"设单灶"。他深知,培养学生、教成学生,是永续中国人"白面馍馍"梦想的最好途径(知识流动)
	SZ02 "我们既是大学又不完全像大学,因为文化不同;既是研究机构又不完全像科研院所,因为内容不同;既是企业又不完全像企业,因为目标不同;既是事业单位又不完全像事业单位,因为机制不同"(网络形态)
	TR03 在进行发明创造时,我也联系过一些厂家,相比之下驼人集团是最讲信誉的(信任度)
专用资产	GT07 "以市场换技术"原则下川崎重工等海外公司向中车集团全面转让关键技术(技术投入)
	DR03 与合作伙伴按销售分成,收取不再是"人口红利",而是"知识产权红利"(知识产权)
	GC02 充分利用国家工程技术中心、国家工程研究中心等现有机构的科研条件(基础设施)
	SZ05 与建行、招行共签署了200亿元资金的授信额度,并和有关企业签署了OA科技网络平台、大数据、光伏高端产品基地等8个合作协议(投融资)
战略优势	GT02 中国高铁的运营成本是每公里7美分,法国TGV是27美分,西班牙是25美分(价格优势)
	HL03 财政厅负责,从2013年开始,每年安排专项建设经费3 000万元,连续支持4年(政策优势)
	CK05 联盟通过筛选专家,组建了一支由2名院士领衔共36人组成的专家委员会(人才优势)
	GC01 钢铁行业转型要向节能降耗、环保方向发展,要在稀缺和高端制品上下功夫(行业优势)

注:表中字母分别代表对应的案例,如HL代表河南粮食作物协同创新中心、DR代表东软集团。

4.3.2 主轴编码

主轴编码(axial coding)是将开放性编码中得到的各项范畴进一步提炼、调整、归类,将意义相近或相似的部分进行合并,并对范畴之间的内在联系进行澄清与梳理的过程[①]。主轴编码的任务是陈述副范畴与现象间关系的本质,构想副范畴与主范畴间的假设性关系,并通过实际资料来研判是否支持这种假设性的关系。本文共形成意愿、能力和资源三个主范畴,见表4-3。

[①] 侯光辉,王元地.邻避危机何以愈演愈烈——一个整合性归因模型[J].公共管理学报,2014,11(3):80-92.

表 4-3　主轴编码形成的主范畴及副范畴

主范畴	副范畴	关系的内涵
意愿	领导人特质	创新动力、合作倾向、创业经历、风险担当、全局思维（正向影响意愿）
	价值取向	社会氛围、评价体系、满意度、组织承诺（影响创新意愿的强度）
	合作预期	合作历史、激励力度、发展目标、合作期望值（正向影响意愿）
能力	学习方式	技术特性、联盟力度、身份管理、知识协同（正向影响产学研联盟的密度）
	治理结构	联盟模式、商业模式、管理柔性、收益分配方式（决定产学研的边界）
	市场把握	反应速度、跨文化管理、产品定位、消费者偏好（正向影响联盟发展方向）
资源	社会网络	网络强度、知识流动、网络形态、信任度（产学研重要的社会资本）
	专用资产	技术投入、知识产权、基础设施、投融资（联盟核心竞争力的重要构件）
	战略优势	价格优势、政策优势、人才优势、行业优势（产学研用发展的外部要素）

4.3.3　选择性编码与模型构建

选择性编码（selective coding）是指通过故事线（story line）的方式分析核心范畴（core category）和主范畴与其他范畴之间的关系，并把概念化尚未发展完备的范畴补充整齐，从而建立起实质性理论。本书所确定的核心范畴为"产学研用协同创新供需匹配机制理论框架"，它由意愿、能力和资源 3 个主范畴组成，每个主范畴包含 3 个副范畴，根据故事线将 9 个副范畴组合后，发掘出"强人推动""政策驱动""市场拉动"3 种匹配机制。本书将此理论称之为"产学研用协同创新供需三维匹配机制"，如图 4-2 所示。最后，本文将已选择的 10 个案例中尚未分析的 4 个案例重新进行标签、编码和概念化，检验过程中没有发现新的概念出现，已有范畴之间也未产生新关系。因此，可以认为上述理论模型是饱和的。

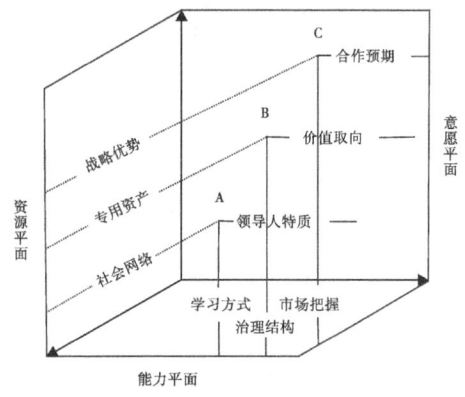

图 4-2　产学研用协同创新供需三维匹配机制图

4.4 模型的解释

4.4.1 "强人推动型"匹配机制

强人推动型匹配机制对应于图 4-2 中的 A 点。在这种模式下,产学研用协同创新通常由一位(或数位)强有力的领导人来推动,他(他们)几乎是凭借一己之力将用户和市场的需求与学研机构的研发匹配起来,以实现科技资源的最优配置。在意愿平面,领导人特质是产学研用协同创新供需匹配的内驱力,决定着协同创新的力度和方向;在能力平面,该类型领导人的学习能力一般都比较强,会利用适当的身份管理和先进的知识管理将联盟组建成一个学习型组织;在资源平面,产学研用协同创新联盟的领导人(盟主)善于动用自己的社会网络资源,主动将自己设置成网络的"节点",不但通过基于信任的强关系来获得高质量的、复杂的隐性技术知识,还通过基于情感的弱关系获得多样化的、及时更新的市场和用户信息。

河南驼人集团在麻醉领域率先开创的"产学研用一体化项目"就属于强人推动型模式。集团创始人王国胜先天鸡胸驼背,身高 1.55 米,体重不到 40 公斤,但是其凭借敏锐的市场嗅觉和富于冒险的创新精神于 2008 年 9 月在西安率先组织召开"中国麻醉领域原始创新产、学、研一体化研讨会",王国胜将用户定位在临床一线医护人员,集团投入了上千万资金,成立了麻醉耗材产学研专项基金,启动了护理用品产学研专项基金,推出了产学研走进省市、走进科室活动,与广大临床医护人员面对面地沟通,广泛收集创新项目,评审出 50 多个优秀项目,确立了十多个成果转化项目,使医护、企业、患者多方得益。王国胜还充分利用自己的社会网络,不但与全国三甲以上 120 多所医院签订合作协议,还将四川大学华西医院刘进教授聘为项目的首席专家,同时与空军航空医学研究所实验室、北航生物与医药实验室、北京化工大学高分子材料实验室、四川华西医科大学实验室、日本 KINGKE 株式会社研发中心等国内外优秀的实验室、高科技产品研发中心建立知识共享机制。截至 2016 年 3 月的数据,驼人集团生产的麻醉包占全国三分之一的市场份额,镇痛泵占全国五分之一的市场份额,中心静脉导管、气管插管、呼吸回路在中国市场均销量领先,双安全留置针世界首创,实现了北京二甲级以上的医院百分百覆盖。

4.4.2 "政策驱动型"匹配机制

政策驱动型匹配机制对应于图 4-2 中的 B 点。在这种模式下,产学研用联盟通过制定激励政策,形成有利于创新绩效的治理结构,动用专用性资产促进供需匹配的实现。在意愿平面,产学研用联盟构建不同于单个学研机构的创新绩效评价体系,营造宽松的创新氛围,提高组织的满意度和归属感;在能力平面,联盟会选择适当的商业模式,确定协同创新成果的收益分配方式;在资源平面,产学研用联盟通过技术投入、知识产权投入、基础设施建设和金融资产投入,形成富有竞争力的专用性资产。政策驱动型匹配机制的实现路径通常为:先由国家相关部门制定政策,然后产学研用盟主(通常是知名科研机构)出面吸引其他成员组成联盟,其运行主要靠国家的优惠政策扶持和联盟内部清晰的权责制度来保证。

《国家中长期科学和技术发展规划纲要(2006—2020 年)》颁布后,2014 年中国科学院"率先行动"计划正式实施。由中国科学院、企业及大学所构成的产学研合作网络变得更加稠密,在政策的推动下它们之间在基础研究上的合作得到进一步加强[1]。为了规避国内不利于创新的评价体系,中国科学院不但热衷于与国外著名大学合作,也更倾向与科技能力强的国外企业合作。中科院在产学研用协同创新中扮演关键"制度发起人"的重要角色,作为第三方科技评价平台的开创者,其先后开发了"创新类科技计划项目评价平台""创业类科技计划项目评价平台""科技企业信用评估与预警平台"和"科技项目准入评估平台"等,已与重庆、青岛、潍坊等地方政府达成合作协议,逐步开展第三方科技评价工作。中科院创新基地还制定了一系列以激励为导向的管理制度如《研发实验基金管理办法》,直接激励一线测试人员的"测试基金",促进产学研联合的"研发实验基金"。目前中科院创新基地已受理基金申报项目 150 项,支持项目 46 项,经费达 2 亿 3 千万元。

---

[1] 张艺,陈凯华,朱桂龙.中国科学院产学研合作网络特征与影响[J].科学学研究,2016,34(3):404-416.

4.4.3 "市场拉动型"匹配机制

市场拉动型匹配机制对应图 4-2 中的 C 点。这种模式实际上是一种倒逼机制。当市场和用户对原有产品产生新的感知和评价(如随身听 walkman),企业将这种需求反馈给学研机构,后者根据自己掌握的科技资源进行匹配对接。在意愿平面,合作期望值决定产学研用联盟合作的深度,企业一般根据与学研机构的合作历史和共同的发展目标来选择合作对象;在能力层面,联盟对市场的把握是匹配成功的关键,包括反应速度、产品定位、消费者偏好的理解等;在资源平面,产学研用联盟充分利用自己的价格优势、政策优势、人才优势和行业优势在市场上展开竞争。相对于前两种模式,市场拉动型匹配机制的运行可以缩短创新周期,也更利于创新产品商品化。

美国北卡三角协同创新网络是产学研用市场拉动型匹配机制良性运行的典范。北卡三角科技园是位于美国南方北卡罗来纳州的罗利、杜兰和查佩尔希尔三个主要城市之间的交接地带,并被北卡罗来纳大学、北卡罗来纳州立大学和杜克大学三所名校环绕,形状类似一个不规则的三角形。北卡三角协同创新网络最显著的特点在于其组织结构不是点对点的线性模式,而是非线性、立体的网络化结构。在园区内,近 90% 的公司表示与三角大学建立正式或非正式的关系,超过 80% 的园区公司重视从三角大学的毕业生中挑选员工,60% 的高新技术中小企业是从作为智力资源密集的大学或科研院所直接繁衍而来[①]。目前美国最重要的科学研究项目有 24% 是在三角园研究成功的,每年世界上最重要的学术刊物发表的科研论文有 21% 是三角园科学家撰写的,三角园科学家每年获得的技术专利约占全美 29%。北卡三角科技园已经发展成为与斯坦福工业园的"硅谷"及得克萨斯研究园齐名的美国三大科研中心。

4.5 结论与启示

在多案例筛选的基础上,通过开放式编码、主轴编码和选择性编码,构建

---

① 李张珍. 产学研用协同创新中的研用对接机制探析——基于美国北卡三角协同创新网络发展实践的考察[J]. 高等工程教育研究,2016(1):34-38.

了产学研用协同创新供需匹配机制理论框架。主要结论如下:第一,根据因果条件、现象、脉络、中介条件、行动/互动策略和结果等扎根理论典型模式分析,可以将产学研用协同创新供需匹配相关概念和副范畴抽象为意愿、能力和资源三个主范畴,分别以意愿、能力和资源为平面,可以构建产学研用协同创新供需匹配机制三维图;第二,围绕核心范畴的故事线,分析范畴与副范畴之间的逻辑关联,可以将产学研用协同创新供需匹配机制划分为"强人推动""政策驱动"和"市场拉动"三种匹配机制;第三,产学研用协同创新供需匹配三种机制分别适用于不同的联盟组合模式,一般而言,强人推动型匹配机制适用于产学研用盟主个人领导能力突出且创新意识强烈,还拥有丰富的社会资本;政策驱动型匹配机制对应于国家重大战略需求,依靠行政力量组建产学研用联盟进行科技资源的优化配置;市场拉动型匹配机制路径是先由市场和用户将需求反馈给学研机构,后者再整合科技资源进行研发。

构建产学研用协同创新供需匹配机制理论框架具有鲜明的政策启示:第一,在转型时期时,应该准确把握强人推动、政府支持和市场需求拉动此消彼长的三元驱动力协同,能够容忍多种模式的产学研用协同创新供需匹配机制同时运行,在科技体制机制改革的驱动下逐渐"捆绑政府的手,放开市场的腿",逐步建立起以企业为"龙头",高校和科研机构为"躯干",政府为"尾翼"的产学研用协同创新系统;第二,当前,想要解决科技与经济"两张皮"的问题,关键之处是需要找到产学研用协同创新中各主体的利益趋同点,而不应该过于纠缠利益分配问题①,无论哪种供需匹配机制,其运行的逻辑起点都是寻找创新主体利益的最大交集,只有对科技资源做增量,才能跨越"死亡之谷"和"达尔文之海";第三,在中国这样一个充满关系契约、非正式制度的国家,科技资源的优化匹配在很大程度上依赖于社会资本的丰厚,产学研用合作网络特性决定了高校知识转移能力和企业吸收能力的效率②,要重视协会和行业联盟"结网"的作用,同时给科技人员身份管理"松绑",让创新社会网络密度更大也更具弹性。

---

① 原长弘,章芬,姚建军,等.政产学研用协同创新与企业竞争力提升[J].科研管理,2015,36(12):1-8.
② 叶伟巍,梅亮,李文,等.协同创新的动态机制与激励政策——基于复杂系统理论视角[J].管理世界,2014(6):79-91.

第 5 章
产学研用协同创新的投资驱动机制

在创新活动实践中,企业和学研机构在资金、人才及知识技术等方面各具优势,但对创新风险预期和承受力不同,这导致产学研各方对投资收益的"讨价还价能力"大相径庭①。创新主体都希望以最小的投入从合作中获取最大收益,此类的"搭便车"行为使得产学研用协同创新容易出现"逆向选择"问题,这极大阻碍了产学研的稳定运行和规范发展②。因此,建立一个有效的投资收益机制和方法,对于实现企业家和科学家的良好互动,保障产学研的运行具有重要的意义。

产学研用协同创新是典型的团体理性(collective rationality)。对联盟来说,整体协同创新收益大于其每个主体单独进行创新的收益之和;对联盟成员而言,每个成员都能获得比不加入联盟时更多的收益。可见,产学研用协同创新投资收益问题是一个典型的完全信息条件下最优合约安排问题,因此合作博弈成了研究该问题的主要立足点③。早期的学者将产学研的形态刻画成网络型,并将我国产学研效率低下归因于投资收益分配不合理④。基于 Shapley 值衡量成员贡献率(agent)的重要性,有学者指出了 Shapley 值法在投资收益

---
① 洪银兴.产学研用协同创新的经济学分析[J].经济科学,2014(1):57-64.
② 黄波,陈晖,黄伟.引导基金模式下协同创新利益分配机制研究[J].中国管理科学,2015,23(3):66-75.
③ 李魏,花冰倩.合作博弈框架下产学研用协同创新的利益分配策略研究[J].商业研究,2016(9):39-45.
④ 王道平,弓青霞,方放.高技术企业模块化研发网络利益分配研究[J].中国软科学,2012(10):177-184.

中区别于平均分配和按其他比例分配的优势[1],也有学者对 Shapley 值进行优化,讨论了如何利用网络协同系数对奖励支付进行协调[2]。在解决联盟稳定性和利益分配方面,Immorlica 等[3]研究了联盟最大化收益及其分配非空且可以得到最优的结构。在不可转移效用博弈中,如果允许混合的话,核也是非空的,但是核并非高度有效的。Guardiola 等[4]提出将解决多人合作博弈问题的 Shapley 值法用于解决供应链联盟的利益分配问题。张捍东[5]等结合风险补偿机制和网络分析法改进传统的 Shapley 值法去探究不同联盟的利益分配策略。李林等[6]采用 F-H 方法,结合直觉模糊数排序法定量分析产学研及政府利益分配冲突的问题,提出新的利益分配方式以促进合作关系的持续稳定。

近几年,博弈论和复杂系统论的融合给产学研投资收益问题提供了新的分析工具,比如基于知识溢出设计收益函数,以双寡头竞争模型比较了协同创新与自主创新的博弈均衡[7],以及建立了不对称企业在 R&D 投资决策中的博弈模型,发现大型知识企业具有 R&D 投资的根本动力,小企业则具有在 R&D 上进行合作创新的动机[8]。有研究将产学研用协同创新描述为纯策略纳什均衡的双玩家对称模型,设定领导者和追随者的支付函数是多峰、非单调和不连续,据此来讨论流程和产品创新以及出售资产的时机[9];也有研究表明企业对协同创新的投资具有明显的鲁棒效应,企业可以在投资收益和创新风险之间

---

[1] Pal R. Inequality in maternal health care utilization in India: A Shapley decomposition analysis [J]. *Journal of International Development*, 2015, 27(7):1141-1152.

[2] 张瑜,菅利荣,刘思峰,赵焕焕,刘勇.基于优化 Shapley 值的产学研网络型合作利益协调机制研究[J].中国管理科学,2016,24(9):36-44.

[3] Nicole Immorlica E A. The role of compatibility in the diffusion of technologies in social networks[C]// Acm Conference. ACM,2007.

[4] Guardiola L A, Meca A, Timmer J. Cooperation and profit allocation in distribution chains [J]. *Decision Support Systems*, 2007, 44(1):17-27.

[5] 张捍东,严钟,方大春.应用 ANP 的 Shapley 值法动态联盟利益分配策略[J].系统工程学报,2009,24(2):205-210.

[6] 李林,彭磊.基于局中人偏好的产学研用协同创新项目利益分配冲突分析[J].科技管理研究,2017(21):64-69.

[7] Youssef S B, Breton M, Zaccour G. Cooperating and non-cooperating firms in inventive and absorptive research[J]. *Journal of Optimization Theory and Applications*, 2013, 157(1):229-251.

[8] 徐铁铮,刘人境,石翔.不对称企业 R&D 投资博弈的完美贝叶斯均衡分析[J].科技管理研究,2011(18):166-188.

[9] Vladimir S, Andrew W. Innovation in a generalized timing game[J]. *International Journal of Industrial Organization*, 2015(42):23-33.

平衡,并对投资计划做出最佳决策①。

梳理相关成果可以发现,博弈论是研究产学研用协同创新投资收益问题的基础理论,而且学研方和企业方是博弈的基本局中人。本书继续沿用这个思路,借鉴不确定理论和博弈论相关研究成果②,构建投资收益函数,并引入不确定性创新收益变量,求得纳什均衡解,提出优化协同创新效益和提升利益分配效率的机理机制,最后用两个算例验证了所建立的产学研用协同创新投资收益博弈模型,讨论了产学研用协同创新联盟在不确定条件下实现协同创新的可能性,以及投资收益机制的稳定性与制度化路径。

5.1 模型构建

5.1.1 博弈模型

当某一产品或者新技术具有市场前景,对未来利益的追求驱动"盟主"(主要是企业,也可以是学研机构)发起组建产学研用协同创新联盟。创新联盟成员之间的博弈,属于合作博弈,满足合作博弈的三个基本要素包括:两个及以上参与者(企业、学研机构)、策略(参与者之间协商形成的协约,包括行动方案的选择、方案实施的先后顺序等)、利益(协约商定利益如何分配等)③。

创新联盟能够组建并维持下去,核心在于未来收益。具体来讲,即未来收益的分配满足个体理性和集体理性这两个基本条件。对企业、学研机构每个参与者来讲,组建创新联盟所获得的收益要不低于独立研发所获得的收益,是为个体理性;对于创新联盟来讲,整体未来收益要不低于未组建联盟时各个参与者自行研发的未来收益之和,是为集体理性,这两个条件缺一不可。对个体

---

① Qing Z, Gang F, Dong-peng W, et al. Research on the robust optimization of the enterprise's decision on the investment to the collaborative innovation: Under the risk constraints[J]. *Chaos, Solitons and Fractals*, 2016(89):284-289.

② Thi H, Gyei-Kark P, Kyounghoon C, et al. Application of game theory and uncertainty in port competition between Hong Kong Port and Shenzhen Port[J]. *International Journal of e-Navigation and Maritime Economy*, 2015(2):12-23.

③ 李军林,李岩. 合作博弈理论及其发展[J]. 经济学动态,2004(9):79-85.

和集体而言,组建联盟后的收益值越大于未创建联盟时的收益,联盟愈加稳定。

除此之外,模型的构建基于以下假设。

假设 a:企业和学研机构是理性主体,各自具备独立研发的能力,能够依据预期投入—产出情况,独立自主地决定是否加入或退出创新联盟。

假设 b:信息完全。实际上,由于市场本身存在信息不完全的情况,企业和学研机构作为市场经济的独立主体,在做决策时,存在双方掌握的信息不一致、不对称的情况。因此,企业和学研机构的实际决策行为是有限理性。为方便研究,本书设定企业、学研机构决策行为完全理性。

假设 c:组建创新联盟后,企业和学研机构的成本由创新性成本和生产性成本两部分组成。其中,创新性成本设为双方的合作积极性系数的函数。影响合作积极性系数的因素主要有新产品的市场前景和双方自身的信誉问题。创新性成本与合作积极性系数呈负相关。本书设定企业和学研机构的创新性成本相同,生产性成本不同,总成本不同。

假设 d:组建创新联盟后,企业和学研机构自身信誉良好,具有"契约"精神,能严格履行双方协商的协议,进行决策部署和实现利益分配。

根据协议,企业(S)和学研机构(H)各投资一部分资金和人力进行创新研发,最终创新成果所带来的收益应当在企业(S)和学研机构(H)之间进行分配。企业(S)和学研机构(H)的策略包括投资或者不投资,各方的投资收益取决于对方的投资行为,见表 5-1。

表 5-1 企业(S)和学研机构(H)的投资收益博弈模型

H/S	不投资	投资
不投资	0, 0	$0; \pi_S(C_H^0, C_S^I) - I_S$
投资	$\pi_H(C_H^I, C_S^0) - I_H; 0$	$\pi_H(C_H^I, C_S^I) - I_H; \pi_S(C_H^I, C_S^I) - I_S$

(注:π 表示收益,C^I 表示投资后的产量;C^0 表示不投资的产量;I 表示投资的成本)

给定上述的收益,企业(S)和学研机构(H)相应的策略如下:

(1)$(\pi - I)_{H,S} > 0$:博弈双方都投资创新。纳什均衡是(投资,投资);

(2)$(\pi - I)_{H,S} \leq 0$:博弈双方都不投资创新。纳什均衡是(不投资,不投资);

(3)$(\pi - I)_H \leq 0$ 和 $(\pi - I)_S > 0$:学研机构选择不投资,企业选择投资,纳什

均衡是(不投资,投资);

(4) $(\pi-I)_S \leq 0$ 和 $(\pi-I)_H > 0$:企业选择不投资,学研机构选择投资,纳什均衡是(投资,不投资);

(5) $\pi_S(C_H^I, C_S^I) - I_S \geq \pi_S(C_H^0, C_S^I) - I_S > 0 \wedge \pi_H(C_H^I, C_S^I) - I_H \geq \pi_H(C_H^I, C_S^0) - I_H > 0$:联盟稳定;

(6) $\pi_S(C_H^I, C_S^I) - I_S \leq \pi_S(C_H^0, C_S^I) - I_S \vee \pi_H(C_H^I, C_S^I) - I_H \leq \pi_H(C_H^I, C_S^0) - I_H$:联盟解散。

5.1.2 投资收益

1.收益函数构造

收益函数取决于企业(S)和学研机构(H)从事创新带来的收入和运营成本以及投资创新的成本。收入由研发产品的市场价格和潜在的未来市场需求量共同决定。成本主要包括创新性成本和生产性成本。事实上,企业和学研机构在成本上是有所不同的。为分析方便,我们假定两者成本一致;假定信息完全,双方完全信任;未来贴现值为1。

构造函数如下:

总收入函数:$R = P \times D$

产学研运营成本:$E = x \times D \times \dfrac{D}{C}$

收益函数:$\pi = P \times D - x \times D \times \dfrac{D}{C} - I$ \hfill (5-1)

上式中:R 表示总收入,P 表示创新产品的价格,D 表示市场的需求量,x 表示单位成本,$\dfrac{D}{C}$ 表示除生产成本之外的成本因素,它与创新成果的需求成比例,并随产量的增加而下降,I 表示投资的成本。

2.不确定收益

(1)不确定理论。

Kolmogoroff 针对随机现象的不确定现象提出概率论。Zadeh[①] 为解决模

---

① Zadeh L. Fuzzy sets[J]. *Information and Control*, 1965, 8(3):338-353.

糊现象的主观不确定性,通过隶属函数,提出了模糊集理论。刘宝碇[1]提出并重新定义了一种新的处理不确定性的理论。

①可测空间:Γ是一个非空集合,L是在Γ一些子集上构成的σ代数,(Γ,L)叫作可测空间。

②不确定测度和不确定空间:M是基于可测空间(Γ,L)的不确定测度,对可测空间中每个事件Λ都对应一个不确定测度$M(\Lambda)$,且$M(\Lambda)$满足以下四条公理:

a. 规范性,$M(\Gamma)=1$;

b. 单调递增性,当$A\subset B$,则$M\{A\}\leq M\{B\}$;

c. 自对偶性,$M\{A\}+M\{A^c\}=1$;

d. 可列可加性,对任意可列个事件A_i,$M\{U_{i=1}^n A_i\}\leq \sum_{i=1}^n M\{A_i\}$;

三元组(Γ,L,M)组成不确定空间。

③不确定变量:不确定空间(Γ,L,M)中事件和一个实数集一一对应的可测函数ξ叫不确定变量。

④不确定分布:不确定变量x的不确定分布$\varphi(x)$定义为$\varphi(x)=M\{x\leq y\}$,y是任意实数。

⑤不确定变量期望值:ξ是不确定变量,$E[\xi]=\int_0^{+\infty}M\{\xi\geq x\}dr - \int_{-\infty}^0 M\{\xi\leq x\}dr$。

一般而言,不确定变量是从不确定性空间(Γ,L,M)到实数集合的可测量函数ξ,因此可以认为$\{\xi\in B\}$是任何 Borel 集 B 的事件。不确定变量ξ的分布由任何实数x的$\Phi(x)=\omega\{\xi\leq x\}$决定。比如,线性不确定变量$\Phi(x)=(x-a)/(b-a)(a\leq x<b)$具有不确定性分布,其中$\tau(a,b)$且$a\leq b$。令$\xi$为不确定变量,那么$\xi$的期望值为$E[\xi]=\int_0^{+\infty}M\{\xi\geq x\}dr - \int_{-\infty}^0 M\{\xi\leq x\}dr$。

(2)收益计算方法。

投资收益计算方法之一:如果创新成果的市场需求是不确定变量(ξ),投

---

[1] Liu B. Uncertain risk analysis and uncertain reliability analysis[J]. *Journal of Uncertain Systems*, 2010,4(3):163-170.

资收益可以用未来需求的期望值来计算。在使用学者的实验数据基础上,用线性插值法获得变量(ξ)的不确定分布①。

$$\begin{cases} 0, & x < x_1 \\ \Phi(x) = a_i + \dfrac{(a_{i+1} - a_i)(x - x_i)}{x_{i+1} - x_i}, & x_i \leq x \leq x_{i+1}, 1 \leq i \leq n \\ 1, x \geq x_n \end{cases} \tag{5-2}$$

通过分析不确定性分布,不确定变量市场需求(ξ)的期望值为:

$$E[\xi] = \frac{a_1 + a_2}{2} x_1 + \sum_{i=2}^{n-1} \frac{a_{i+1} - a_{i-1}}{2} x_i + (1 - \frac{a_{n-1} + a_n}{2}) x_n \tag{5-3}$$

投资收益计算方法之二:如果投资收益是不确定变量(ξ),博弈的纳什均衡解推导如下:任何二人博弈可以表示为 $\Gamma = \langle \{I,J\}, U \times V, A, B \rangle$,且当 $U = \{1,2,\cdots,m\}$;$V = \{1,2,\cdots,n\}$ 时博弈双方均为纯博弈策略。A 和 B 包括 ($m \times n$) 个矩阵,其中 ξ_{ij} 和 η_{ij} 分别为两者的投资收益。相应的,博弈混合策略为 $\Gamma = \langle \{I,J\}, S_I \times S_J, A, B \rangle$,所有混合策略解的集合为:

$$S_i = \left\{ (x_1, x_2, \cdots, x_m)^T \in R_+^m \Big| \sum_{i=1}^m x_i = 1 \right\} \tag{5-4}$$

$$S_i = \left\{ (y_1, y_2, \cdots, y_n)^T \in R_+^n \Big| \sum_{j=1}^n y_j = 1 \right\} \tag{5-5}$$

当博弈策略随机产生时,博弈双方都选择有利于自己的混合策略,由此产生了博弈结果 $(x^T A y, x^T B y)$。既然博弈双方的目标都是自己的不确定期望收益最大化,对 I 来说,它的最优策略是 $\max_{x \in S_I} E[x^T \widetilde{A} y^*]$;对 J 来说,它的最优策略是 $\max_{y \in S_J} E[x^{*T} \widetilde{B} y]$。基于博弈双方的理性选择,新的纳什均衡为:

$$u^* = E[x^{*T} \widetilde{A} y^*] \geq E[x^T \widetilde{A} y^*] \forall x \in S_I \tag{5-6}$$

$$u^* = E[x^{*T} \widetilde{B} y^*] \geq E[x^{*T} \widetilde{B} y] \forall y \in S_J \tag{5-7}$$

组合 (u^*, v^*) 被称为博弈的期望值。令 $(x^*, y^*) \in S_I \times S_J$ 为预期纳什均衡策略,那么博弈的期望值为 $(x^{*T} \Delta y^*, x^{*T} \nabla y^*)$ 当且仅当:

---

① Liu B. Uncertainty Theory[M]. Berlin:Springer-Verlag,2013.

$$\Delta = \begin{bmatrix} E[\xi_{11}] & E[\xi_{12}] & \cdots & E[\xi_{1n}] \\ E[\xi_{21}] & E[\xi_{22}] & \cdots & E[\xi_{2n}] \\ \cdots & \cdots & \cdots & \cdots \\ E[\xi_{m1}] & E[\xi_{m2}] & \cdots & E[\xi_{mn}] \end{bmatrix} \tag{5-8}$$

$$\nabla = \begin{bmatrix} E[\eta_{11}] & E[\eta_{12}] & \cdots & E[\eta_{1n}] \\ E[\eta_{21}] & E[\eta_{22}] & \cdots & E[\eta_{2n}] \\ \cdots & \cdots & \cdots & \cdots \\ E[\eta_{m1}] & E[\eta_{m2}] & \cdots & E[\eta_{mn}] \end{bmatrix} \tag{5-9}$$

令所有的 ξ_{ij} 和 η_{ij} 为独立的不确定变量,那么,博弈策略 $(x^*,y^*) \in S_I \times S_J$,则是一个预期纳什均衡策略,各个点 $(x^*,y^*,x^{*T}\Delta y^*,x^{*T}\nabla y^*)$ 也均为遵循二次规划的最优解。

$$\begin{cases} \max(x,y,u,v); \quad x^T(\Delta_H + \nabla_S)y - u - v \\ \Delta y \leq (u,u,\cdots,u)^T; \; \nabla^T y \leq (v,v,\cdots,v)^T; \; \forall x \in S_I; \; y \in S_J; \; u,v \in R \end{cases} \tag{5-10}$$

5.2 算例分析

5.2.1 产学研案例

假设产学研协同联盟中有1家高校、1家科研所和1家企业,它们选择协同创新研发,并就创新进行投资,创新成果收益内部分配。高校和科研所可以看作是一个利益共同体(H),企业是一个利益体(S)。根据各自的生产和资金状况,学研(H)和企业(S)投资创新产品的单位成本分别为124元和132元,创新产品投放市场后,定价为68元,可预测4年内市场的需求增长量分别为3.3万、4.5万、6.2万和7.0万。

5.2.2 需求作为不确定变量

需要确定的是未来市场需求增长的概率,可以利用专家预测法获得相关数据,形成以下配对估测数据:

$(x_1, a_1) = (3.3, 0)$

$(x_2, a_2) = (4.5, 0.3)$

$(x_3, a_3) = (6.2, 0.7)$

$(x_4, a_4) = (7.0, 1)$

根据需求量不确定分布状态,需求的期望值可以计算为:

$$E[\xi] = \frac{0+0.3}{2} \times 3.3 + \frac{0.7-0}{2} \times 4.5 + \frac{1-0.3}{2} \times 6.2 + (1-\frac{0.7+1}{2}) \times 7 = 6.965$$

将需求的期望值代入5-1式,可以得到学研(H)和企业(S)投资博弈的结果:

(1) 如果学研(H)选择投资,企业(S)选择不投资:$\pi_H = -78.32$万;

(2) 如果学研(H)选择不投资,企业(S)选择投资:$\pi_S = 25.65$万;

(3) 如果学研(H)和企业(S)都选择投资:$\pi_H = 67.23$万,$\pi_S = 55.42$万。

因此不管学研(H)选择投资与否,企业(S)的最优策略是投资;而学研(H)的选择应该也遵循此项策略。此时,纳什均衡是(投资,投资)。

5.2.3 收益作为不确定变量

假设学研(H)和企业(S)的投资收益均为独立的不确定变量,那么两者的不确定收益可以计算如下:

$\xi_{h11}(0,0,0,0)$

$\xi_{h12}(0,0,0,0)$

$\xi_{h21}(25.12, 69.33, 212.05, 467)$

$\xi_{h22}(254.69, 288.43, 212.02, 110)$

$\eta_{s11}(0,0,0,0)$

$\eta_{s12}(173.86, 89.45, 22.67, 226)$

$\eta_{s21}(0,0,0,0)$

$\eta_{s22}(92.86, 125.64, 156.78, 187)$

学研(H)和企业(S)的投资收益的期望值可以计算为:

$$\Delta_H = \begin{bmatrix} 0 & 0 \\ 117.65 & 76.23 \end{bmatrix} \qquad \nabla_S = \begin{bmatrix} 0 & 45.06 \\ 0 & 58.54 \end{bmatrix}$$

如果只考虑博弈双方的纯策略,比较容易得到二次规划的最优解:(投资76.23,投资58.54)。纳什均衡的结果和将需求作为不确定变量得出的博弈结果一致,学研(H)的收益大于企业(S),在这场协同创新投资的博弈中,学研(H)和企业(S)都有投资的动力,而且学研(H)的收益会更大。

5.3 结论与讨论

产学研创新投资决策问题本质上是对协同创新收益剩余索取权的安排问题,它直接影响着创新联盟的长期性和稳定性。因此,在设计产学研用协同创新投资决策博弈模型时,须充分考虑影响协同创新联盟成员之间利益分配的因素。前期投入和后期讨价还价能力直接决定着利益分配的多寡。前期投入可分为直接投入和间接投入;资金、设备、人力、技术等方面的显性投入为直接投入;协同创新过程中因市场风险、技术风险、合作风险、财务风险所造成的损失为间接投入。博弈双方前期的投入、收益的贴现率和制度的完备程度共同决定着成员的讨价还价能力。为研究方便,本文做简化处理,不考虑风险因素和成员的讨价还价能力,仅将创新成果的单位成本和预期市场需求、其他创新成本等设计为收益函数的自变量,将收益的期望值作为博弈的解。基于合作博弈分析假设和博弈纳什均衡结果提出如下建议:

(1)学研机构作为市场经济科研创新活动的主力军,自身社会职责和市场功能决定了组建创新联盟的主动意愿。从博弈结果看,学研机构投资回报率往往大于企业,学研机构的投入程度和技术水平决定了它能够获得较多的收益,学研机构参与创新成果市场化具有强烈的内在驱动力。政府应当制定政策积极引导鼓励高校和科研机构摆脱"金手铐"的束缚,走进企业,走向市场,这个过程中科研人员的身份松绑是关键。

(2)企业方除了投入资金和人力,还应依靠管理水平的提高降低创新成果的生产成本,同时扩大创新成果产量以实现规模经济,在创新需求的市场开发上应该加大营销力度。政府的任务是确定自己的权力边界,建立激励创新的产权制度,保护企业家才能,保证企业进行创新投资的私人收益接近于社会收益。

(3)产学研用协同创新本身是一项试图降低技术交易成本的制度安排,同时充分发挥产—学研双方各自的优势,而这种制度安排的顺利达成和有效运作需要第三方的合作机制。本文假设信息完全,双方完全信任,并能够按照协议进行利益分配,但事实上博弈双方信息不对称,双方行为有限理性,这样不可避免出现博弈双方在执行协约过程中,为追求个体利益最大化而产生机会主义行为。因此,政府(第三方)作为制度的制定者和市场经济运行的监管者,应当充分发挥其职能,完善相关的法律法规,增强个体私有信息的透明度,实现信息完全,同时维护制度的权威性和公正性,确保利益分配机制运行公平和高效,杜绝机会主义,激发产学研机构双方合作的积极性和忠诚度,维持创新联盟稳定。

(4)不考虑第三方合作机制,仅仅考虑合作博弈双方:产—学研。双方可以通过制定合理的、富有激励机制的收益分配方式,提高联盟成员创新的工作积极性。建立直接明了的"投入—收益"路径,量化直接投入和间接投入,形成投入多收益多和权责一致的合理分配机制。建立信息共享机制和预存违约保证金制度,增加个体违约成本,违约成本要远大于个体因拥有私人信息或"搭便车"等带来的短期收益,从制度上减低非理性行为的发生率,提高创新联盟的稳定性和协同创新成功概率。

当然,影响产学研用协同创新投资利益的因素很多,不仅包括合作各方投入贡献程度、合作风险和议价能力等因素,还包括市场制度是否完备,信息是否完全等因素。考虑到相互信任、冒险文化等因素在协同创新中的作用日益彰显,在我国这样一个充满关系契约的国家,产学研用协同创新的成功很大程度依赖于非正式制度,因此,利用社会网络和社会资本理论研究产学研用协同创新也是一个新的研究领域。除此之外,本研究建立于信息完全和双方完全信任的假定基础之上,采用了完全信息静态博弈的分析方法,这与现实情况差距较大。下一步,我们将把风险因素作为一项重要的影响因子来分析投资收益函数,重点研究在产—学研双方有限理性条件下的不完全信息动态合作博弈。

第6章
产学研用协同创新的风险防范机制

对创新而言,知识溢出是一把双刃剑。产学研用最大的风险来自于知识溢出的风险①。Krugman②认为知识溢出的客观性及重要性毋庸置疑,并指出知识可超越行政区域的边界而溢出。Mowery③指出企业参与产学研合作的动机即为获取知识溢出效应,从而降低研发和交易成本。国内大部分学者也肯定了知识溢出在新知识扩散、劳动生产率提高和降低企业研发成本等方面发挥的重要作用④,知识溢出可以被看作是提升创新主体连接强度和成员间相互信任关系的关键动力⑤。

相对于知识溢出的积极作用,知识溢出的风险亦不可忽略。有学者将其界定为组织不愿意被合作参与者挪用或进行分享的知识,因为这将导致组织的竞争优势受到损害⑥。对产学研之类的创新联盟而言,知识溢出会导致产品雷同化,特别是对于要素投入不足、可用资源有限的中小规模集群而言更是

---

① 何郁冰.产学研用协同创新的理论模式[J].科学学研究,2012(2):165-174.
② Krugman P. Increasing Returns and Economic Geography[J]. *Journal of Political Economy*,1991,99(3):483-499.
③ Mowery D C. Collaborative R&D:How Effective is it? [J]. *Issues in Science and Technology*,1998,15(1):37-44.
④ 赵景峰,黄志启.知识溢出效应研究新进展[J].经济学动态,2011(1):116-121.
⑤ 顾新.知识链组织之间的冲突与冲突管理研究[M].成都:四川大学出版社,2011.
⑥ Xiang C,Lu Y,Gupta S. Knowledge Sharing in Information System Development Teams:Examining the Impact of Shared Mental Model from a Social Capital Theory Perspective[J]. *Behavior&Information Technology*,2013,32(10):1024-1040.

如此①。此外,知识溢出还可能会加剧本土企业快速聚集,从而产生竞争者数量和输入成本持续增长的"拥挤效应"②。

针对知识溢出中存在的知识资产流失、竞争优势丧失、知识产权纠纷、产学研用协同创新联盟解体等风险,本书通过梳理国内外相关研究成果,构建产学研用协同创新知识溢出风险的理论模型,并对知识溢出风险的稳定性进行分析和模拟,最后提出产学研用协同创新知识溢出风险的管理框架。

6.1 产学研用协同创新知识溢出风险理论模型

6.1.1 理论基础

知识溢出的风险主要表现在:某些知识和技术的溢出会削弱知识占优方的竞争优势;长期依赖溢出知识与技术会让知识劣势方忽视自身研发创新能力的培养;知识溢出会让产学研在某个地域内被"锁定";知识溢出使得许多产学研用协同创新联盟成员彼此之间逐渐丧失信任而导致解体。国内外对于知识溢出风险的研究主要集中于知识溢出风险产生机理、知识溢出风险与组织绩效、知识溢出风险测度三个视角。

(1)知识溢出风险产生机理。从供应链角度来看,产生知识溢出风险有以下四个方面的原因:个人价值观与组织目标不协调;过分强调个人绩效的考核激励机制;基础配套设施不完善;员工、部门之间沟通渠道狭窄③。此外,知识本身不对称性、模糊性的特点使得知识具有根源性的溢出风险④。郑丽娟⑤分析从知识产生到知识溢出的过程,认为道德因素、企业学习能力、资金的投入

---

① Plummer L A, Acs Z J. Localized Competition in the Knowledge Spillover Theory of Entrepreneurship [J]. *Journal of Business Venturing*, 2014, 29(1):121-136.
② Stanko M A, Olleros X. Industry Growth and the Knowledge Spillover Regime: Does Outsourcing Harm Innovativeness but Help Profit? [J]. *Journal of Business Research*, 2013, 66(10):2007-2016.
③ 李炳秀,李明生.供应链企业间知识转移之风险作用路径实证研究[J].系统工程,2011,43(9):41-48.
④ 刘和东.开放经济下知识溢出效应的实证研究[J].中国科技论坛,2017,18(3):33-42.
⑤ 郑丽娟.协同供应链企业知识共享中风险绩效管理研究[J].商业时代,2011,51(20):83-85.

与产出是影响知识溢出风险的主要因素。

（2）知识溢出风险与组织绩效。Grossman[①]将知识溢出风险所导致的创新主体收益缩水程度与顾客净收益综合考虑，探讨了二者之和与社会、企业之间的联系。Almeida[②]对硅谷计算机产业进行研究，认为知识溢出风险是破坏经济外部性的原因之一。杨皎平等[③]用系统动力学研究了知识溢出风险，认为知识溢出风险阻碍了创新主体之间的协作，不利于合作研发的实现。Stewart[④]指出创新主体提高研发绩效，应当重视外部溢出知识的合理利用，控制知识溢出风险。

（3）知识溢出风险测度研究。目前对知识溢出风险测度的研究相对较少，胡晓翔等[⑤]用区间判别法对知识溢出风险进行评估，将知识溢出风险划分为知识资产风险、文化风险、技术风险、人才流失风险等；Youssef等[⑥]分析了合作团队之间的溢出知识质与量在创新中的作用，并以双寡头竞争模型比较了不同合作方式下知识质与量的差别。陈果等[⑦]认为知识共享主体对待风险的态度与知识溢出的风险有较强的拟合度。Kim等[⑧]将技术联盟核心企业的知识吸收能力与联盟整体研发绩效建立联系，构建组织学习的概念模型。

从目前检索到的研究成果可以看出：第一，文献的类别多为针对某一特定类型知识溢出开展的经验性研究，尚缺乏对该研究领域的全景式展现以及对各个研究焦点之间关系的分析；第二，目前为数不多的以知识溢出风险为研究对象的文章主要偏重于对知识溢出风险的描述，缺少对知识溢出风险关键影

---

① Grossman G M, Helpman E. Trade, Knowledge Spillovers, and Growth[J]. *European Economic Review*, 2004, 35(3):517-526.

② Almeida P. Knowledge Sourcing by Foreign Multinationals: Patent Citation Analysis in the U. S. Semiconductor Industry[J]. *Strategic Management Journal*, 2015, 17(S2):155-165.

③ 杨皎平,侯楠,王乐. 集群内知识溢出、知识势能与集群创新绩效[J]. 管理工程学报, 2016, 30(3):27-35.

④ Stewart T. Knowledge, Innovation and Firm Performance in High-and Low-technology Regimes[J]. *Journal of Business Venturing*, 2006, 21(5):687-703.

⑤ 胡晓翔,达庆利,徐泽水. 知识管理的风险分析、评估与控制[J]. 管理科学学报, 2003, 6(5):17-23.

⑥ Youssef S B, Breton M, Zaccour G. Cooperating and Non-cooperating Firms in Inventive and Absorptive Research[J]. *Journal of Optimization Theory & Applications*, 2013, 157(1):229-251.

⑦ 陈果,齐二石,刘亮. 基于风险态度的企业知识共享动态博弈分析[J]. 科学学与科学技术管理, 2015, 36(6):47-55.

⑧ Kim C S, Inkpen A C. Cross-Border R&D Alliances, Absorptive Capacity and Technology Learning[J]. *Journal of International Management*, 2005, 11(3):313-329.

响因素的识别和评估;第三,知识溢出风险大多被限定在企业间(集群内)无意识的知识传播范畴,尚缺少一类研究能够全面展现不同类型的创新主体在知识获取、知识共享和知识创造等知识流动过程中产生的风险,并由此系统解释创新型企业和新兴产业在利用和规避知识溢出中竞争优势的获得。

在借鉴相关研究的基础上,本书对知识溢出风险极小值与稳定性进行判定,拟为产学研用协同创新知识溢出风险管理构建理论框架。具体研究思路如下:先寻求知识溢出风险关键影响因素,并以此为基础设计自变量;基于Cobb-Douglas 模型构建知识溢出风险函数,提出关于自变量、因变量及影响因子之间的研究假设;然后验证分析研究假设,最后为产学研用协同创新联盟及政府制定相应的管理框架。

6.1.2 自变量设计

有关知识溢出风险影响因素的研究可追溯到 1995 年 Argote 以技术溢出效应作为研究的开始。随着知识经济和全球化的加速,溢出效应不再局限于显性技术溢出,还包含着大量软性技术,即更广阔意义上的知识溢出。因此知识特性、溢出渠道、知识距离和知识能力等因素被纳入到研究视野。通过梳理相关文献,知识溢出风险影响因素可以被归纳为知识主体和知识客体两个维度。

(1)知识主体维度。有学者认为不同组织处理知识都会历经"获取—消化—利用—再创新"四个环节,其中组织之间的吸收能力差异主要体现在知识再创新过程,对于关键组织而言知识再创新环节尤为重要,这是因为关键组织往往承担着产业集群、协同创新联盟、甚至某一创新生态系统的协调与掌舵任务,对于降低联盟知识溢出风险起到了关键作用[1]。还有研究表明盟主的知识创新能力与产学研用协同创新联盟绩效、技术交接风险等联系紧密,主要体现在对于市场需求和机遇的把握,克服"锁定效应""能力天花板"等方面[2]。在产学研用协同创新过程中,核心知识主体自身不仅要学习内、外部溢出知识,而且要不断对其他盟员提供研发技术、经验等,它的知识创新能力更能够

---

[1] 贾卫峰,党兴华. 技术创新网络核心企业知识流耦合控制研究[J]. 科研管理,2010,31(1):56-63.
[2] Hamel G. Competition for Competence and Inter-Partner Learning Within International Strategic Alliances[J]. *Strategic Management Journal*, 2010,12(S1):83-103.

帮助联盟抓住市场机会窗口以提升联盟创新能力。一旦核心主体知识创新能力产生波动或下降,对于联盟的影响范围及深度会更加明显。由此可见,相比于其他影响知识溢出风险的因素,联盟知识主体知识创新能力对于知识溢出所引致的竞争能力下降、核心知识泄露、联盟解体等风险的抑制作用更加显著。

(2)知识客体维度。从已有成果的知识属性角度看,知识溢出风险可为显性知识溢出风险与隐性知识溢出风险,认为溢出知识质量对知识溢出风险产生了重要影响[①]。企业知识溢出风险与组织先验知识密切相关,对于导向性知识捕捉成功概率很大程度上依赖企业自身的知识储备与文化底蕴[②]。从总体上来讲,知识溢出风险归根结底是一种因知识资本配置失衡、泄露、不适用等因素造成的负效应,知识客体自身质量不高易引发盟员之间信任缺失、创新能力下降等知识溢出风险,其中知识客体自身质量主要包括了知识时效性、可靠度、权限、适用范围、经济性等指标。

综上论述易见,多数学者将联盟核心主体知识创新能力与联盟溢出知识质量视为知识溢出风险的关键影响因素,这一思路可以作为知识溢出风险管理的切入点。本书尝试对关键影响因素与知识溢出风险之间的联系进行探索,并做出以下自变量假设:第一,联盟核心主体知识创新能力 L 与产学研用协同创新联盟内溢出知识质量 S 是知识溢出风险的关键影响因素,并且同一产学研内核心主体知识创新能力 L 与产学研用协同创新联盟内溢出知识质量 S 具有对称性,即在二者的定义域内相较于知识溢出风险 R 具有相通性;第二,知识溢出风险的不确定性致使其在任何情况下都不可能为 0,但在产学研用协同创新联盟可控范围内存在知识溢出风险的极小值。为了便于研究,假设产学研用协同创新联盟知识溢出风险 R 的极值为 1,即 $\min\{R\}=1$。

[①] Argote L, Hora M. Organizational Learning and Management of Technology[J]. *Production & Operations Management*, 2017, 26(3):23-26.
[②] 刘常勇,谢洪明.企业知识吸收能力的主要影响因素[J].科学学研究,2003,21(3):307-310.

6.1.3 模型设计

自 Griliches[①] 首次提出知识生产函数以来,越来越多的学者将其应用于创新研究上。它既可以表达企业在创新方面的投入产出联系[②],又可以评估区域创新投入对于当地新知识产生的贡献[③]。该理论框架内蕴含了研发投入与研发产出之间的关系,其基本假设是协同创新过程的产出分别是研发资本或投资的结果,概念表达形式为:R&D产出 = f(R&D投入)。

在 Griliches 知识生产函数的基础上,许多学者将其与 Cobb-Douglas 生产函数相结合,用来进行关于知识溢出测度的实证研究。结合 Cobb-Douglas 生产函数多因素分析特性,现有研究中融入了资金投入、人员流动、技术转让等多变量与知识溢出的联系[④],这使得知识溢出实证研究更加具有可操作性与现实意义。此时的生产函数基本关系式可以表达为:R&D产出 = a(R&D投入)^b。其中 a 表示常数因子,b 表示 R&D 输出变化相对于 R&D 输入变化的弹性。如果弹性等于1,研发支出增长100%将导致创新产出翻番,而低于1的弹性则表示,研发产出并不会随着研发投入的增加而成倍增加。

风险作为生产目的与最终产品之间的不确定性,其本身是某些投入所带来的副产物,彼此之间存在着隐含的投入产出关系。许庆瑞认为知识溢出风险在各方搜集合作情报的过程中就已经产生了,并且受多方面因素影响[⑤]。据此,将知识溢出的风险作为联盟核心主体知识创新能力 L 与产学研用协同创新联盟内溢出知识质量 S 的产出结果。在 Cobb-Douglas 知识生产函数基础上,设计测度产学研用协同创新知识溢出风险的通用形式为:

$$R \cong \theta L^\alpha S^\gamma \ (\theta > 0, \alpha < 0, \gamma < 0) \tag{6-1}$$

[①] Griliches Z. Issues in Assessing the Contribution of Research and Development to Productivity Growth [J]. Bell Journal of Economics,1979,10(1):92-116.

[②] Marra G, Wood S N. Coverage Properties of Confidence Intervals for Generalized Additive Model Components[J]. Scandinavian Journal of Statistics,2012,39(1):53-74.

[③] Howells J, Bessant J. Introduction:Innovation and Economic Geography:a Review and Analysis[J]. Journal of Economic Geography,2012,12(5):929-942.

[④] Kang D, Dall'Erba S. Exploring the Spatially Varying Innovation Capacity of the US Counties in the Framework of Griliches' Knowledge Production Function:a Mixed GWR Approach[J]. Journal of Geographical Systems,2016,18(2):125-157.

[⑤] 刘红伟,王圣媛.许庆瑞:全面创新 势在必行[J].科技创新与品牌,2016,9(1):8-11.

在(6-1)式中，R表示知识溢出风险；θ表示修正系数，在式中为常数；α表示联盟核心主体知识创新能力L对于知识溢出风险的弹性指数；γ表示产学研用协同创新联盟溢出知识质量S对于知识溢出风险的弹性指数。产学研知识溢出风险与联盟核心主体知识创新能力、产学研用协同创新联盟溢出知识质量之间成反比关系，既得α与γ均为负值。

在不改变变量相关性及趋向性的基础上，分别取(6-1)式两边的自然对数得：

$$\ln R \cong \ln \theta + \alpha \ln L + \gamma \ln S \tag{6-2}$$

此时，知识溢出风险R转化为拥有自变量L、S的多项式之和。其中$\ln \theta$表示常数项；$\alpha \ln L$表示联盟核心主体知识创新能力与弹性指数α之积对知识溢出风险的影响，在产学研用协同创新过程中与该类影响因素联系最紧密的因子包含组织结构合理度①与组织员工学习能力②两项；同理，$\gamma \ln S$表示产学研用协同创新联盟溢出知识质量与弹性指数γ之积对知识溢出风险的影响，而该类影响因素所包含的影响因子有联盟成员之间非正式沟通密度③、联盟内部研发的投入产出比④。整合变量关系，得框架如图6-1所示。

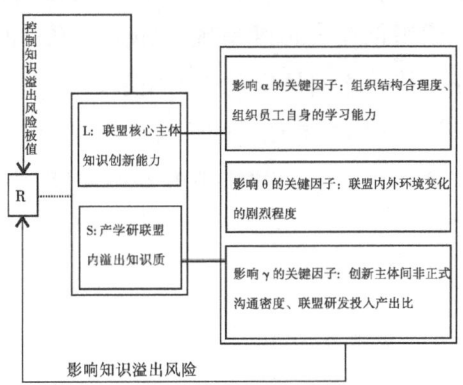

图6-1 变量关系框架

---

① 张徽燕，姚秦，吴继红，等. 高绩效工作系统、组织学习能力与企业绩效的关系研究[J]. 中国管理科学，2015，23(5)：134-142.

② Argote L, Miron-Spektor E. Organizational Learning: From Experience to Knowledge[J]. *Organization Science*, 2011, 22(5): 1123-1137.

③ 吴先华，郭际，胡汉辉. 产业集群中非正式交流影响知识流动的实证研究[J]. 科学学研究，2008，26(5)：1014-1023.

④ 周健明，刘云枫，陈明. 知识隐藏、知识存量与新产品开发绩效的关系研究[J]. 科技管理研究，2016，36(4)：162-168.

6.1.4　研究假设

产学研知识溢出风险本身具有不稳定性特征。究竟知识溢出风险如何在可控范围内达到极小值？在达到极小值的前提下组织员工学习能力、联盟研发投入产出比等影响因子与知识溢出风险稳定性又有何种联系？基于所构建的知识溢出风险理论模型与变量关系框架图 6-1，本书对知识溢出风险提出以下研究假设：

假设 1(H1)：产学研用协同创新知识溢出风险的极小值在联盟可控范围内存在，并伴随联盟核心主体知识创新能力与产学研用协同创新联盟溢出知识质量的提升而减小，即 L、S 与 R 在协同创新过程中呈现出负相关关系。

假设 2(H2)：在产学研用协同创新知识溢出风险达到极小值的前提下，风险反弹的可能性与联盟内外环境变化的剧烈程度呈现正相关关系。其中内环境变化主要指创新主体间在不同合作阶段下合作模式的改变；外环境变化主要指政策、人文、技术等因素的变化。

假设 3(H3)：在产学研用协同创新知识溢出风险达到极小值的前提下，知识溢出风险稳定性与组织结构合理度呈现负相关关系；知识溢出风险稳定性与组织员工自身的学习能力之间呈现负相关关系。

假设 4(H4)：在产学研用协同创新知识溢出风险达到极小值的前提下，知识溢出风险稳定性与联盟成员之间的非正式沟通密度、协同创新过程中研发的投入产出比呈现负相关关系。

6.2　产学研用协同创新知识溢出风险稳定性

6.2.1　产学研用协同创新知识溢出风险极小值分析

产学研用协同创新最终的目的是追求利益最大化，这要求知识溢出风险尽可能地降到最小。根据(6-2)式构建关于联盟核心主体知识创新能力 L、产学研用协同创新联盟溢出知识质量 S 与知识溢出风险 R 之间的三维视图，如图 6-2 所示，其中网状线与 LOS 坐标平面相交于曲线 a，如图 6-3 所示。

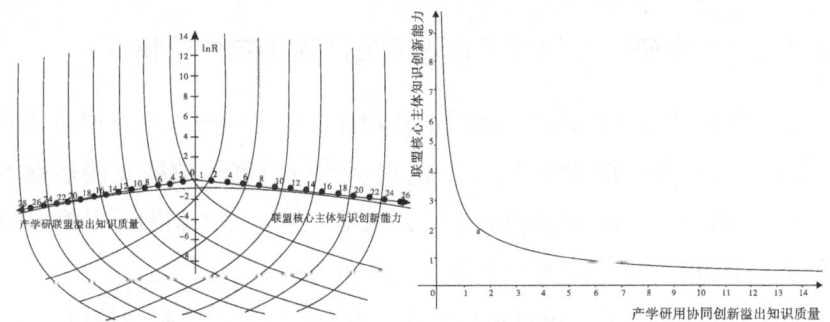

图 6-2　构建模型的三维视图　　**图 6-3　模型与 LOS 坐标平面的相交曲线**

如图 6-2 所示，坐标轴箭头所示方向为正方向，联盟核心主体知识创新能力与产学研用协同创新联盟溢出知识质量分别在 L、S 坐标轴上与知识溢出风险 R 呈现出一定的负相关性，即 L 与 S 作为因变量，在某一固定的弹性指数 γ 与 α 水平下，知识溢出风险 R 伴随其增大而呈现递减规律。结合(6-2)式可知产学研用协同创新联盟在维持原弹性系数水平下，加强核心主体知识创新能力或增加溢出知识质量是降低风险最直接的办法。与此同时，因弹性指数 γ 与 α 满足条件 $\frac{\ln R - \ln \theta - \gamma \ln S}{\ln L}$ 或 $\frac{\ln R - \ln \theta - \alpha \ln L}{\ln S}$，可得某一自变量的强化或增加都会引起另一自变量弹性指数的增加，进一步降低风险，从而起到了连带效应。

并且图 6-2 中任意一 L 曲线或 S 曲线与另一变量曲线簇相交，就某一自变量而言，在另一自变量完全固定不变时，其在定义域内随自身弹性指数的增大而逐渐远离 $\ln R$ 轴。这表明，L、S 作为影响知识溢出风险的关键因素，自身弹性指数很大程度上影响着产学研用协同创新知识溢出风险的水平，这种影响表现为 L 和 S 弹性指数的绝对值越大，产学研知识溢出风险相对越小，其极限 $\lim\limits_{R \to 1} \ln R = 0$ 存在于 LOS 坐标平面。因此，假设 H1 成立。

产学研用协同创新联盟溢出知识质量与联盟核心主体知识创新能力所构成的网状曲面相交于 LOS 坐标平面形成曲线 a，a 即是产学研用协同创新联盟所要寻求的最佳 L、S 组合，曲线 a 中的任何 L、S 组合在满足一定弹性指数条件下都可以达到产学研所寻求的知识溢出风险最小化结果，即曲线 a 表示 $\lim\limits_{R \to 1} \ln R = 0$。

6.2.2 产学研用协同创新知识溢出风险稳定性分析

产学研用协同创新知识溢出风险的稳定性分析必须建立在联盟可接受范围内,并达到尽可能小的水平上。因此,以下的分析基于曲线 a 的基础上进行,并分别从修正系数 θ、联盟核心主体知识学习能力弹性指数 a 及产学研用协同创新联盟溢出知识质量弹性指数 γ 三个角度进行。

(1) θ 的变化与知识溢出风险稳定性。作为风险生产函数中的修正系数,影响 θ 值最关键的两个因素为不同产学研用协同创新联盟以及同一产学研用协同创新联盟下的合作阶段、政策、人文等背景的变化。具体表现为:不同产学研用协同创新联盟所选择的合作模式一般有项目纽带合作模式、建设平台合作模式和产业技术联盟合作模式三类①,一般情况下项目纽带合作模式所面临的知识溢出风险要大于后两者,且稳定性相对较弱,这就要求项目纽带合作模式下的修正系数 θ 值更大;在同一产学研用协同创新联盟中,创新主体间在不同合作阶段所面临的合作模式会有所改变,同时,政策、人文、技术等因素的变化也会影响产学研用协同创新的价值趋向于知识环境,这种变化越剧烈造成不可预测风险的可能性越大,对 θ 值的要求就越高。

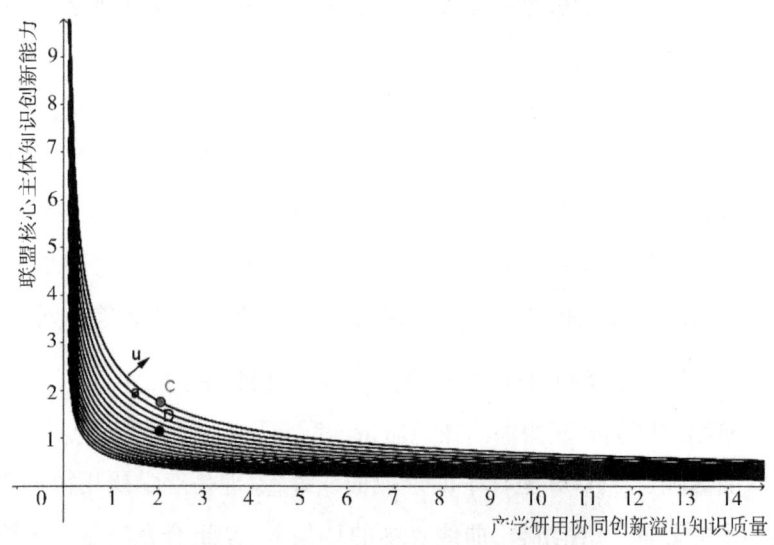

图 6-4 θ 值变化下曲线 a 路径跟踪图

---

① 曹霞,于娟.产学研合作创新稳定性研究[J].科学学研究,2015,33(5):741-747.

如图 6-4 所示,伴随 θ 值增大,曲线 a 的变化方向为向量 u 所示方向,即曲线 a 随 θ 值的增大而逐渐远离 LOS 坐标轴原点。取基于同一产学研用协同创新联盟溢出知识水平但不同 a 值下曲线 θ 上的任意两点 $C(S_C, L_C)$、$D(S_D, L_D)$,易得 $S_C + L_C > S_D + L_D$,也就是说,在相同知识溢出风险水平下 C 点的 SL 组合要大于 D 点下的 SL 组合。以上结果表明,在产学研用协同创新联盟达到期望的知识溢出风险水平下,所面对的政策、技术、文化环境可能会发生变化,自身所采取的合作模式也会因合作阶段的改变而改变。此时,产学研用协同创新联盟所面临的知识溢出风险会因内外环境的变化而出现反弹的可能,而且变化越剧烈联盟所面临的知识溢出风险越不稳定,θ 值也就越大。联盟对此最有效的反应为增强创新主体尤其是核心主体的知识学习能力与联盟内的溢出知识质量。因此,假设 H2 成立。

(2) α 的变化与知识溢出风险稳定性。影响联盟核心主体的知识创新能力弹性指数的关键因子主要包括组织结构合理度以及组织员工自身的学习能力。具体表现为组织对于溢出知识的吸收转换能力强调的是横向组织结构,即组织部门保持适度冗余的前提下,对部门职能进行细分;任何形式的组织都以人为本,即组织员工的学习能力是组织知识创新力的基础,产学研用协同创新联盟核心主体作为创新组织,功能性部门需要由具有一定专业功底及创新精神的人员构成。显然,影响因子越大,$|\alpha|$ 越大,知识溢出风险越稳定。

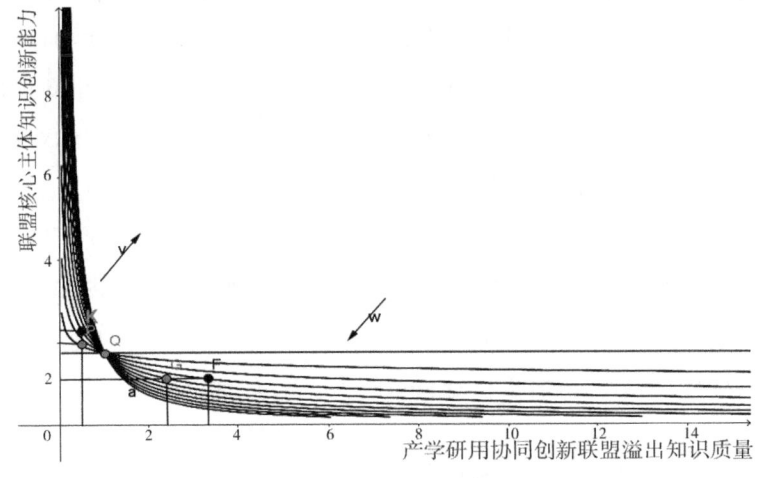

图 6-5 $|\alpha|$ 值变化下曲线 a 路径跟踪图

如图 6-5 所示，Q 点为曲线 a 的旋转中心点，同时也是零弹性点。随着 $|\alpha|$ 的增加，曲线 a 以 Q 为中心呈顺时针方向旋转。在 Q 点的下方作任意平行于 S 轴的直线与不同 $|\alpha|$ 下的曲线 a 相交于 $G(S_G,L_G)$、$F(S_F,L_F)$ 两点，同理在 Q 点的左侧作任意平行于 L 轴的直线与不同 $|\alpha|$ 下的曲线 a 相交于 $P(S_P,L_P)$、$K(S_K,L_K)$ 两点。比较可得 $S_G<S_F$ 且 $L_P<L_K$，表明在相同核心主体知识创新能力的条件下，产学研用协同创新联盟内溢出知识质量随 $|\alpha|$ 的增加而降低；相反，在同等溢出知识水平下核心主体知识创新能力随 $|\alpha|$ 的增加而加强。这是因为联盟核心主体知识创新能力弹性指数 α 的绝对值越大，代表组织结构比例越合理且组织成员学习能力越强。

在同样的溢出知识质量水平下，$|\alpha|$ 越大核心主体知识创新能力越强，此时，产学研用协同创新知识溢出风险在达到期望值条件下，反弹的概率会减小，知识溢出风险也就越稳定；反过来讲，随着组织结构比例的调整与组织成员学习能力的加强，联盟核心主体要达到同样的知识创新能力，对溢出知识质量的要求会相对降低，造成知识溢出风险的可能性也就越小，稳定性也就越高。因此，假设 H3 成立。

（3）γ 的变化与知识溢出风险稳定性。影响产学研用协同创新联盟溢出知识质量弹性指数的关键因子主要包括联盟成员之间的非正式沟通密度、协同创新过程中研发的投入产出比。这是因为产学研用协同创新联盟内溢出知识需要通过一定的渠道，主要有人才流动、研发合作、创业交流及商品贸易四种形式[1]，其中人才流动与研发合作是主要的知识溢出方式。增加产学研用协同创新联盟成员之间正式与非正式沟通的密度是促进内部溢出知识最直接有效的方法，$|\gamma|$ 伴随沟通密度的增加而增加，知识溢出风险也就相对越稳定；任何合作模式下的产学研用协同创新最终的目的是解决某种市场需求，说明产学研用协同创新过程也是一个投入产出的过程，并且阶段性研究成果越多，研发投入产出比越大，联盟内溢出知识也会得到不断的更新。因此，投入产出比越大 $|\gamma|$ 越大，产学研用协同创新知识溢出风险越稳定。协同创新本身具有一定的风险性，创新主体出于自身利益的保护会有意识地溢出某些虚假或无

---

[1] Henderson J. Understanding Knowledge Spillovers[J]. *Regional Science & Urban Economics*,2007,37(4):497-508.

效知识，过度的虚假或无效知识使得|γ|减小，进而使知识溢出风险在达到极小值的水平下仍旧处于一个不稳定的状态。

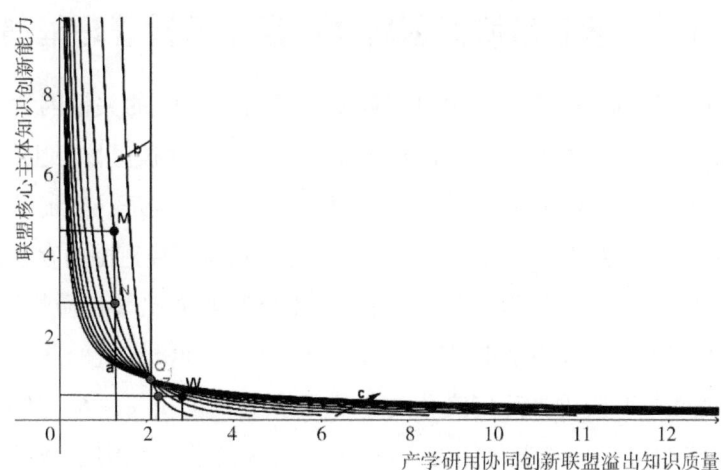

图6-6 |γ|值变化下曲线a路径跟踪图

如图6-6所示，曲线a随弹性指数|γ|的增大而绕Q_1点逆时针旋转。在Q_1点的下方作任意平行于S轴的直线与不同|γ|下的曲线a相交于$Z(S_z,L_z)$、$W(S_w,L_w)$两点，同理在Q_1点的左侧作任意平行于L轴的直线与不同|γ|下的曲线a相交于$M(S_M,L_M)$、$N(S_N,L_N)$两点。比较可得$S_z<S_w$且$L_N<L_M$，表示在相同核心主体知识学习能力条件下，产学研用协同创新联盟内溢出知识质量随|γ|的增大而增大；相反，在同等溢出知识水平下，核心主体知识学习能力随|γ|的增加逐渐减弱。这是因为产学研用协同创新联盟溢出知识弹性指数$γ$的绝对值越大，表示联盟成员非正式沟通密度越大、协同创新的投入产出比越大。

在同样的联盟核心主体知识创新能力条件下，|γ|越大产学研用协同创新联盟溢出知识水平越高，此时，产学研用协同创新知识溢出风险在达到期望值条件下，反弹的概率会减小，知识溢出风险也就越稳定；反过来讲，随着联盟成员非正式沟通的密度和协同创新的投入产出的加大，产学研用协同创新联盟要达到相同的溢出知识水平，对联盟核心主体知识创新能力的要求相对较小，产学研用协同创新联盟在寻求尽可能强的联盟核心主体的知识创新能力前提下，要求越小，联盟所具备的预防能力越强，缓冲幅度越大，知识溢出风险也就越稳定。因此，假设H4成立。

6.3 产学研用协同创新知识溢出风险管理框架

本文通过识别影响产学研用协同创新知识溢出风险的关键因素,并借鉴Cobb-Douglas模型构建联盟知识溢出风险生产函数,对联盟核心主体知识创新能力、联盟溢出知识质量与产学研知识溢出风险进行实证。实证结果表明:(1)产学研用协同创新知识溢出风险的极小值在联盟可控范围内存在,而且与联盟核心主体知识创新能力、产学研用协同创新联盟溢出知识质量之间呈现负相关关系;(2)产学研用协同创新知识溢出风险达到极小值的前提下,风险反弹的可能性与联盟内外环境变化的剧烈程度呈现正相关关系,但与组织结构合理度、组织员工自身学习能力、联盟成员之间的非正式沟通密度、协同创新过程中研发的投入产出比呈现负相关关系。根据以上研究结果,可以设计出如图6-7所示的产学研用协同创新知识溢出风险管理框架。

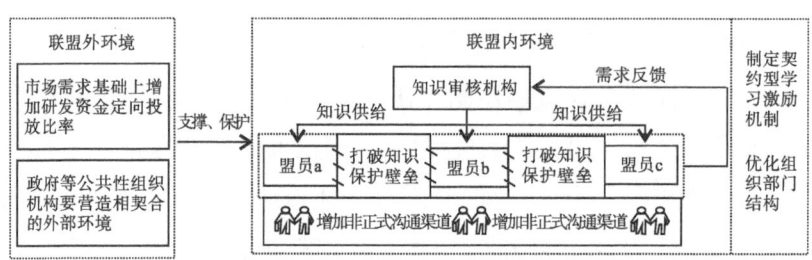

图 6-7 产学研用协同创新知识溢出风险管理框架

产学研用协同创新知识溢出风险管理框架需要注意以下几点。

(1)打造学习型产学研用协同创新联盟,建立溢出知识审核机构。首先,联盟创新主体作为学习型组织,其主要职责就是通过组织文化的磨合,彼此之间在传递信息、技术共享中逐渐营造积极的学习氛围与合作态度。研发过程就是学习过程,营造良好的学习氛围,可以提升联盟创新主体的知识学习能力,进而带动研发效率与质量的提升。其次,联盟知识审核机构的主要任务为:围绕着联盟研发目标,为各创新主体提供有效的信息资源以及消除不必要的交易成本。如上图所示,联盟知识审核机构通过过滤溢出知识,产生知识沉淀,进而分别为盟员a、b、c提供所需知识。共同成立专业化的溢出知识审核机构会减轻各创新主体吸收知识的压力与负担,其所带来的可预期的长期收益会远远大于成本。

(2)创新主体要树立阶段性协作意识,并有意识地拓宽彼此之间的非正式沟通渠道。一方面,在合作过渡时期,盟员a、b、c要逐渐突破彼此之间相关研发知识保密状态,让合作实质化,其目的是更好地适应联盟内环境变化,稳定知识溢出风险。另一方面,多数产学研主体之间的正式交流大同小异,而非正式交流的种类不一,尤其在我国这样一个充满非正式制度的国家,往往是依靠非正式沟通建立起联盟主体之间的信任。这就要求在产学研用协同创新过程中增加可控的非正式沟通渠道,增加平级之间的"餐桌式"交流与上下级之间的"散步式"交流,减少联盟内部"背对背"现象的存在。

(3)制定契约型学习激励机制,优化组织部门结构。组织文化与激励机制相结合,可以培养具有一定契约精神的员工。制定与组织文化相结合的契约型学习激励机制,既要有适合组织整体的硬性章程,又要注意因人而异、因部门而异的灵活性机制,如个人职业发展制度、薪酬与学习绩效挂钩制度、岗位淘汰制度等,为建立学习加激励的组织状态提供组织制度保障。与组织制度保障相对应的是组织部门结构的合理化,盟员依据在联盟内部所扮演的职能角色,突出核心职能,弱化角色外职能。例如,组织外联职能的细化、研发职能的细化等需要外联部门、研发部门进行部门内部职能细致性划分,使组织对外接口与自身所需知识、联盟所需知识更加吻合。

(4)提高研发资金定向投放比率,政府等公共性组织机构要营造相契合的外部环境。从图6-7中可以看出,市场需求以及政府等公共性服务组织为产学研用协同创新提供了大环境支撑。联盟在研发资金不变的情况下,根据研发产品所面向的市场,选择合适的时机增加资金的定向投放,这会明显增加产学研用协同创新的研发效率与收益,提高投入产出比。反过来讲,研发资金的定向投放会提升联盟内部资源储备率,使产学研用协同创新联盟面对知识溢出风险时更加有信心。另外,联盟内环境的稳定需要外环境的支持,除必要的产学研用协同创新利好性政府政策外,技术协会、专利保护协会等公共性组织结构同时也要坚持"因地制宜"的知识保障条例,给产学研用协同创新联盟吃定心丸。

第 7 章
产学研用协同创新的绩效评估机制

既有的产学研用协同创新绩效评估研究主要从因子分析、研发产出两个角度进行分析。因子分析视角下,Blindenbach[1]认为影响联盟创新绩效的原因主要有人为因素、环境因素两类,并从州政策、区域创新文化等 21 个指标对美国通航产业园研发绩效进行了评价;肖泉[2]从认知角度出发,对企业、高校及其他组织进行调查研究,并依据受访者经验,归结协同创新绩效的影响根源在于员工愿景与联盟文化的契合度;还有学者采用扎根理论的方法,通过多案例研究对影响指标进行定性与定量相结合的探索[3]。从研发产出视角出发,蒋石梅等[4]将创新绩效分为过程绩效与产出绩效两部分,并强调产学研用协同创新绩效评估侧重于过程绩效的研究,这是因为过程绩效包含的社会效益成分较大,产生的宏观收益更多;在此基础上,姜江等[5]将产、学、研在协同创新过程中的绩效进行区分测度,结果显示,不同产学研用协同创新联盟中的成员贡献度有所差异,一致的是联盟盟主贡献比重相对其他盟员较多。

---

[1] Blindenbach D F, Dalen JV, Ende J V D. Subjective Performance Assessment of Innovation Projects [J]. *Journal of Product Innovation Management*, 2010, 27(4): 572-592.

[2] 肖泉. 技术创新风险识别的决策支持研究——基于认知视角的分析 [J]. 情报杂志, 2017, 36(6): 86-92.

[3] Wang B, Zhao L, Management S O. Analysis on Influencing Factors of Industry-university-research Cooperative Innovation Performance Based on Grounded Theory [J]. *Science & Technology Management Research*, 2017.

[4] 蒋石梅, 张爱国, 孟宪礼, 等. 产业集群产学研用协同创新机制——基于保定市新能源及输变电产业集群的案例研究 [J]. 科学学研究, 2012, 30(2): 207-212.

[5] 姜江, 胡振华. 区域产业集群创新系统发展路径与机制研究 [J]. 经济地理, 2013, 33(8): 86-90.

综合上述成果易见,产学研用协同创新绩效评估研究存在两个方面的局限:一是关于评估指标定性化研究较为普遍,众多指标范畴始终处于静态挖掘过程,对现有绩效因素成果的定量化研究较少;二是产学研用协同创新绩效指标聚类分析多以协同过程、产出为主,基于有机系统视角下的分析鲜有涉足。鉴于此,本书在产学研用协同创新生命周期理论的基础上,从第四阶段调整期入手构建联盟协同创新绩效评估体系,并通过多层次 AHP 分析法来对产学研用协同创新的绩效进行综合评估。

7.1 概念界定

7.1.1 产学研用协同创新调整期

生命周期概念最早由 Erikson 在阐述个体成长阶段中提到,而组织生命周期理论可追溯到 Greiner[①] 提出的组织发展五阶段模型,其认为组织发展与个人发展具有相通之处,需经历创造阶段、聚合阶段、规范化阶段、成熟阶段与衰退再发展阶段。产学研用本身是组织的集合体,依据组织生命周期理论,联盟协作创新历程可被划分为酝酿期、组建期、运行期和调整期四个阶段。

生命周期前三个阶段是产学研用联盟协作创新成果累积的过程,调整期主要针对运行期后取得的研发成果、协作合同纰漏、利益再分配等问题"对症下药"。因此,调整期是产学研用协同创新总结、再发展的阶段,联盟整体协作绩效评估可从该阶段入手。

7.1.2 协同创新绩效

协同创新绩效是一个相对模糊的概念,目前还未出现较为一致的理论界定。Kaplan 等[②]认为绩效是业绩与效率的集合概念,分为企业绩效与员工绩

---

① Greiner L. Evolution and Revolution as Organizations Grow[J]. Harvard Business Review,1972,50(4):37-46.

② Kaplan R S, Norton D P. The balanced scorecard-measures that drive performance[J]. Harvard Business Review,1992,70(1):71-79.

效,企业绩效是指企业对于社会经济的贡献,而员工绩效则是员工对于组织的贡献。在此基础上,Freeman[①]将绩效概念引入创新评价体系,认为以单一产值指标难以全面描述创新绩效,还应包含技术提升、经验积累等多指标。鉴于已有论据推测,协同创新绩效是指多组织间通过知识共享、技术协作、风险共担,实现产品创新、人才培养、生产创新等过程与产出的综合,与创新绩效相比,协同绩效更加强调协作过程绩效。产学研用协同创新调整期下绩效评估可从产学研用协同度、产学研用知识优势、创新主体贡献度三个方面进行。

协同是指企业、高校、研究院所之间通过契约或非契约的方式达成风险共担、成功共享的状态,相比于简单合作,协同更加强调组织之间一体化发展,某种程度上协同是更高层次的组织合作形态。盟员经过前期阶段的磨合,彼此之间了解程度加深,组织交流、技术交接、培训管理等业务流程更加娴熟,此时,产学研之间协同度加深;反之,盟员之间经过磨合,出现组织文化冲突、利益分配不均等矛盾时,产学研用之间的协同逐渐流于形式,甚至致使联盟协作破裂。

产学研用知识按编码程度可分为隐性知识与显性知识两类,其中显性知识主要包括以文件、资料、数据、产品等可传递形式存在的知识,而隐性知识是指无法通过语言、文字、肢体描述等直接表达但又确实存在的生产技术、管理经验等。联盟知识优势是指产学研用协同创新联盟相较于同行业联盟或组织所具有的独特研发技术、管理经验等,是一个比较概念。

创新主体贡献度是指各盟员在联盟协同创新过程中的付出程度,最直接的表现在于组织资金、技术、人才等资源的投入。联盟协作分工不同,组织资源贡献度有所差异,创新主体贡献度对于产学研用联盟来讲是其后期成果分配的重要指标之一。

---

① Freeman C. Innovative collaborative practices and payment for performance [C]//International Pharmaceutical Federation World Centennial Congress of Pharmacy and Pharmaceutical Sciences,2012.

7.2 评估方法及指标体系构建

7.2.1 评估方法选择

产学研用协同创新绩效评估存在难以量化的成分,从定性分析入手评估的直观性较弱,且规制评估机制容易出现偏差或误解。据此,可依据模糊数学中隶属度理论对创新绩效量化难、评价不确切的问题进行破题,令定性评估转化为定量评估。

模糊综合评价过程可分为四个步骤:第一,确定研究对象所受评具体内容,本书的研究对象是产学研用协同创新,受评内容为绩效,其同时为综合评价体系中的Ⅰ级指标;第二,最为关键环节是描绘与受评内容联系紧密的多级指标因素,指标设置是否合理将决定评估有效程度;第三,设置评语集,依据指标体系各层次因素繁杂度进行构建,一般有4、5、9评价法;第四,因素权系数计算与一致性检验,指标因素数据来源有:相关领域专家评议和年鉴记录这两条途径,为避免最终结果出现超模糊现象,采取专家评议与年鉴记录混合式采集方法。

7.2.2 指标体系构建

本书中绩效评估指标的选择以刘志华[1]、Yam[2]、陈劲[3]等学者的研究为基础,结合产学研用协同创新调整期的三个二级指标,剔除设置重复以及与国内情况不符的因素,构建协同创新绩效三级评价指标体系,见表7-1。

---

[1] 刘志华,李林,姜郁文.我国区域科技协同创新绩效评价模型及实证研究[J].管理学报,2014,11(6):861-868.

[2] Yam R C M, Guan J C, Pun K F, et al. An audit of technological innovation capabilities in chinese firms: some empirical findings in Beijing, China[J]. Research Policy, 2004, 33(8):1123-1140.

[3] 陈劲,陈钰芬.企业技术创新绩效评价指标体系研究[J].科学学与科学技术管理,2006,27(3):86-91.

表 7-1 联盟生命周期下的协同创新绩效评估体系

一级指标	二级指标	三级指标	标识
创新绩效评估	产学研用协同度 B_1	研究报告流通速率	B_{11}
		组织之间沟通频率	B_{12}
		部门之间沟通频率	B_{13}
		组织间分工合理度	B_{14}
		信息服务平台建设	B_{15}
		融资服务平台建设	B_{16}
		跨区域协同程度	B_{17}
		资源整合分配程度	B_{18}
	产学研用协同度 B_1	协同制度完善	B_{19}
		多元融合体系完善度	B_{110}
		组织开放程度	B_{111}
创新绩效评估	产学研用知识优势 B_2	研发专利申请数	B_{21}
		学术文章成果	B_{22}
		实践报告成果	B_{23}
		创新产品数量	B_{24}
		申报课题结项数	B_{25}
		创新产品营收	B_{26}
		生产成本降低率	B_{27}
		联盟软科学成果	B_{28}
		研发成果社会效益	B_{29}
	创新主体贡献度 B_3	盟员角色重要程度	B_{31}
		技术投入	B_{32}
		人才投入	B_{33}
		资金投入	B_{34}
		组织研发人员全时当量	B_{35}
		组织承接任务难度	B_{36}
		组织任务完成水平	B_{37}

如表 7-1 中所示,绩效评估体系共含三大二级指标与 27 个三级指标因

素,其中研究报告流通速率、组织之间沟通频率、部门之间沟通频率、信息服务平台建设、融资服务平台建设、协同制度完善以及研发成果社会效益以专家访谈的方式获取数据,剩余指标因素数据截取于联盟年鉴记录。

据所构建指标体系,选择和积法求取各级指标因素最大特征根,具体计算过程如下①:

①将矩阵按列归一化(即使列和为1): $b_{ij} = a_{ij}/\sum_i a_{ij}$;

②按行求和: $v_i = \sum_j^i b_{ij}$;

③归一化: $\omega_i^0 = v_i/\sum_i v_i$, $i=1,2,3,\cdots,n$。

另,通过一致性比例 CR 检验数据赋值是否合理,其中一致性指标 $CI = (\lambda_{max} - n)/(n-1)$, $\lambda_{max} = (1/n)*\sum_i (A\omega)_i/\omega_i$。若一致性检验结果较大,需反复调整样本数据,直至各层次要素之间协调性达到协调一致。

7.3 案例及结果分析

本书选取某能源开发技术联盟 A 为例,对其生命周期内协作创新绩效进行评估。2016 年《中国制造 2025——能源装备实施方案》发布,A 联盟调整自身发展战略,对现存煤燃机组进行大刀阔斧的改造升级,并逐渐致力于风力、太阳能、燃气轮机等环保能源技术开发应用。经过近几年的发展,A 联盟清洁能源年产量已达到总产量的 70%左右,在合作调整阶段实现再发展。

7.3.1 构建评语集

保留前述三级评价指标体系,根据指标规模选取五级左开右闭区间评价法,其中(0,0.2]区间值表示创新绩效极差,(0.2,0.4]表示差,(0.4,0.6]表示中,(0.6,0.8]表示良好,(0.8,1]区间值表示创新绩效优秀,即评语集 V = {优、良、中、差、极差}五个等级。

---

① 周德群. 系统工程概论:第 2 版[M]. 北京:科学出版社,2010.

7.3.2 层级指标权重

各层次的因素权重集的确定采用德尔菲法(Delphi)和层次分析法(AHP)相结合的方法。通过对专家的咨询,以上一级的某一要素作为比较准则,对本级要素相互之间进行比较,构建判断矩阵,其中同一层级因素之间相对重要程度根据表 7-2 来确定,判断结果见表 7-3、表 7-4、表 7-5。

表 7-2 相对重要性标度

标度	1	3	5	7	9
因素 i/j	同样重要	稍微重要	明显重要	非常重要	极端重要

备注:①2,4,6,8 相对重要性处于上述情况之间;②$a_{ij}=1/a_{ij}$;③$a_{ij}=1/a_{ij}$

表 7-3 产学研用协同度绩效判断矩阵

B_1	B_{11}	B_{12}	B_{13}	B_{14}	B_{15}	B_{16}	B_{17}	B_{18}	B_{19}	B_{110}	B_{111}	ω_1
B_{11}	1	2	4	1/5	1/3	1/4	1/6	1/7	1/2	1/3	1/2	0.013
B_{12}	1/2	1	3	1/6	1/3	1/5	1/7	1/8	1/2	1/4	1/3	0.009
B_{13}	1/4	1/3	1	1/8	1/4	1/5	1/9	1/9	1/3	1/6	1/4	0.005
B_{14}	5	6	8	1	3	2	1/4	1/3	3	2	3	0.173
B_{15}	3	3	4	1/3	1	1/3	1/5	1/4	2	3/2	2	0.105
B_{16}	4	5	5	1/2	3	1	1/4	1/4	5/2	2	3	0.148
B_{17}	6	7	9	4	5	4	1	1/2	6	5	4	0.210
B_{18}	7	8	9	3	4	4	2	1	7	6	4	0.224
B_{19}	2	2	3	1/3	1/2	2/5	1/6	1/7	1	3/2	2	0.088
B_{110}	3	4	6	1/2	2/3	1/2	1/5	1/6	2/3	1	1/3	0.016
B_{111}	2	3	4	1/3	1/2	1/3	1/4	1/4	1/2	3	1	0.009

表 7-4 产学研用知识优势绩效判断矩阵

B_{12}	B_{21}	B_{22}	B_{23}	B_{24}	B_{25}	B_{26}	B_{27}	B_{28}	B_{29}	ω_2
B_{21}	1	3	6	5	7	1/5	2	4	1/4	0.139
B_{22}	1/3	1	4	3	6	1/6	1/2	2	1/6	0.114
B_{23}	1/6	1/4	1	1/2	2	1/7	1/5	1/3	1/8	0.023
B_{24}	1/5	1/3	2	1	3	1/6	1/4	1/2	1/8	0.078

续表

B_{25}	1/7	1/6	1/2	1/3	1	1/8	1/6	1/4	1/9	0.006
B_{26}	5	6	7	6	8	1	3	6	1/3	0.205
B_{27}	1/2	2	5	4	6	1/3	1	3	1/5	0.133
B_{28}	1/4	1/2	3	2	4	1/6	1/3	1	1/7	0.090
B_{29}	5	4	8	8	9	3	4	7	1	0.212

表 7-5　创新主体贡献度绩效判断矩阵

B_3	B_{31}	B_{32}	B_{33}	B_{34}	B_{35}	B_{36}	B_{37}	ω_3
B_{31}	1	1/3	1/2	3	5	6	7	0.178
B_{32}	3	1	2	4	5	7	9	0.250
B_{33}	2	1/2	1	3	5	6	8	0.214
B_{34}	1/3	1/4	1/3	1	2	4	5	0.142
B_{35}	1/5	1/5	1/5	1/2	1	3	4	0.107
B_{36}	1/6	1/7	1/6	1/4	1/3	1	3	0.071
B_{37}	1/7	1/9	1/8	1/5	1/4	1/3	1	0.035

11 阶、9 阶与 7 阶平均随机一致性指标 RI 分别为 1.52、1.45、1.37。依据 $CR=CI/RI$, 可求表 7-3、7-4 一致性检验值为 0.004、0.007、0.006, 均小于 0.1, 检验通过, 样本数据赋值合理。

7.3.3　模糊综合评价

将案例发展概况及数据报告以书面形式呈现给调研对象, 接受访谈者依据自身经验或相关专业知识对各项指标做出评判。访谈群体包含产学研研究教授 3 人、企业中层管理者 3 人, 以及相关专业研究生 10 人。调研耗时共计 1 周, 评语集依旧选取 5 级指标法, 访谈结果见表 7-6。

表 7-6　一级评价矩阵

	优	良	中	差	极差
B_{11}	0.250	0.375	0.187	0.125	0.062
B_{12}	0.250	0.312	0.250	0.125	0.062

续表

	优	良	中	差	极差
B_{13}	0.312	0.312	0.250	0.062	0.062
B_{14}	0.187	0.187	0.375	0.125	0.125
B_{15}	0.187	0.250	0.375	0.187	0.062
B_{16}	0.375	0.187	0.187	0.187	0.062
B_{17}	0.125	0.125	0.437	0.187	0.125
B_{18}	0.250	0.187	0.250	0.187	0.125
B_{19}	0.125	0.375	0.375	0.125	0
B_{110}	0.125	0.437	0.025	0.125	0.062
B_{111}	0.125	0.375	0.312	0.187	0
B_{21}	0.312	0.250	0.312	0.125	0
B_{22}	0.312	0.250	0.250	0.187	0.062
B_{23}	0.187	0.187	0.500	0.125	0.062
B_{24}	0.125	0.437	0.250	0.125	0.062
B_{25}	0.125	0.312	0.437	0.125	0
B_{26}	0.312	0.312	0.250	0.125	0
B_{27}	0.250	0.375	0.187	0.187	0
B_{28}	0.187	0.250	0.375	0.125	0.062
B_{29}	0.250	0.437	0.250	0.062	0
B_{31}	0.250	0.312	0.250	0.125	0.062
B_{32}	0.125	0.375	0.312	0.187	0
B_{33}	0.125	0.125	0.437	0.187	0.125
B_{34}	0.312	0.250	0.250	0.187	0.062
B_{35}	0.250	0.187	0.250	0.187	0.125
B_{36}	0.125	0.437	0.250	0.125	0.062
B_{37}	0.375	0.187	0.187	0.187	0.062

应用加权平均模型计算一级模糊综合评价个指标的模糊分布值，$B_i = \omega_i * R_i$，其中B_i表示级模糊综合评价指标值，R_i为级评价矩阵，ω_i代表权系数。以上述"协同度绩效评估"为例进行说明，将ω_1与R_1代入得

$B_1 = \omega_i * R_i = (0.186, 0.327, 0.358, 0.110, 0.021)$，归一化得$(0.183, 0.327, 0.359, 0.110, 0.021)$，它就表示"协同度绩效评估"指标对评语集中各项的隶属度。同理可得产出绩效二级指标的一级模糊综合评价隶属度情况：$B_2 = (0.255, 0.314, 0.291, 0.128, 0.012)$，$B_3 = (0.235, 0.334, 0.306, 0.117, 0.008)$。

在求得一级模糊综合评价中各个二级指标对评语集的隶属度后，依据二级指标的隶属度构建二级评价矩阵，$R = \begin{pmatrix} B_1 \\ B_2 \\ B_3 \end{pmatrix}$，计算可得二级因素权系数$\omega = (0.351, 0.428, 0.251)$，$B = (0.206, 0.323, 0.311, 0.143, 0.017)$。

7.3.4 结果分析

模糊综合评价结果显示联盟A整体协作创新绩效为"良"，其中知识优势绩效评估为"良"，创新主体贡献度绩效评估为"良"，而产学研用协同度绩效评估为"中"。究其原因，联盟A生产技术改进多依赖国外引进，通过自身研发实现突破较少，相对被动式的技术发展历程使得联盟A生产技术改进绩效并不明显；联盟生命周期过渡到调整阶段因协作需要对员工岗位进行调整，过程中部分技术、管理人员因待遇、心理等原因流出联盟A，造成联盟人才培养绩效有所下滑。但联盟在组建期、运行期阶段在清洁能源技术、创新营收、社会效益等方面取得了界内广泛认可，因此联盟A整体绩效评估依旧良好。

7.4 结语

产学研用作为组织之间的合作形式，其绩效评价不同于一般的组织绩效评价，必然具有自身的特点，在进行综合评价时需要把握以下几点：

(1)产学研用协同创新绩效评价指标的设定不仅要着眼于产出这个主要变量，更要考虑协作过程中的良性变化，如员工、组织的生产技术提升绩效；不仅要评价单个盟员的创新绩效，更要衡量该盟员的绩效对其他成员和整个联盟的影响，所以，产学研用成员之间的沟通效率也是评价对象。

（2）产学研用协同创新绩效评估是一个整体系统，评估板块的缺失会使整体评估效果失准，而且绩效评估是一个历时过程，应尽可能采用实时分析与评价的方法，这样才能避免因实时运营信息与事后分析的矛盾带来的偏差。

（3）协同创新绩效评价的最大难题是指标因素难以量化的问题。例如，溢出知识来源于长期经验的沉淀和积累，其绩效评估不能简单地用数据、公式或文本来表达，评价过程一般采取量化的方法，需要参照联盟协作历程且借助第三方评价意见做出定量判断。

第8章
实证分析:知识溢出对产学研用协同创新的激励作用

知识是一种重要的战略资源。① 在竞争环境下,知识的非排他性令企业可能挪用其他企业的知识来发展自己,该途径下知识创新成本要远远小于企业完全依赖自身知识资源的创新成本。知识的非排他性也促进知识在企业之间交互流通。

知识溢出往往以数据或信息的形式存在于某一过程、事件、活动中,作为流动或溢出的结果,知识从一个主体转移至另一主体,被应用、存储、再创新。② 这些知识流发生在企业之间、企业与其他类型组织之间、个人之间,或是人力资本获取产生的知识转移过程。所有的这些知识溢出机制,包括人力资本获取等已被认知的形式,其主要介导模式为面对面的沟通交流。③

知识流动及知识转移等知识溢出形式成为较为活跃的研究领域,吸引了众多的研究目光。知识溢出是因为知识不能完全由开发它的企业或个人所占用,知识会作用于其他企业的发展过程。④ 其产生两方面影响:一方面,企业的创新成果被其他企业利用,即知识溢出对行业整体创新而言拥有积极的一面;另一方面,知识溢出有利于合作研发,企业通过捕捉、扩散知识寻求内外

---

① Holsapple C W, Joshi K D. Organizational Knowledge Resource[J]. *Decision Support Systems*, 2001, 31(1):39-54.

② Blomström M, Kokko A. Multinational Corporations and Spillovers[J]. *Journal of Economic Surveys*, 1998,12(3):247-277.

③ 武开,徐荣贞.基于知识溢出的产业集群创新与内生风险分析[J].图书馆学研究,2012(15):7-10.

④ 宁军明.知识溢出的机理分析[J].科技与经济,2008,21(3):22-24.

合作。

另外,大量实证文献已证明知识具有空间有界性,企业区位是其获取知识的重要影响因素之一。[①] 在城市群落中,合作伙伴之间面对面交流,鼓励构建信息交互网络,此时企业容易受益于知识溢出效益。这也是知识、创新、合作存在空间相互依存的特性的原因。

产业园是由研发机构、企业、公共组织构成的集合体,并以开展、完成并改进创新为主要活动的局部地理空间。它为园区中商业及组织机构发展提供了一个适宜的栖息环境。组织彼此间提供各种样式的研发设备与其他条件,减少不必要的研发成本。其目标是为提升寄居组织的竞争力、创新活力以及内部合作关系,并激发知识与技术在高校、研究机构、企业之间的流动。当然,完成这些目标的重要途径是构建不同类型组织之间沟通、合作的网络。

之前的文献分析了溢出效应在组织创新或合作中的作用。然而,这些溢出效应对于创新与合作的重要性并没有得到检验,并且也很少有实证研究在特殊空间内对组织之间到底是怎么合作的,知识溢出与创新、合作之间存在怎样的关联等问题展开探讨。值得关注的是有学者从产业园角度出发,探究影响企业创新与构建组织网络的内在机理。这些研究认为产业园可以作为企业创新的基础设施,培育内部组织网络,促进当地研发溢出。此次研究目标是分析知识溢出效应对于创新与合作的影响,并检验这些影响分别对于园区内外企业的重要程度。

本书在回顾知识溢出在组织创新、组织间合作所发挥作用的基础上,不仅分析彼此之间的内在关联,而且将其放入产业园中,探究特定空间特性是否意味着这些相互作用对于园区内企业的效果要大于园区外。此外,在分析内在关系时,所有的溢出源都要被考虑,包括已被认知的竞争者、消费者、供应商、研究机构、商业创新、公共环境等。在此基础上,对产业园知识溢出对企业创新与组织间合作的激励作用做出实证检验。

另外,为展现知识溢出作用于企业创新的细节,本书将企业创新划分为产品创新、过程创新、组织创新、商业创新,需要明确的是,分别通过产业园内、外企业检验知识溢出的激励效应。

---

① 刘鸿燕,卢文刚.产业知识溢出效应影响因素的经济分析[J].科技管理研究,2012,32(17):170-174.

8.1 理论背景

8.1.1 知识溢出对创新、合作的影响

溢出知识包括显性知识与隐性知识两类,存在于企业内部,并通过市场交易或组织间交流实现转移。知识溢出产生于企业利用其他组织技术、想法的过程,但根据知识类型的不同,其实现方式会有很大的差异。

一方面,许多文献往往将两种明显的知识溢出机制混淆。第一种被称为租赁溢出,该类型溢出与企业间货物流通有关,如果产品被作为其他企业的生产投入,那企业会取得该产品所蕴含的创新知识;第二种是纯粹的知识溢出,是指经济体的研究成果间接提高其他经济体的技术与研发水平,但后者不需要支付任何成本费用。纯粹的知识溢出经常被看作是提高企业研发创新能力的重要途径。

另一方面,根据知识接收方与溢出方是否属于相同领域,知识溢出可被区分为产业内溢出与产业间溢出。产业内溢出,也就是水平知识溢出,发生在当知识接收方与溢出方属于同一行业领域内时;不同行业领域内的知识溢出则为产业间溢出,也称为垂直知识溢出。

研发溢出发生在四个不同层次:企业间、产业间、国家或地区之间、国际市场。[1] 此次的研究对象包括不同类型的企业,水平溢出与垂直溢出同时存在,但都是在企业层面进行。研发溢出的内在逻辑是企业技术与科技知识被其他企业利用,这是因为知识很容易通过出版、工程改造、科技交换、合作等方式溢出,企业可以在不支付任何成本的前提下获取外部知识。

回顾之前的研发溢出成果,许多学者对知识溢出效应展开调研,例如其在经济增长、产业集聚、研发成本、研发合作倾向等方面的影响。[2] 此次研究首先关注溢出效应在创新与合作方面的作用,并进一步探究溢出效应对企业产

---

[1] Mesquita L F, Anand J, Brush T H. Comparing the resource-based and relational views: Knowledge transfer and spillover in vertical alliances[J]. *Strategic Management Journal*, 2010, 29(9):913-941.

[2] 赵景峰,黄志启.知识溢出效应研究新进展[J].经济学动态,2011(1):116-121.

生的影响效果是否因园区内外差异而产生差异。

已有文献强调知识溢出在激发企业创新和经济增长方面的重要性。之所以重要是因为知识溢出被看作是企业技术创新的重要源泉。

近几年的研究工作大多建立在 Rome 的成果基础上,主要分析了创新与经济增长之间的关系,认为知识溢出发生在企业之间、企业与其他类型组织之间、个人之间以及人力资本流动产生的知识转移过程中。[1] 成果意义在于,知识溢出能够加速企业之间、企业与其他组织之间的知识流动。而且研究认为主要介导机制是面对面交流,该形式下知识在企业、个人之间发生转移的可能性大大增加,竞争者之间的行为更加透明,企业可以做出更加准确的回应,同时,组织间可建立更高层次的信任与合作水平,增强企业内部人才流动。[2]

知识与创新过程紧密相连。肖冬平[3]强调组织机构在社会经济环境中的嵌入性,并认为新知识是由相关外部企业的技术、信息构成的。创新高度依赖不同类型参与者之间的互动交流,这带动学者对于组织关系与组织交流相关领域的探讨。

鉴于以上研究成果,提出假设 H1:知识溢出对创新具有正向激励作用。

组织间合作关系的出现往往是信息知识溢出作用的结果,尽管该种关系后续发展成为形式更为复杂的协作安排。在所有可能的企业间关系类型中,组织研发合作需要形式最为紧密的面对面交流来维系组织间关系,这是因为企业之间相互承诺所需要的信任往往是任何组织机构间关系的最高级别。

一些研究人员将目光转移到知识溢出对于研发合作决策的影响上,并且强调知识溢出在组织研发合作中的重要性。原因有两点:一方面,知识溢出反映了公共组织知识的重要性,Griliches[4]认为知识溢出与研发合作决策之间存在重要关系,当企业认为可获得的外部知识资源是其重要的创新投入时,企业更有可能投入到研发合作中;另一方面,由于合作伙伴技术能力提高,企业更容易利用溢出知识,这增加了合作的预期收益,从而使合作更容易达成。[5] 此

---

[1] 肖仁桥,宋莹,丁娟.知识溢出研究述评[J].长春大学学报,2017,27(9):1-7.
[2] 岳海燕.产业关联视角的知识溢出机制研究[J].知识经济,2014(15):24-24.
[3] 肖冬平,顾新.知识的嵌入性原理与知识网络的形成[J].情报科学,2009,27(9):1311-1317.
[4] Griliches Z. The Search for R&D Spillovers[J]. *Nber Chapters*,1991,94(94):29-47.
[5] 罗炜,唐元虎.企业能力差异与合作创新动机[J].预测,2001,20(3):20-23.

外,溢出收益越高,研发合作范围越大,合作过程中的边际收益也就越高。

因此,溢出不仅仅是组织间合作关系的产物,反过来讲,如果发生知识溢出,组织间合作将会更有效,溢出效应对合作企业更加有利。基于上述论点,推测假设 H2:知识溢出对组织间研发协作有正向激励作用。

8.1.2 知识溢出对产业园内创新与合作的影响

在有关创新的研究文献中,对产业园定义存在不同的说法。根据国际科学协会的定义,产业园是由专业人士管理的组织,其通过提升园区创新文化及合作企业与知识机构的竞争力增加自身财富。为实现园区的组织目标,产业园将促进和管理高校、研发机构、企业以及市场等之间的知识流动,通过孵化和复制过程来促进创新企业的建立和发展,同时还可以提供高品质的公共空间、设施等增值服务。①

与之相类似,其他学者将产业园定义为扮演孵化器角色的机构,其主要功能为培育新的、小型的高科技企业发展和成长,促进高校的知识向租客企业转让,鼓励发展核心技术衍生产品,刺激创新产品与工艺的发展。② 在该职能特性下,产业园为创新、创造、创业提供了支撑性环境,同时为基础研究转化为创新成果提供了有利的栖息地。

尽管对于产业园的定义有所差异,但多数文献均强调三个方面的重要性:第一,产业园要临近以研发创新为关键业务的研究机构;第二,核心业务在于知识与高端技术创新领域;第三,为协助组织开展新业务,启动专业化管理功能。

本书将产业园作为一个维系高校、研发中心或其他高等院所相互关联的项目,一般而言,其存在于一定地理空间中。产业园鼓励附加值高且位于园区内的知识性企业、服务部门进行组织培训和发展。因此,产业园能够推动园区内部技术转让,提高园区内企业的创新发展。

通过文献可知,产业园的创新优势可以用不同方法进行分析。园区内优

---

① Hobbs K G, Link A N, Scott J T. Science and technology parks:an annotated and analytical literature review[J]. *Journal of Technology Transfer*,2017,42(4):1-20.
② Albahari A, Klofsten M, Rubio-Romero J C. Science and Technology Parks:a study of value creation for park tenants[J]. *Journal of Technology Transfer*,2018(5):1-17.

势包括为相关企业跟知识机构提供促进竞争力和创新文化的栖息地。产业园在高校、研发机构、企业之间刺激和管理知识和技术流动。为此，除办公区域外，园区还提供许多共享资源，如不间断的电力供应、电信服务中心，以及接待、安全、管理办公室，餐厅、银行办公室、会议中心、停车场、内部交通、娱乐、体育设施等。通过提供公共设施来减少寄宿企业的发展成本，可以说产业园为它们提供了最大程度的优势条件。

宏观层面上讲，产业园区提高了经济发展水平，并创造了新的商业机会，增加了成熟企业附加值，培养企业家，孵化新的创新企业，创造知识型岗位，打造吸引新兴知识工作者的"理想城"，并且通过提升高校与企业之间协同度等方式增强了城市或地区的竞争力。地方政府鼓励通过打造品牌产业园吸引全新的高创企业入驻，以此提升财税基础，并为当地市民提供大量的就业机会，其中土地或其他方面税收缩减就是为了吸引高端企业入驻产业园。

即便大多数研究都支持产业园有利于内部组织以及所在地区的发展，但有些研究成果对产业园的积极作用提出疑问。一方面，有学者认为园区内企业与外部企业相比，并未展现出更高的创新水平；另一方面，一些学者认为组织间合作关系的维系与是否在园区内联系不大。

虽然这些成果已经对创新或组织间合作研发与组织是否在园区内的关联进行了分析，但很少有以知识溢出为主导的实证检验。鉴于已有研究结论，知识溢出对于创新与组织间合作非常重要，并且组织间的距离越接近，知识溢出发生的频率越高，易推断，园区内部组织间知识溢出效应要大于园区外组织间知识溢出效应。园区内的知识流动使组织能够参与更多的创新活动并使其倾向于建立合作关系。

在探究这些知识溢出性质的各种方法中，有几篇文章集中讨论了产业园位置的作用。然而，几乎没有实证对其进行检验，对知识溢出发生机制的研究也相对较少。为数不多的成果表明知识溢出是企业之间或企业与其他类型组织之间相互交换知识的机制之一，并且，分别衡量了园区内部与外部信息流对企业创新的重要性。如果不能充分理解知识溢出方与知识接收方之间的内在联系，就很难理解知识溢出的发生机制。

之前有研究认为，企业创新往往不是单独完成的，而是依赖于其他企业、顾客或公共溢出知识，创新具有很强的系统性以及根植于知识溢出的特性。

易推断,知识溢出最有可能发生在企业位于产业园的时候。Basile[1]认为,不同类型组织作为产业园创新网络的一部分,处于同一个创新文化环境中,有利于知识的交互流通。黄玮强等[2]发现,临近创新生产商促进了企业间的信息共享与知识扩散。组织处于动态环境中,大量信息处于被处理、沟通和转移过程中,使其产生技术创新的概率更高,具有更大的发展潜力与竞争力。在此基础上,常玉等[3]验证了当园区内企业间通过正式或非正式沟通网络交换信息时,所产生的创新效果要比园外企业好。

产业园在产生新知识方面扮演了非常重要的角色。然而,要将新知识转化为创新成果,必须进行社会变革,以便产业园内组织之间产生最优的知识交流。官建成等[4]强调其他因素的重要性,例如在园区条件下,组织吸收利用溢出知识的能力对于创新的影响。Díez等[5]认为在园区条件下,地区创新不仅依赖关键企业的研发活动,其他合作组织的创新努力同样不可或缺。所以,虽然园区内部溢出知识对内部所有寄宿企业有利,但本书中假设只有那些参与合作的企业会获得更大的优势。

基于上述论点,提出假设 H3:知识溢出对于产业园内部企业创新的激励作用要大于园外企业。

如前所述,知识溢出对组织间的协作发展具有积极影响。有文献表明园区内企业创新合作频率要大于园区外企业合作频率。当合作伙伴地理临近,允许组织间建立良好的沟通渠道,彼此之间的联系和沟通会更加有效,所获效果也更好。代文彬等[6]以园区企业交流互动为研究对象,发现园区企业通常以网络形式完成组织间重要的互动。该结论延伸出这样一种观点:园区内企

---

[1] Basile A. Networking System and Innovation Outputs: The Role of Science and Technology Parks [J]. *International Journal of Business & Management*, 2011, 6(5): 227.

[2] 黄玮强,庄新田,姚爽. 基于创新合作网络的产业集群知识扩散研究[J]. 管理科学, 2012, 25(2): 13-23.

[3] 常玉,董秋玲. 科技园区技术创新能力影响因素与绩效的关系研究[J]. 软科学, 2006, 20(2): 119-124.

[4] 官建成,史晓敏. 技术创新能力和创新绩效关系研究[J]. 中国机械工程, 2004, 15(11): 1000-1004.

[5] Díez-Vial I, Fernández-Olmos M. Knowledge spillovers in science and technology parks: how can firms benefit most? [J]. *Journal of Technology Transfer*, 2015, 40(1): 70-84.

[6] 代文彬,慕静,张丽,等. 基于动态能力理论的企业交流管理研究[J]. 当代财经, 2017(2): 66-73.

业与其他组织间的合作不仅能促进创新,同时促进组织间协同效应,而且,当效应越大时,企业完成创新的可能性也越大。这一论点也得到了杨皎平等[1]学者的支持,其认为接近度对于建立非正式沟通渠道与人脉关系非常重要,后者可以促进知识溢出并增加达成协作的概率。

据此,提出假设 H4:知识溢出对于园区内组织间研发合作的激励作用要大于园区外组织间合作。

8.2 方法:样本与变量

8.2.1 样本

笔者于 2016 年 1 月至 2017 年 2 月开展了关于创新、组织间合作与知识溢出的企业问卷调查,针对北京、上海、济南、郑州等 13 个地区发放问卷 500 份,回收 403 份,其中有效问卷 319 份,占总问卷数的 63%。问卷内容主要包括企业所属领域、所有权类型、区位、企业年龄、商业模式、创新绩效、企业规模、集团和企业总部所在地等。

最终样本包含 303 家企业,其中一半位于产业园、科技园、产业集群或其他形式的创新联盟中。样本呈现出以下基本特征:行业涵盖了工业、农业、服务业;企业规模方面,共有 187 家小型企业,39 家大型企业,77 家中型企业;业务领域方面,多数企业为私人所有且其中 224 家属于服务行业,30 家为研究中心,仅有 13 家是国有企业,其余企业不做分类。

8.2.2 变量

因变量为企业创新和组织间研发合作。以两种虚拟变量方法表示企业创新,第一种方法是通过构建虚拟变量判断企业是否参与创新;第二种方法是通过四个虚拟变量细化企业创新活动,四个虚拟变量分别指代产品创新、过程创

---

[1] 杨皎平,侯楠,徐雷.知识溢出与集群创新绩效:竞争程度调节效应[J].科研管理,2015,36(6):68-74.

新、组织创新、商业创新。就产品创新而言,新技术可以提高产品或服务效益,或提升产品、服务等级;过程创新则试图在自动化、灵活性、质量及安全性等方面做出改进;组织创新包括在工作场所、组织外部关系实施新的组织方法,而不是秉承之前所应用的;商业创新是指实施新的商业战略理念,包括了产品设计和包装、产品定位、产品营销策略或产品价格调整等重大变化。与 Simon 的研究一致,为方便测度研发协作,将企业参与研发协作值设为1,如果没有则设为0。

自变量以知识溢出为参照。多数相关实证研究处理知识溢出的一个重要问题是不能对其进行准确测度。许多文献或多或少会用粗糙替代变量对企业、地区间地理与技术距离进行度量。知识溢出难衡量性意味着严格意义上的测度是不可能实现的。然而,日益增加的可获取创新调研数据不仅能够使知识溢出研究获取新方法,同时为度量溢出知识提供了较为准确的替代变量。本书中运用连续变量表示不同知识溢出类型,在此基础上,对企业创新的重要性进行测度。参照 Kaiser[①] 的研究方法区分知识溢出类型,包括竞争者溢出、顾客溢出、供应商溢出、研究机构溢出、公共溢出。知识溢出也可划分为水平与垂直方向两种,其中供应商溢出与顾客溢出属于垂直方向溢出,竞争者、研发机构以及公共溢出则属于水平方向溢出。

样本中的企业位置同样用虚拟变量来表示,用 1 表示位于科技园内,用 0 表示不在科技园内。最后,设置控制变量为企业规模以及企业领域,用表 8-1 对上述变量进行归纳。

表 8-1 变量与变量测度

因变量	测度法	自变量	测度法	控制变量	测度法
企业创新	1-企业参与某些类型创新活动;0-没有创新活动	知识溢出	所有类型溢出之和作为企业创新知识源的重要性,0-不重要;2-……20-非常重要	企业规模	1-小型企业;2-中型企业;3-大型企业

---

① Kaiser U. Measuring knowledge spillovers in manufacturing and services: an empirical assessment of alternative approaches[J]. *Research Policy*, 2002, 31(1):125-144.

续表

因变量	测度法	自变量	测度法	控制变量	测度法
组织间研发合作	1-企业参与合作研发;0-不参与合作	竞争者溢出	竞争者作为企业创新知识源的重要性,1-不重要;2-……4-非常重要	企业领域	0-工业及农业;1-服务业
产品创新	1-企业进行产品创新;0-不进行产品创新	顾客溢出	顾客作为企业创新知识源的重要性,1-不重要;2-……4-非常重要		
过程创新	1-企业进行过程创新;0-不进行过程创新	供应商溢出	供应商作为企业创新知识源的重要性,1-不重要;2-……4-非常重要		
组织创新	1-企业进行组织创新;0-不进行组织创新	研究机构溢出	高校、创新中心、研发组织作为企业创新知识源的重要性,1-不重要;2-……4-非常重要		
商业模式创新	1-企业进行商业模式创新;0-不进行商业模式创新	公共溢出	专利、数据库、文献、情报系统作为企业创新知识源的重要性,1-不重要;2-……4-非常重要		

8.2.3 结果与讨论

变量之间的关联度用 Spearman 等级相关系数表示,超过 0.35 表示不同类型的溢出效应之间存在高度的相关性。

在变量设计中因变量为二分类虚拟变量,此时采用二项逻辑回归检验研究假设,可以分析出溢出效应对企业创新与研发合作的影响程度。二项逻辑

回归的表达式为:

$$p(x_1,\cdots,x_k;\beta) = G(\beta_1 x_1 + \cdots + \beta_k x_k)$$

其中,逻辑分布函数为:

$$G(x) = \frac{e^x}{1+e^x}$$

该条件下,等式两边取自然对数可得:

$$\log \frac{p(x_1,\cdots,x_k;\beta)}{1-p(x_1,\cdots,x_k;\beta)} = \beta_0 + \beta_1 x_1 + \cdots + \beta_k x_k$$

将常数量赋值为1,并作为第一个解释变量,表达式为:

$$\frac{P[Y=1/x_1,\cdots,x_k]}{P[Y=0/x_1,\cdots,x_k]} = \frac{p(x_1,\cdots,x_k;\beta)}{1-p(x_1,\cdots,x_k;\beta)}$$

上述反映的优势比表示某一特定事件发生的概率与它不会发生的概率之比。将其代入以下情况:

$$p(x_1,\cdots,x_i;\beta) = \frac{x^{x_i\beta}}{1+e^{x_i\beta}}$$

似然函数为:

$$L(\beta|(x_1,y_1),\cdots,(x_n,y_n)) = \prod_{i=1}^{n}\left[\frac{x^{x_i\beta}}{1+e^{x_i\beta}}\right]^{y_i}\left[\frac{1}{1+e^{x_i\beta}}\right]^{1-y_i}$$

在回归模型下,Wald 统计量标志变量解释力度,值越大变量解释能力越强。

由于变量之间可能存在高度相关性,因此,不同类型的知识溢出模型结构相同,包括控制变量与常量。应用 Stata14.0 运行面板,可得组织创新与组织间研发合作的相关自变量的关联程度,并且所有模型均取得较好的调整指标。

表 8-2 与表 8-3 所示模型结果用来检测假设 H1。表 8-3 展现出知识溢出对于企业创新的影响,结果为知识溢出具有明显的正向激励作用,即企业越接触溢出知识越容易产生创新。同时,Wald 统计量表示变量在模型中具有较强的解释力,尤其顾客溢出、公共溢出解释力度显著。所得结果支持 H1,表明创新具有根植于知识溢出的系统特性,这是因为知识不可能完全由某一企业

或个人应用,其他企业可能用前者创新的知识推动自己的研发活动。

表 8-2　企业创新与知识溢出

	模型 1		模型 2		模型 3		模型 4		模型 5		模型 6	
	B	Wald	B	Wald	B	Wald	B	Wald	B	Wald	B	Wald
知识溢出	0.52***	86.19										
竞争者溢出			0.95***	49.23								
顾客溢出					0.98***	54.90						
供应商溢出							0.96***	51.26				
研究机构溢出									1.01***	41.01		
公共溢出											0.99***	59.92
企业规模	n.s.	n.s.	n.s.	n.s.	n.s.	n.s.	n.s.	n.s.	n.s.	n.s.	n.s.	n.s.
行业领域	−0.87**	6.61	−0.78**	5.66	−0.79**	5.62	−0.73**	4.90	−0.92***	8.11	−0.93***	8.11
常数	−0.74*	3.72	0.90***	7.10	0.45	1.17	0.76*	3.81	0.68*	3.90	0.59	2.21
卡方	113.950***		53.161***		93.449***		62.883***		62.750***		83.633***	
−2 对数似然值	459.071		528.860		479.572		507.138		504.230		489.387	
Cox & Snell R 方	0.234		0.164		0.211		0.176		0.176		0.200	
Nagelkerke R 方	0.359		0.224		0.315		0.247		0.246		0.293	

注: * $p<0.1$; ** $p<0.05$; *** $p<0.01$; n.s. 表示没有影响

表 8-3　不同创新类型与知识溢出

	模型 1 产品创新		模型 2 过程创新		模型 3 组织创新		模型 4 商业模式创新	
	B	Wald	B	Wald	B	Wald	B	Wald
知识溢出	0.33***	98.27	0.30***	84.59	0.24***	47.35	0.24***	42.04
竞争者溢出	0.67***	45.48	0.52***	31.14	0.40***	17.42	0.41***	17.63

续表

	模型 1 产品创新		模型 2 过程创新		模型 3 组织创新		模型 4 商业模式创新	
	B	Wald	B	Wald	B	Wald	B	Wald
顾客溢出	0.88***	103.88	0.60***	54.73	0.45***	29.75	0.52***	34.51
供应商溢出	0.98***	36.25	0.64***	59.43	0.35***	13.18	0.35***	12.18
研究机构溢出	0.63***	37.10	0.78***	54.68	0.64***	36.91	0.47***	18.44
公共溢出	0.82***	74.79	0.71***	65.40	0.61***	48.22	0.62***	45.39

注：$^{*}p<0.1$；$^{**}p<0.05$；$^{***}p<0.01$；输出结果未能展现的部分中，行业变量中服务业表现出对企业创新的副作用，企业规模对因变量作用不明显。

为分析知识溢出作用于企业创新的细节，笔者用四个虚拟变量分别代表产品创新、过程创新、组织创新、商业创新。表 8-3 给出不同类型创新与知识溢出之间的关联，所得结果支持 H1。所有自变量对不同企业创新种类均表现出明显的正向激励作用。同时，产品创新与顾客溢出构成的模型具有较强的解释力，这是因为企业产品创新一般以顾客需求为导向，试图生产完全适应于市场的产品与服务。因此，顾客溢出知识对企业产品创新具有重要影响。对于组织与商业模式创新来讲，公共溢出表现出较强的解释力，企业需要不断获取环境中的信息，引入自身组织与商业模式调整升级过程。最后，结果显示那些重视知识溢出的企业有更强的创新意愿。不断变化的过程需要大量的储备知识，企业寻求外部知识来源，能够使它们不断学习和改进自身的创新过程。

表 8-4 组织间的合作研发与知识溢出

	模型 1		模型 2		模型 3		模型 4		模型 5		模型 6	
	B	Wald	B	Wald	B	Wald	B	Wald	B	Wald	B	Wald
知识溢出	0.33***	107.48										
竞争者溢出			0.62***	48.63								
顾客溢出					0.63***	61.76						
供应商溢出							0.41***	19.56				

续表

	模型 1		模型 2		模型 3		模型 4		模型 5		模型 6	
	B	Wald	B	Wald	B	Wald	B	Wald	B	Wald	B	Wald
研究机构溢出									2.18***	128.55		
公共溢出											0.87***	97.85
企业规模	Sig 0.03	8.08	Sig 0.01	9.59	Sig 0.00	12.04	Sig 0.01	10.60	Sig 0.07	6.23	Sig 0.01	9.71
行业领域	n.s.	n.s.	n.s.	n.s.	n.s.	n.s.	n.s.	n.s.	n.s.	n.s.	n.s.	n.s.
常数	−3.23***	28.50		5.33	−0.89**	6.52	−0.41	0.96	−1.97***	25.80	−2.44***	16.87
卡方	137.717***		62.787***		−0.60**		27.975***		171.833***		122.764***	
−2 对数似然值	95.667		1023.597		77.181***		1055.409		914.551		964.620	
Cox & Snell R 方	0.153		0.066		1009.203		0.138		0.296		0.244	
Nagelkerke R 方	0.118		0.201		0.083		0.040		0.161		0.172	

注：*p<0.1；**p<0.05；***p<0.01

表 8-4 显示结果对应 H2，并且结果支持该假设，即溢出效应对企业间达成研发合作状态具有正向激励作用。合作组织间重视知识溢出效应，这时机构溢出与公共溢出模型具有较强的解释能力。这是因为当企业决定在研发过程中寻求合作时，它需要其他组织机构的相关信息以及环境信息，以便其做出最好的选择，建立成功的合作关系。此外，有学者认为，当知识溢出至少是部分自愿时，创新合作伙伴之间可通过信息共享来提高知识转化效率；Veugelers 等[1]的研究支持研发合作过程中存在显著知识溢出效应，并由此推断溢出效应对组织间达成研发合作具有正向激励作用，这与本书中所得结论一致。其他相关文献也研究了溢出效应与研发合作间的关系，然而，多数研究仅仅在分

---

[1] Veugelers R, Backer K D. Access to external knowledge: an empirical analysis of alliances as spillover channel[J]. *Katholieke Universiteit Leuven*, 1999, 11(7): 1-25.

析整体溢出效应,而不区分具体类型。本书的结果弥补了现有研究结论的不足,表明不同知识溢出类型对于研发合作具有正向的激励作用。

为了更好地理解知识溢出效应对组织间研发合作的影响,企业区位因素也被纳入考虑。当企业期望创新与合作时,其位于产业园内具有更容易获取外部知识的优势。实证检验表明了该优势的存在,即企业与其他组织间空间临近,知识溢出频率会更高。这是因为,多数情况下,组织间面对面沟通交流对于沟通合作、知识溢出是必要的。表8-5、8-6、8-7对H3、H4进行了检验,其中H3结果在表8-4、8-6、8-7中可以得到,H4结果在表8-5中模型3、4中可以看到。

表8-5 企业创新、组织间研发合作、知识溢出与产业园

	企业创新、知识溢出与产业园						组织间合作、知识溢出与产业园					
	知识溢出	竞争者溢出	顾客溢出	供应商溢出	研发机构溢出	公共溢出	知识溢出	竞争者溢出	顾客溢出	供应商溢出	研发机构溢出	公共溢出
模型1(园区内)												
B	0.95***	1.03***	1.15***	1.05***	1.42***	1.43***						
Wald	43.37	20.60	32.80	22.35	25.91	32.72						
Exp(B)	2.42	3.53	3.86	3.59	4.74	4.78						
卡方拟合优度	56.865***	25.988***	43.074***	27.699***	34.855***	46.294***						
-2对数似然值	203.497	234.375	217.288	233.063	226.508	214.069						
Cox & Snell R方	0.233	0.072	0.202	0.075	0.093	0.209						
Nagelkerke R方	0.375	0.228	0.311	0.234	0.271	0.326						
模型2(园区外)												
B	0.39***	0.87***	1.05***	0.97***	1.10***	0.96***						
Wald	41.69	17.99	35.70	24.74	17.73	27.83						
Exp(B)	1.44	2.26	2.68	2.50	2.57	2.47						
卡方拟合优度	59.802***	30.267***	53.893***	39.176***	30.424***	47.410***						
-2对数似然值	261.788	291.323	267.698	282.414	291.167	278.980						

续表

	企业创新、知识溢出与产业园						组织间合作、知识溢出与产业园					
	知识溢出	竞争者溢出	顾客溢出	供应商溢出	研发机构溢出	公共溢出	知识溢出	竞争者溢出	顾客溢出	供应商溢出	研发机构溢出	公共溢出
Cox & Snell R 方	0.239	0.172	0.226	0.193	0.172	0.201						
Nagelkerke R 方	0.355	0.231	0.331	0.270	0.232	0.284						
模型 3(园区内)												
B							0.32***	0.72***	0.64***	0.36***	1.14***	0.83***
Wald							48.35	32.67	30.51	6.94	52.98	38.73
Exp(B)							2.25	2.86	2.72	2.30	3.83	3.08
卡方拟合优度							71.833***	51.118***	47.993***	22.482***	74.392***	57.036***
-2 对数似然值							462.424	483.144	486.269	520.780	459.870	477.226
Cox & Snell R 方							0.185	0.220	0.213	0.063	0.271	0.233
Nagelkerke R 方							0.233	0.172	0.162	0.082	0.330	0.279
模型 4(园区外)												
B							0.34***	0.51***	0.61***	0.47***	1.38***	0.91***
Wald							56.55	15.95	30.24	14.87	71.41	56.66
Exp(B)							2.28	2.50	2.67	2.45	4.63	3.24
卡方拟合优度							69.891***	16.508***	32.410***	15.324***	92.229***	65.895***
-2 对数似然值							483.301	536.684	520.782	528.868	460.963	487.297
Cox & Snell R 方							0.261	0.049	0.087	0.046	0.308	0.163
Nagelkerke R 方							0.315	0.062	0.203	0.058	0.377	0.304

注：*p<0.1；**p<0.05；***p<0.01；输出结果未能展现的部分中，控制变量在不同模型中表现出强度不一的负面作用

表 8-5 所示结果对企业是否位于产业园内进行了区分。其中模型 1 与模型 2 表明溢出效应对位于园区内企业的创新激励效果要大于园区外企业。也就是说，对于所有类型的知识溢出，园区内溢出效应量级要大于园区外，该结果支持了 H3。之前也有研究提到了科技园对于知识溢出的重要性，例如，

Torre 等[1]认为产业园代表某种地理邻近,这有利于企业从溢出知识中获取收益。在某区域环境中,组织间互动有利于思想、信息、活动、技术转移,因此,产业园应拓宽自身溢出渠道,推动企业创新与研发合作。

表 8-6　产品创新、过程创新、知识溢出与产业园

	产品创新、知识溢出与产业园				过程创新、知识溢出与产业园			
	模型1(园区内)		模型2(园区外)		模型3(园区内)		模型4(园区外)	
	B	Wald	B	Wald	B	Wald	B	Wald
知识溢出	0.39***	67.64	0.28***	33.76	0.26***	28.76	0.34***	55.16
竞争者溢出	0.84***	38.37	0.50***	12.00	0.44***	11.66	0.60***	20.82
顾客溢出	0.97***	62.52	0.82***	44.01	0.58***	25.72	0.60***	28.29
供应商溢出	0.67***	24.79	0.51***	13.98	0.48***	13.66	0.80***	40.11
研发机构溢出	0.86***	31.15	0.51***	8.80	0.66***	20.39	0.91***	34.58
公共溢出	1.07***	56.24	0.62***	22.91	0.61***	22.46	0.82***	45.03

注:*p<0.1;**p<0.05;***p<0.01;输出结果未能展现的部分中,园区内控制变量不显著;园区外行业变量中,服务业表现出负效应

表 8-7　组织创新、商业模式创新、知识溢出与产业园

	组织创新、知识溢出与产业园				商业模式创新、知识溢出与产业园			
	模型1(园区内)		模型2(园区外)		模型3(园区内)		模型4(园区外)	
	B	Wald	B	Wald	B	Wald	B	Wald
知识溢出	0.32***	19.87	0.35***	27.85	0.33***	19.65	0.35***	23.69
竞争者溢出	0.51***	9.59	0.45***	7.83	0.42***	6.76	0.60***	14.82
顾客溢出	0.37***	9.87	0.61***	21.54	0.58***	16.74	0.65***	20.15
供应商溢出			0.51***	11.64	0.45***	7.79	0.35***	7.22
研发机构溢出	0.60***	11.15	0.82***	25.07	0.45***	5.58	0.63***	12.89
公共溢出	0.81***	27.24	0.64***	18.91	0.78***	28.46	0.65***	18.83

注:*p<0.1;**p<0.05;***p<0.01;输出结果未能展现的部分中,模型1、2中企业规模表现出显著副作用,模型4中服务业表现出副作用

表 8-6 与表 8-7 展现出不同类型创新与知识溢出之间的关联,并对企业是否在园区内进行了区分。显而易见,企业位于产业园时,溢出效应对企业产品创新激励作用明显,即模型1优势比要高于模型2。与之相反,模型4优势

---

[1] Torre A, Rallet A. Proximity and Localization[J]. *Regional Studies*, 2005, 39(1): 47-59.

比要高于模型3,知识溢出对于园区内企业的过程创新激励作用弱于园区外企业。就组织与商业模式创新而言,园区内企业所受知识溢出的影响要大于园区外企业,但供应商溢出对园区内企业组织创新激励作用并不明显。该结果不能完全支持H3。总体来讲,产业园内知识溢出效应更高,并且更加有利于企业创新。然而,某些知识溢出类型在园区外企业创新过程中,也表现出较强的激励作用。许娟[①]认为并不是所有知识溢出都会推动园区内企业创新,例如,园内企业知识应用困难可能会抵消知识溢出对于创新的激励效应;知识溢出对于创新的激励作用大小与溢出渠道存在某种关联。

研究结果部分支持H4。表8-5中模型3、4表明,竞争对手和顾客溢出效应对园区内组织间的合作存在显著激励作用,而其他知识溢出类型对园区外组织间合作的激励作用更大。园区内企业与高校、研发组织等建立合作网络会更容易获得与自身业务相关的信息,这意味着当它们在园区内建立合作网络时,企业将很少关注信息来源。有研究得出了类似结论:地理邻近在获取溢出知识方面并不是最为简单、直接的方式,知识获取更多取决于知识类型以及溢出发生机制。[②]

最后,模型给出控制变量的输出结果。企业规模对企业创新倾向没有显著激励作用,但会对组织间合作产生不同程度的激励效果,多数情况下,小企业的合作意愿低于大型企业。此外,与其他行业相比,服务领域企业创新意愿较低。

8.3 结论

全球知识经济背景下,产业园通过促进与管理知识溢出、构建基础配套,为企业与其他组织提供了适宜的栖息环境。知识、创新、协作之间在空间上存在相互依赖关系,但溢出效应在产业园环境下对创新与协作的相对重要性从未得到检验。笔者对北京、上海、济南、郑州等13个地区的303家企业进行问

---

① 许娟.知识溢出、创新集群与企业区位选择的互动效应[J].现代商业,2017(14):119-120.
② 张省.地理邻近促进产学研用协同创新吗?——基于多维邻近整合的视角[J].人文地理,2017,32(4):102-107.

卷调查，以所收集到的有效数据为样本，不仅分析知识溢出对于创新与协作的激励作用，同时考虑了产业园对于企业创新活动与研发合作的影响。

结果表明，知识溢出对企业创新与组织间达成研发合作协议具有正向激励作用。同样的检验结果在特定的知识溢出类型中也有所体现，即企业对于竞争对手溢出、供应商溢出、顾客溢出以及公共溢出的重视程度越高，其完成创新与达成合作的可能越大。

同时，结果还表明企业是否位于产业园内影响知识溢出对企业创新的激励作用程度，其中激励作用程度的大小取决于知识溢出类型与创新类型。对于研发合作而言，检验结果相似。当企业位于园区内时，不同知识溢出对组织间研发合作具有不同程度的激励作用，例如，供应商溢出对园区内部研发合作激励作用并不明显。

第9章
案例分析:环同济知识经济圈产学研用协同创新演化之路

2007年6月16日,《杨浦环同济知识经济圈建设合作协议》正式签订,这一协议的签订也标志着由上海市杨浦区政府和同济大学共同参与建设的环同济知识经济圈正式启动。此后,随着2010年1月国家科学技术部对杨浦成为"国家创新型试点城市(区)"之一文件的批准,杨浦区在制度保障下实现了更高起点的腾飞。杨浦国家创新型试点城区共有五大功能区,而作为其中之一的环同济知识经济圈在推进创新型城区建设上发挥了很大作用。

环同济知识经济圈是由同济大学和杨浦区政府共同推动建立的,借助于同济大学的优势学科资源的外溢与杨浦区"三区融合,联动发展"发展理念的指导,一种"政府引导、学科支撑、企业主体、市场运作"的产业发展模型形成了,这也使得杨浦区的经济发展模式由工业型成功转型升级为知识型,而环同济知识经济圈也成为产学研用协同创新建设中的杰出代表。环同济知识经济圈依托同济大学,在市场与政府的共同催化下,经过多年的发展,已经形成产值规模大、特色鲜明、集群效应非常明显的产学研用协同创新集群。

在20世纪80年代,环同济知识经济圈还是赤峰路上的一条建筑设计街,现如今,其以同济大学为核心,向四周扩展并以控江路、中山北路、密云路等为边界,面积达2.64平方千米。其周边的企业有3 200多家,其中2 000多家都为设计类企业,且由同济大学师生创办的企业占80%。这些产业的总面积超过了100万平方米,且员工数量也有3万多人。经过政、产、学、研、用等多年来的共同努力,同济大学建筑设计研究院、上海市政工程设计研究总院等优秀企业相继涌现,最初的赤峰路设计街也成长为了今天国内规模最大、产业链完整、特点鲜明的知识型服务业创新集群。就其整体产业来看,总产值也由2005年的50亿元快速增长到2015年的300亿元,而在2017年,环同济的总产值已达368亿元。

9.1 环同济知识经济圈的发展分析

环同济知识经济圈始于20世纪80年代,之后经历了"同济现代建筑设计街""环同济建筑设计产业带""环同济知识经济圈""环同济知识经济圈升级版"等一系列的演化升级。如今,环同济知识经济圈发展迅速,汇聚了众多企业,而其也发展成为年产值过百亿元的设计产业基地,对国内的设计产业影响广泛。政府、同济大学等的共同努力创造了"环同济"今天的辉煌成就。

9.1.1 环同济知识经济圈的生命周期

产学研用协同创新的生命周期是指联盟从产生开始到成长、成熟、衰退、消亡的过程。借鉴顾新等[1]的分类,笔者把环同济知识经济圈的生命周期分为酝酿期、组建期、运行期、解体期四个阶段。

1. 酝酿期:同济现代建筑设计街

20世纪80年代,环同济最初源于同济大学师生在学校周边创办的小公司,而同济师生的这些创业行为也为环同济之后的发展奠定了基础。[2] 20世纪90年代初,我国兴起了第一轮房地产开发热潮,这使得在工程设计与规划管理行业具有智力优势的专家学者们有了投身商业活动的机会。[3] 这时候,部分老师开始在同济大学周边创立公司,初始阶段公司的成员多为同济大学设计专业的老师和学生。初创公司有的位于学校内部,小部分位于学校周边。这些企业的工作一般为工程设计、规划设计等,因工作人员多为老师和学生,因而整体氛围比较随意,企业之间的交流也相对容易,企业间的合作与竞争关

---

[1] 顾新,李久平,王维成.基于生命周期的知识链管理研究[J].科学学与科学技术管理,2007(3):98-103.
[2] 俞静.高校规划设计院战略管理研究[D].上海:复旦大学,2013.
[3] 李志平.现代服务业集聚区形成和发展的动力机制研究[D].上海:同济大学,2008.

系不明显。

在20世纪90年代后期,我国的房地产、城市化、基础设施等快速增长,巨大的市场为建筑设计、城市规划等行业带来了发展机遇。此外,计算机、互联网等现代信息技术也发展成熟并逐渐运用于设计领域,电脑制图、电脑打印等技术大量出现,使得原本烦琐的人工绘图工作变得简单,从大型设计企业辞职的人员也开始投入到创业热潮中。

创新者的成功及企业的快速成长,形成了良好的示范作用,吸引了越来越多的设计类和其他企业。一方面,工作室被正式的公司所取代,同时出现了技术人员跳槽或自主创业的现象,工程设计与规划管理类企业进一步集聚;另一方面,工程设计与规划管理企业的集聚形成规模效应,市场需求的发展使得相关的电脑效果图、模型制作和电脑打印等下游行业也开始起步。这样的企业越来越多,校园内已经无法容纳,于是有一些企业或小店开到了赤峰路上,成为赤峰路最早的一批与设计相关的企业。在企业向赤峰路靠拢的同时,一些企业入驻到了附近的密云路、国康路、四平路。但是,伴随着快速发展,赤峰路也遇到了成长瓶颈。赤峰路的街道由于无人治理呈现出脏乱差的局面,同时也有大量违规建筑,此外,同济大学的扩招也使得学校周边的土地资源变得紧张。面对这一混乱局面,一些公司开始向外迁移以寻求进一步发展。

同济大学周边设计产业的迅速发展以及周边环境的混乱引起了学校、政府等的注意,他们意识到,要想促进设计产业的进一步发展,就必须对现有状况做出改变,因此,地方政府的引导和策动开始逐渐介入"环同济"的发展。2000年起,上海市政府和杨浦区政府出台了一系列的政策文件、计划规划和实施项目,通过资金扶持、税收补贴、政府采购、土地置换、基础设施建设、人才吸引、知识产权保护等方式优化区域创新环境,支持"环同济"创意产业的发展。① 此外,政府还通过拆除违章建筑、修建道路、更新公共设施等措施改善了同济大学周边的环境。良好的环境营造,为设计企业、图文制作公司和模型公司的入驻打下了坚实的基础,不断吸引和产生新企业进入该区域,促使集聚区规模进一步扩大。在两年的时间里,就有大量图文制作公司以及模型公司

---

① 王思成,徐艳枫.论中国城市创意产业的模式转型——以上海杨浦环同济知识经济圈为例[J].中国名城,2015(2):15-21.

进入赤峰路,而赤峰路整条街的各类资源也实现了快速增长。到2002年前后,在同济大学南门附近初步形成了以设计为主体,包括图文制作、建筑模型、装潢、设计咨询类企业相配套的一条完整的产业链。

赤峰路在2003年2月被正式命名为"同济现代建筑设计街",而其年产值也由2002年的10亿元增长到了2003年的15亿元。在上海市杨浦区政府的多方努力下,赤峰路上的仓库、厂房转变成了商业用房,使赤峰路发展成了特色鲜明的以知识经济为核心的区域经济带。

2. 组建期:环同济现代建筑产业带

随着赤峰路的快速发展,越来越多的设计机构开始进入,而其周边密云路、国康路、四平路等街道也逐渐涌入了大量设计公司。其中最出名的就是上海市设计界"四大金刚"的强势加盟——上海市政设计院、上海邮电设计院、同济建筑设计研究院、同济规划设计院等先后搬迁至同济大学东北部的国康路。伴随"四大金刚"的入驻,环同济设计产业带引起了国际设计界的广泛关注,大量国际知名设计企业开始入驻,这使得环同济的设计产业开始向更大规模、更高层次迈进。

2003年2月上海市杨浦区政府正式宣布环同济产业带计划,这条产业带将围绕赤峰路、密云路、四平路建设,以其特色产业建筑设计业为核心,并扩展发展生物医药、环保、汽车等知识型服务业。这一系列举措都是杨浦区为打造"知识杨浦"做出的重要战略规划,"依托高校、发展杨浦"则为这一规划的重点环节。随后几年,在市场、技术、政府等的共同作用下,环同济设计产业带已形成一定的规模。

随着我国房地产、建筑业等的迅速发展,以最初的"同济现代建筑设计街"为主要载体,依托同济大学源源不断的优秀设计人才,赤峰路实现了飞跃式发展,全国设计产业中心的风采开始显现。在860米的道路上汇聚了多家建筑企业,在现代设计企业的基础上还集中了装潢、建筑模型、图文制作等相关企业,形成了完整的建筑设计产业链。大量设计类及相关企业的集聚在同济大学周边形成了企业集群,这些企业之间彼此共享知识、技术、信息等,逐渐由原先的杂乱状态走向有序化,有序发展的设计服务集群开始形成。

截至2005年末,已有800多家企业集聚到了环同济知识经济圈,形成了较为完善的产业生态体系。集聚区内的核心产业为工程设计和规划设计等,相关产业涉及图文打印、模型制作等,配套产业包括金融服务、餐饮服务、运输服务等。随着区域内各种设施的日渐完善,企业之间信息交流的速度也得到了提升,而市场、人才、成本、品牌等优势的充分发挥也使得环同济形成了一定的规模效应。对于上海市政设计院、上海邮电设计院、同济建筑设计研究院、同济规划设计院等环同济知识经济圈中的龙头企业,他们一方面依靠自身不断的技术创新,保持自己的核心竞争力;另一方面则不断地把非技术关键性的业务通过中介组织或直接转包给集聚区内的中小企业,彼此之间建立紧密的协作关系,形成纵向的分工协作网络。同时,集聚区内的各中小企业也通过既竞争又协同的方式维持着产业集聚区的横向分工协作网络,在一种动态的稳定中促使产业生态不断优化。

3. 运行期:环同济知识经济圈

2005年开始,房地产行业的快速发展引起了国家的重点关注,房地产行业相关的政策陆续出台。且随着经济全球化的发展,国际知名建筑设计企业开始大量涌入,使得建筑设计行业的市场竞争日趋激烈。与此同时,环同济知识经济圈中的相关企业也进入了发展的十字路口,一些最初的小企业虽已发展成为中型企业,但对企业未来如何管理、规划、扩大陷入了迷茫期,公司的决策对企业未来的发展起到关键作用。整个行业势头虽然较好,但是也受到一些政策的打压,整体的市场需求也趋于饱和。面对新的发展境况,环同济知识经济圈中的企业开始探索新的发展之路。总的来看,其在一些方面做出了改变:第一,创立自有品牌。一些企业在发展初期的主要业务是依托同济大学以及周边的大型企业,但是随着企业规模的发展壮大,逐渐在建筑设计界占据了一定地位,此时创建自我品牌对企业的进一步发展就至关重要。第二,发展壮大企业。一些企业开始扩大企业规模,他们认为壮大自身企业能够使其在激烈的行业竞争中找到新的发展机遇。第三,向专业化、精细化方向发展。面对困境,部分企业认为做大企业会花费大量精力,这与他们的初衷不符。他们希望能够在专业上进行研究,希望设计出更专业、精细、杰出的作品,希望在实现自己价值的基础上挣钱。第四,管理走向规范化。术业有专攻,最初的企业大部分人员都是设计人员,但是随着企业的发展,他们在企业管理方面就难免出现有心无力的状况。为了让企业能够长久发展,缓解设计人员的压力,企业开始引进专业的管理人才,希望通过管理人员与设计人员的分工合作来使企的运营和管理更加规范化。

2007年6月,随着杨浦区与同济大学合作协议的签订,有关环同济知识经济圈的建设正式启动。[①] 一个设计产业集群地带已围绕四平路、国康路、密云路和赤峰路正式形成,设计咨询产业发展成了环同济知识经济圈的核心圈层,而设计服务、软件制作也发展成为了次核心圈层,周边的企划研究、信息服务发展成为了包围圈层,公关窗口服务等与环同济联系较弱的行业则发展成为了外围圈层,至此,环同济知识经济圈已初具雏形。对于环同济知识经济圈的发展,政府部门进行了相关的规划,并制定了中、长期发展目标:希望2007—2010年,环同济知识经济圈的产值能实现年均17%的增长,随着经济圈的发展成熟,希望在2011—2015年,总产值实现年均20%的增长。根据规划,希望在2015年,环同济知识经济圈的年产值能突破300亿元。

近几年,环同济知识经济圈建设取得了显著成效,2008年实现总产出102亿元。2008年,为促进环同济知识经济圈的发展,杨浦区政府制定了《环同济研发设计服务产业基地发展规划》,同时就基地建设的必要性和可行性及今后的发展模式、保障措施等进行了充分论证。在2009年4月,同济大学被正式确立为"国家火炬计划环同济研发设计服务特色产业基地",这意味着目前国内唯一以现代服务业为主的特色产业基地在杨浦诞生。2009年5月杨浦区正式发布设计产业三年行动计划,将通过进一步发挥大学引领、创新支撑、政府引导等知识溢出效应和政策扶持效应,充分发挥建筑设计业等相关企业的模范带头作用,不断推动产业基地的知识溢出、人才培养、科技创新、产业集聚等,打造集研发设计服务为一体的国家特色产业基地,努力形成一个特色鲜明、产业关联度大、技术水平高的研发设计服务的创新产业集群。鉴于环同济知识经济圈带来的示范作用,上海市政府在2010年4月授予其"上海市设计创意产业示范集聚区"的荣誉称号。

4. 调整期:环同济知识经济圈升级版

随着市场的不断变化,环同济知识经济圈也在不断地进行改变。2018年,英国汽车制造商就与同济大学建立合作伙伴关系,并在合作建立的设计实

[①] 官远发,王雁,章仁彪.环大学经济圈:从知识外溢到科技转化——"知识杨浦:三区联动之同济模式"研究[J].高等工程教育研究,2007(6):13-19.

验室中开展有关汽车设计的前沿性研究。① 这一高科技实验室位于同济大学附近,与此同时,四平路这一不起眼的街道现如今正在进行变革,这条街道也被称为 N-ICE2035 未来生活原型街。伴随着改变,白电巨鳄海尔集团、机器人实验室、声音实验室、材料实验室等各类创新型企业开始入驻。四平路也随之呈现出新的活力与生机。

原型指的是借助于计算机技术来创新一种新的模式和实例,之后只需要将这种新原型进行拷贝复制即可创建出新的对象。在四平路这条未来原型街上,汇聚了机器人、出行、新材料、餐饮等涉及各方面的未来实验室,并逐渐发展成为一个"原型实验室"生态群落,且由这一原型街还可直视未来的创新、生活、娱乐等。立足于用户需要,这一原型街颠覆了传统的创新创业模式,在各方资本的大力资助下,对产品、服务、系统等进行了重新设计,并推动了新产业、新技术、新知识等的发展。② 为实现环同济知识经济圈的改造升级,"原型街"被选为政府首批的创新模式,并将产业链下游的生活社区变为了新模式中的源头。知识创造未来,作为知识的载体,人才对于未来世界的创新至关重要。通过同济大学,原型街能够源源不断地吸引全国各地乃至世界各地的人才加入,创新人才与资本的结合将催生大量基于生活方式的新公司,并能够将创新模式、创新人才、创新知识等扩散至全国乃至全世界。

这些改变表明了,在未来,环同济知识经济圈将会呈现出全新的发展模式。环同济知识经济圈在近十年呈稳定增长趋势,年平均增长率为 13%,年产值也由 50 亿元增长至 370 亿元。但相较于总产值,设计企业的人均年产值增长较少,在过去十年一直保持在 50 万元到 80 万元间。由此可知,环同济知识经济圈在高速发展的过程中也存在着一些问题。相比过去十年,过去推动环同济发展的城镇化、房地产等的作用日渐减弱,且环同济的空间、技术等条件已逐渐无法满足现代社会高速发展的需求。"微笑曲线"可形象描述环同济的现状,曲线前端表示研发设计,中端表示生产,后端表示品牌建设,而环同济中很多企业都处于附加值最低的中端,处于附加值较高的前端和后端的企业较少,陷入了"高端行业的低端环节"怪圈。

---

① 樊丽萍.小弄堂借力"大设计"做大"单位亩产"[N].文汇报,2018-07-08(001).
② 黄尖尖.老弄堂里建 2035 未来街区"原型街"[N].解放日报,2018-02-26(005).

因此,对环同济知识经济圈的升级迫在眉睫,而在其由1.0版向2.0版升级的过程中,设计是关键之处。相较于传统的设计服务,这里的设计是指"大设计"。对设计进行重新定义,大力倡导设计思维并将其融入商业、技术、生活等方面,用大设计来引领未来趋势,并从终端需求出发去进行技术创新。"大设计"理念的充分运用,将会使环同济知识经济圈突破千亿元成为可能。

越来越多的人员认为,想要推动"环同济知识经济圈"整体升级并使2.0版能够保持高速增长,设计将是未来发展创新的主要动力。设计在过去可能只是生产过程中的一个部分或一次服务,但设计的作用在今天已经大大提高了,其不仅能够为人们的日常生活服务,还能够帮助创新,甚至可以作为一项资本来对未来进行投资。也正是由于设计所散发出的巨大影响力,才使得其能够成为环同济升级的关键力量。近几年,随着021孵化器、中芬中心、上海国际设计创新研究院等的成立,环同济知识经济圈的创意设计日渐增多。

可以说,是政、产、学、研、用等多方的通力合作促成了环同济知识经济圈的出现。而环同济能够取得今天的辉煌成就,离不开人才汇集、知识溢出、产业集聚、技术创新等因素的共同作用。环同济想要实现升级,在功能、内涵、管理等方面都需要借助于科学的顶层设计。环同济升级版能够让很多人有信心,主要还是因为在这一经济圈中已形成一种创新创业文化,而这种文化则是其灵魂所在。"得道多助,失道寡助",正是同济大学、杨浦区政府、周边社区等多方的共同参与,才造就了这种协同创新文化。

9.1.2 环同济知识经济圈的形成原因

环同济知识经济圈是以研发设计服务为主导的特色产业,其集群创新效力、集群创业优势是在多重因素的共同推动下,体制机制的催化下形成的。大学培育创新成果,市场机制推动发展,政府支持因势利导①。在环同济特色产业集群的发展过程中,很多属于历史机遇和特定产业特性的因素起到了重要作用,正如硅谷无法被模仿一样,同济大学周边产业集群的形成发展可以说也是无法复制的。如果说硅谷创造出了大学—产业—风险投资协同推动区域创新型产业集群发展的模式,那么环同济研发设计服务特色产业基地正在开辟

---

① 李远.上海杨浦区环同济知识经济圈发展调研报告[J].遵义科技,2016(1):10-14.

政府—高校—产业协同推进区域产业创新的新路径,知识产业相关的学科链—技术链—产业链正在不断地优化创新。

区校企联动,构筑知识型产业生态链。借助同济大学的优势资源,能够源源不断地为知识型产业生态链提供人才、知识、技术、信息等创新资源。杨浦区政府对区域资源重新进行整合、分配,以市场为导向,通过规划调节为企业提供商业用房,通过城市整治改善企业工作环境,通过专门机构及时为企业解决发展中遇到的困难,建立了共享的创新协作平台,推动了该区域的创新集群的形成和经济增值活力的提升。同济大学周边有着完善的设计产业服务系统、丰富的学生临时雇员以及低价的房租,这大大降低了企业的成本,为众多中小型创业企业提供了良好的生存条件。但是,房价随着经济增长也在不断升高,高涨的房价为新创企业产生了巨大阻力,这使得整个产业集群就陷入了发展困境,为未来的长久发展制造了很大隐患。产业发展空间不足成为制约产业发展的因素。为了解决这一问题,区政府敢于创新,通过结构调整,将周边老的区属企业的土地置换出去,盘活空间资源,为产业发展拓空间。例如国康路48号原为苏艺绣品厂,通过置换建成了同济科技园,集聚了大批中小设计类企业;赤峰路63号渔业机械所通过置换建成了名为"创意工场"的创意产业园区;四平路街道和杨浦孵化基地联手,将上海粮食贸易学校置换为设计产业人才实训基地,联动同济大学实现设计人才培养从学校到市场的对接。

骨干企业引领,构筑上下游产业链。为进一步发展,环同济知识经济圈积极地整合各方资源,并推动创建信息共享平台。新搭建的信息服务平台主要负责科技研发、成果孵化、风险投资、知识产权、人才交流等工作。在骨干企业的引领作用下,环同济知识经济圈形成了以设计为主要特色的产业链和产业网络,通过对大型企业、中小型企业等进行分析评估,环同济知识经济圈对各企业进行了重新组合,并最终搭建成了分工明确、相辅相成的产业结构。在整个环同济知识经济圈中,大型龙头企业、新创企业、中小企业之间不仅存在合作关系也存在竞争关系。通过构建合理高效的信息服务平台、产业结构,环同济知识经济圈发展成为了一个共生共荣的产业群落,在这个群落中各成员也构筑了相伴共生的协作伙伴关系和联合体。在大企业的带动下,一批很具特色的设计、研发和现代服务企业如雨后春笋,快速聚集。

民间组织带动,构筑多主体间横向合作链。为了促进环同济区校企的沟通交流与合作,促进产业集群内部各主体之间的互动,建立战略联盟,发挥资源的协同放大效应,上海现代服务业联合会与杨浦区人民政府合作,于2011年11月正式揭牌成立"上海现代服务业联合会设计服务专业委员会",围绕现代设计产业服务,为会员单位搭建互相交流的平台,共享行业资源,如筹划举办现代设计服务业有关专业推介展示会、长三角地区现代设计服务业合作交流活动,举办现代设计国际大师论坛,开展各类培训及沙龙活动等。学院与协会、企业家俱乐部等民间组织合作举办环同济企业年度酒会、沙龙、设计师之夜等活动,促进企业合作;设立"环同济设计奖"、遴选创业英才;编辑出版年度《环同济知识经济圈发展白皮书》等。政府搭台、企业唱戏,实施"创新热点"计划。

公共技术服务平台支撑,构筑校企技术服务信息链。设计领域的专业技术设备和正版软件价格一般较昂贵,很多中小企业难以承受,而大企业为了保持自身技术的先进性一般也不会共享这些技术设备。因此,在创新集群内部,专业技术基础设施的供给情况多为中小企业关注的重点。通过搭建国内外设计公共信息服务平台,还可以为区内企业提供国内外设计行业的业务和规范信息。为此杨浦区政府和同济大学签署区校合作框架协议,将建设现代设计产业公共服务平台作为重点项目予以推进:通过共享创新资源,实现研发设计软件、硬件设施向社会开放。在集群内建立一个统一而又完善的信息交流平台,不仅能够为企业节省信息收集费用,还能够为各企业提供最新的行业及相关的技术信息。设立中小企业"情报银行"。区校发挥各自优势资源,充实平台服务内容,提供各类讲座、活动信息,在平台专机上开通同济网络图书馆权限。充分利用校级媒体、院级媒体发布平台相关信息、活动介绍等。

总之,依托大学、市场机制、政府支持等很多属于历史机遇与特定产业特性的因素在环同济的发展中起到了重要作用,体现了政府、高校与产业的深度融合,按杨浦科委的有关领导说法,尤其是在体制机制创新上,体现出"三聚"的特征:"聚人"——大学的培育、市场的锤炼和国际化的环境,使这里积聚了一批既有深厚学养,又有丰富实践经验的复合型人才;"聚品"——通过几年的建设,环同济周边设计产业集群已形成了品牌标志、品牌企业和品牌产品;"聚特"——环同济周边设计产业集群服务对象明晰,知识含量高,产业链与服务链成熟且相互融合分工细化,符合国家特色产业基地的特征。

9.2 环同济知识经济圈发展中的问题与对策

9.2.1 环同济知识经济圈发展中的问题分析

经过多年的发展,尽管环同济知识经济圈已经积累了丰富的经验,但是,在产业发展周期以及全球经济等的影响下,环同济知识经济圈想要实现稳定高速发展已出现一定阻力,其正面临着一些成长的烦恼。①

1. 市场、技术风险加大

在城镇化建设、持续不断的房地产开发、对固定资产的大量投资等的作用下,造就了设计市场当前的繁荣景象。但是,若这些重要因素衰退甚至消失时,整个设计产业将会出现生存危机。在2008年发生的全球经济危机曾一度使各国经济陷入低迷,而其根本原因是房地产泡沫。那么,对于主要依赖房地产市场而发展的环同济设计产业,若不进行自我创新,就很有可能在变幻莫测的市场中难以生存。

经过多年的发展,环同济在设计实践方面取得了很多成就,但是在更新设计理论、方法以及技术研发和应用等支撑产业竞争力方面,还存在着诸多不足。造成这种情况的原因主要有:第一,在进入门槛低、市场高度繁荣等的作用下,建筑设计行业进入大量中小型企业,人们创业的热情高涨。但是,为了尽早赢利,大多数中小企业都会埋头苦干,机械化的工作占据了这些公司的大量时间,使得其很难做出长期规划,进而可能会忽略自身能力的提升。第二,环同济知识经济圈中的中小企业在业务上大都相似,业务上的相似不仅使企业面临着激烈的竞争,还会使整个设计产业出现恶性竞争,从长远来看还将会导致整体产业的质量下滑。

2. 产业链过于单一

一般而言,产业链高端占据了产业集群中的大部分收益。在一般的建筑设计项目中,各末端环节的价值远远低于产业链高端环节的价值。例如,规划咨询

---

① 杨英杰.创意产业园区的创新系统分析及其治理研究[D].贵阳:贵州财经大学,2013.

企业的利润创造率约为100万/人年,下游企业的利润创造率约为30万/人年,且这些产业链高端企业还能够对项目的投资、中下游企业的市场环境产生影响。

然而,尽管环同济知识经济圈中汇聚了大量设计企业,但是这些企业多为中小型企业,整个设计产业中高端企业严重缺乏。为了让园区能够长久稳定发展,就必须引进大量高端企业。那么,如何吸引高端建筑设计公司入驻,培育、扶植高端企业,协调中小型企业与高端企业的关系就成了园区提高品质的关键。

建筑设计、景观设计、结构设计等众多领域都聚集在了同济大学周边,这些产业之间关系紧密,呈现出链条结构。但是,环同济知识经济圈要想进一步发展,仅仅依靠核心产业是远远不够的,且对一个发展成熟的产业园区而言,整个经济圈的市场竞争力将会受限于单一的产业链。因而,为了推动环同济知识经济圈向更高层次发展,其不仅要努力提高核心建筑产业的能力,还应推动中介服务业、金融服务业、图文印刷业等互补产业的发展。

3. 主体间互动机制不完善

随着我国建筑行业形势的变化以及全球经济的衰退,环同济知识经济圈中赢利能力和抗风险能力较弱的中小企业很难应对这种改变。若将其看作一个整体,环同济在全国乃至全球都占据着重要地位。因而,要想应对当前的危机,环同济中的各企业就应该通力合作,通过协同创新的方式来开辟新的市场,寻找新的优势。

在环同济知识经济圈内部,各主体间的互动明显不足,各企业多选择独自奋斗而忽视了合作,企业间战略联盟的缺少也使得整个环同济知识经济圈协同效应微弱。而要想让园区内各企业形成合力并共同创新,首要任务就是建立一个协同创新平台,以使各成员能够快速实现信息交流、共享。借助于这一平台,可通过层次划分来保障各企业的利益,而企业间的知识共享不仅能够激励其他企业,还可提升园区的整体竞争力。此外,还可以成立行业协会,这样不仅能够充分发挥大型企业的模范带头作用,还可以保障行业内部的运行规范及秩序。

4. 政府和市场的激励作用不强

在推动环同济知识经济圈发展上,政府主要进行指导规划。目前,环同济知识经济圈的发展理念确实被相关政府部门大力倡导,且每年还会统计其发展数据。尽管政府在各文件中也提到了环同济知识经济圈的发展建设,但这些多为口号,并未成立专门的机构来负责相关事宜。而且政府对于环同济知识经济圈的具体发展情况并未做出仔细研究,因而当面对冲突时其并不能很好地进行协调控制。通过对企业、高校、科研院所等进行调研发现,这些机构普遍认为当前政府在推动产学研用协同创新中发挥的作用太小,但让各组织自发地构建创新联盟又不具备现实可能,因而还需要政府强有力地介入,以从全局出发进行顶层设计。同时,政府也应出台明确的制度及法律法规,进而保障整个产业集群内的运行秩序。

对于市场而言,其主要产生两方面的推动力:一方面其向企业传递来自产学研用联盟方面的压力,另一方面其会对联盟的发展提供指引。但就目前的发展情况来看,市场的这种推动力作用成效甚微。受到企业规模、资金等的限制,一些企业对产学研用联盟尚未形成正确的认识,认为联盟合作目标难以统一,且对于知识产权、技术专利没有相应的保护或激励措施,很难预测前期的投资会有回报。而企业的这种消极态度又使得联盟作用难以发挥,进而对企业的吸引力更低,长久发展就形成了恶性循环。对比国外的一些成功经验可知,环同济知识经济圈想要进一步发展,不仅需要相关政策的支持,还需要制定详细的激励管理制度。

5. 利益分配机制不合理

总体来看,环同济知识经济圈中研究机构新研发的技术很先进,各企业的积极性也很高。但是,受知识水平、成长环境等的影响,产学研用联盟中的各主体对技术难以形成统一的看法,这样就使得利益分配难以符合各方预期目标,进而可能会影响合作项目的进一步开展。之所以出现这一问题,主要是产学研用联盟中的各创新主体采用了不同的标准来评价技术价值。例如,对高校、科研院所等具有非营利性目标的组织而言,其可能会高估自身的研究成果,对于成果的定价会远超企业预期。而对于企业来讲,其主要任务是赢利,因而可能会过于关注投入产出比率,进而投资研发的金额相对较少。因此,环同济的发展就受到利益分配制度的制约。利益分配不仅存在于产学研用联盟的各主体之间,还存在于各主体的内部。当创新主体内部出现利益分配问题时,可能会打击研发人员的积极性,进而影响研发进程。

6. 知识产权保护力度不够

当前,在产学研用联盟中存在创新主体积极性差的问题。这一问题主要是由知识产权保护力度不够所导致的。出于对知识产权的保护,拥有创新思维和技术的主体可能会拒绝分享相关知识资源,同时,若是没有强有力的知识产权保护制度,各方也难以建立信任关系并进一步合作。产学研用联盟中各主体是互惠互利的关系,主要希望通过合作的方式来共同应对未知的市场风险。在联盟合作中,讲究信用是保证联盟能够长久运行的基础所在。但是,当面临巨大利益时,信用缺失就成了联盟中的常见现象。因此,为保证合作的正常进行,各方不仅要选择信用良好的合作伙伴,还需要制定严格的制度规范。

9.2.2 环同济知识经济圈发展中的对策分析

面对环同济知识经济圈市场风险加大、产业链单一、激励不足等问题,本书从管理和决策机制、监督和评估机制、人才培养机制等方面为环同济知识经济圈的长远发展提供建议。

1. 设立专门的管理决策机制

管理决策机制是企业长久发展的基石,其对于产学研用协同创新联盟也同样重要。为保障环同济知识经济圈的持久运营,应积极构建专门、合理的管理决策机制。为此,应充分发挥创新精神,构建满足各方需求的管理决策机制。可以充分发挥政府的指导作用,让其对整个机制进行宏观管控。大学具有非营利属性,因而可将其作为组织者,领导联盟总部并维护组织的日常运营,其还可以拟定联盟的组织章程,通过企业、政府、用户、研究机构等多方投票来确定最终章程。核心企业则可以组织成立产学研用联盟分支机构,通过与其他创新主体的合作来推动协同创新。一般而言,各分支机构主要由核心企业来进行管理,但其也需要接受来自总部的指导和监督,同时,各分部还应及时地向总部反馈自己的发展运营状况,在遇到障碍时还可以寻求总部的帮助。

2. 建立监督评价机制

环同济知识经济圈中的各创新主体在享受联盟所带来的权益的同时还需要履行相应的义务。因而,为了让各主体自觉遵守相关约定,就需要构建相应的监督评价机制。这一监督评价机制负责的主要内容有:审核各方信息,制定联盟的战略目标及指导思想,确立各方的权利与义务,人才调动及培养方案的制定,奖惩措施的制定及执行,日常信息的收集、整理、分析及反馈,合作项目的开发、监督和评价等。此外,由于产学研用联盟中各主体的地位是平等的,因而在制定监督评价机制时,应从"面"上出发而不应过于关注"点"的安排,以免因过程烦琐而无法实现预期目标。

3. 优化人才培养机制

想要提升环同济知识经济圈的整体竞争力,关键还在于人才的培养和竞争,故而必须重视和加强人才培养机制,要从长远的战略角度出发去培养更多优秀人才。为向环同济知识经济圈输送更多的优秀人才,联盟可从以下几方面出发来培养人才:第一,多方联合建立人才培养基地。为培养优秀人才,产学研用联盟应发挥示范带头作用,可借助联盟的力量从各方挑选合适的人员来负责培养基地的建设及运营。第二,多方共同制定人才培养方案。为培养优秀人才,就需要制定合理有效的人才培养方案。对于培养方案的制定,应考虑基础知识、市场需求、国际前沿等多方因素。第三,借助于学科集群和产业集群培养高层次的创新人才。产学研用联盟中的各方应建立大范围的合作,应从学科集群和产业集群等更大的视角出发来进行人才培养。

4. 打造完整的产业链

目前,环同济知识经济圈的重点产业多集中在建筑设计、规划设计等方面,而想要进一步发展,其就需要对整个产业链进行重新规划调整,要均衡产业链上各类企业的数量及质量。对于文化传媒设计、时尚设计等相关的产业,政府可以通过设立补贴、减免税收等方式吸引企业入驻。同时还应学习大企业的成功经验,积极发挥大企业的示范作用。政府可以牵头让大企业与中小企业进行合作,进而通过这种方式提高中小企业的技术水平和人才的综合素质。在同行业的竞争中,对于知识产权的保护政府应形成一套合理的管理政策,充分保证研发人员的根本权益。为扶持企业发展,政府还可以在融资、财务管理、人才引进等方面为其提供指导。

5. 完善政策服务体系

环同济知识经济圈的创新指的不是某个主体的创新,而是涵盖高校、企业、政府、金融服务机构、用户等多主体的全面创新。为了能够实现整体创新这一目标,环同济应构建完善的政策服务体系,具体可从以下几方面做出改进:第一,制定促进商业模式创新的政策。产品创新成功与否是需要市场来检验的,创新型的商业模式能够帮助产品迅速占领市场,这对于创新而言也是至关重要的环节。因此,政府要鼓励各企业进行商业模式的创新,对于相关的经验也应创造机会让各企业进行交流分享。第二,制定保护新型抗风险投资模式的政策。随着市场风险的加大,越来越多的企业更倾向于投资短周期、低风险的项目,这对环同济想要长久发展极为不利。为此,政府应推动构建新型的风险投资模式,可以通过政府担保融资、成立专项投资基金、设立政府投资基金等方式来鼓励创新创业。第三,推动政策模式创新与"产学研用"一体化。政府从系统角度出发,自上而下地制定政策治理体系,自下而上地监督政策实施情况,通过引导的方式对创新进行管控。此外,还应促进产学研用联盟中各主体的交流合作,对于一些共性技术可以让各主体进行联合攻关。第四,加强知识产权保护的政策。知识产权既是创意产业生产和存在的基础,又是创意产业发展和壮大的动力。知识产权保护是创意产业产生和存在的基础,知识产权的利用是创意产业发展的动力。想要丰富创新产品,提高环同济的竞争力,就需要保证知识产权政策能够真正落实。为此,政府应制定有关知识产权保护的相关政策,设立专门的机构进行统一的管理,对于做出贡献的人员还应给予一定奖励,这样才能较大程度地激发研发人员的工作热情,进而实现产学研用协同创新的良性发展。

9.3 结论与讨论

环同济知识经济圈是在我国改革开放与经济社会迅速发展的大背景下生成与发展的,其创造了一个大学的知识、人才、文化溢出形成创意产业集群并与所在城区密切互动的模式,表现出了原生性、知识性、创造性、增长迅速、强辐射力、集群化等特征,对于我们国家在知识经济时代利用知识、人才、文化等资源发展具有国际竞争力的创新型国家、创新性城市具有重大的启示意义。[①]

[①] 刘强. 城市更新背景下的大学周边创意产业集群发展研究[D]. 上海:同济大学,2007.

产学研用协同创新是当前国家开放式创新系统的主要模式,也是我国跻身世界科技强国的主要推动力。① 产学研用协同创新的演进是一个具有典型阶段性特征的动态过程,针对协同创新中存在的问题,应设计合理的机制来预防及改善。为了更好地适应产学研用协同创新过程中的新特征和新需求,未来我们应当更有效地激发各主体在产学研用协同创新中的作用。

(1) 从企业层面来讲,应持积极开放的态度去参与到产学研用协同创新中去,满足用户的创新需求,提高用户创新的激励水平。现有的商业形态会随着新兴产业、用户的发展而改变,这些对于企业来说不仅是机遇也是挑战。因此,如何利用这些创新资源在产业变动中重构现有的发展模式,进而获取更多的竞争优势,这就是当代企业迫切需要解决的问题。

(2) 从政府层面来讲,要积极转变自身职能,提高政策的预见性和科学性。对于产学研用协同创新、人才培养、平台建设、企业融资、资源配置等方面的政策,政府要积极制定并实施。同时,政府在制定相关政策时还应考虑当地的实际情况,因地制宜地制定相关的政策体系。此外,政府应大力倡导各方主体共同参与建设产学研用协同创新平台,可以通过相关的政策来引导各创新主体进行信息资源的整合,进而推动整体的协同创新进程。

(3) 从大学、科研机构层面来讲,培养与时俱进的新型人才、鼓励相关学者进行研究创新对各高校、科研机构至关重要。为向社会输出优秀人才,大学就需根据社会发展情况对其人才培养方案进行不断优化、创新,在帮助学生巩固理论知识的同时也让他们接触前沿的实际需求。具体可从以下几方面着手:成立人才联合培养基地;由产、学、研、用等多方共同合作,一起制定人才培养方案;理论与实践结合,让优秀人才进入产业集群进行实践学习。

(4) 从用户层面来讲,积极参与产学研用协同创新,对于新的需求要及时向其他各方反馈。用户代表了市场需求,是创新产品成功与否的最终检验者。因此,要实现产学研用协同创新,就必须考虑到用户的真实需求,因为用户提

---

① 刘洪民,杨艳东.用户创新与产学研用协同创新激励机制[J].技术经济与管理研究,2017(7):31-34.

供的创新方向才是整个行业的创新方向。在用户中存在着领先用户,他们能够预测市场上大部分人的未来需求,并且拥有专业的知识和丰富的经验,能够做出新产品概念和原型设计,使自己的需求得到满足。所以,用户经常与企业、高校等进行技术、知识、信息等方面的交流,可以使企业了解到创新的最新方向,促进产学研用协同创新的不断完善。①

---

① 唐家容."政产学研用"协同创新模式探讨[J].合作经济与科技,2016(20):28-29.

第10章
河南省产学研用协同创新平台建设研究

产学研用协同创新是加强技术创新,实现我国经济增长方式从粗放型向集约型转变的一个重要方式,在区域创新环境中发挥着至关重要的作用。因此,在经济新常态背景下提出建设产学研用协同创新平台体系具有极其重要的战略意义。产学研用协同创新平台体系是以企业、高校、科研机构、用户为创新主体,在政府、金融机构、中介组织等的协同支持下,整合协调各种创新资源,通过创新实现各创新利益相关者相互协作、互补共赢的创新网络体系。产学研用协同创新平台体系建设是经济新常态下推动企业、大学、科研机构及用户之间的深度合作与协同发展,推动知识创新和技术转移,加速公共科技成果转化,实现知识创新和技术转移,加快经济转型升级的重要途径。产学研用协同创新体系建设的核心是通过有效整合多元创新主体的优势资源,为促进企业技术创新搭建支撑服务平台,有力地推动以企业为主体的多元创新主体产学研用相结合,提升企业自主创新能力和核心竞争力,从而推动社会的科技创新。

经济新常态背景下,河南省经济增长速度从高速转向中高速,发展方式从粗放型转向质量效率型,发展动力正从传统增长点转向新增长点。[1] 如何推动企业与大学及科研院所之间的深度合作与协同发展,深入整合各创新主体的内外部优势资源,是河南省实现自主创新,推动战略性新兴产业的发展,推

---

[1] 夏红云.河南省产学研用协同创新平台体系建设的路径探析[J].周口师范学院学报,2016,33(1):107-110.

进科技成果转化,建设创新型河南亟待解决的现实问题。"中原经济区建设"由地方战略上升为国家战略,为河南省经济结构转型带来了新的机遇和政策保障。经济新常态下以创新驱动作为河南省经济社会发展的核心动力,推进协同创新平台体系建设,对于加速河南经济结构的转型升级和建设创新型河南具有重大的现实意义和深远的历史意义。

分析河南省产学研用协同创新的整体情况可以发现,河南省产学研用协同创新平台在资金不足、信息不对称、市场发育不健全、政策法律体系不完善、平台功能建设不成熟等方面存在问题。在此背景下,河南省产学研用协同创新平台体系建设可以在政府的引导和协调下,通过优化协同创新环境,促进公共科技服务平台建设,培养汇聚创新人才,加强投融资平台建设,促进各创新主体在协同创新过程中实现"利益共享、风险共担"。本书从河南省产学研用协同创新的实际情况出发,希望在构建平台体系、加强平台治理、完善平台支撑体系等方面为其他产学研用协同创新组织的运营与管理提供参考。

10.1 河南省产学研用协同创新平台建设研究设计

10.1.1 问卷调查

1. 调研问卷的设计

由于产学研用协同创新体系建设需要服务机构、科研院所、高校以及企业等多种不同组织的参与,因此本书根据这些组织的特点设计了不同的调查问卷,从定性和定量两种不同的角度设计了企业调查问卷,从定性角度设计了服务机构、科研院所以及高校的调查问卷。

(1)案头调研——设计初始问卷。通过查阅产学研用协同创新体系提出的背景、实施意义以及当前其他省市实施现状,进行了初始调查问卷的设计,并且进行了问题的筛选、问题厘定以及概念界定等工作。

(2)典型访谈——修改问卷。笔者走访了以洛阳 Z 公司为代表的河南省产学研用协同创新体系建设的企业主体,走访了以河南农大和河科大为代表的河南省产学研用协同创新体系建设的高校主体,走访了以郑州市科技局为代表的河南省产学研用协同创新体系建设的科研院所主体,了解了这三类主体对河南省产学研用协同创新体系建设的认识以及在创新体系建设中所起的作用,并根据走访结果对初始的调查问卷进行了修正,使调查问卷的设计更符合河南省产学研用协同创新体系建设的实际状况。

(3)征集意见——再次修改问卷。笔者将修改好的河南省产学研用协同创新体系建设调查问卷通过电子邮箱发送给蓝信公司和辉煌公司,让其对调查问卷的设计进行再次审核,并根据审核结果对调查问卷进行了再次修改。通过调查问卷的初始设计阶段、审核阶段以及再审核阶段,笔者设计出最终版河南省产学研用协同创新建设体系调查问卷。

2. 调研对象的选择

根据产学研用协同创新建设体系主体的不同进行调查对象的选择。其中产学研用协同创新体系服务机构主要选择的是 63 家专门为河南省公司进行创新基金项目申请和管理的机构;产学研用协同创新体系金融机构主要选择的是 46 家专门为河南省公司创新基金项目提供资金支持的机构;产学研用协同创新体系科研机构主要选择的是 60 家国家级、省部级以及市级科研院所;产学研用协同创新体系高校主要选择的 29 家参与河南省产学研用项目的高校。

3. 问卷发放

笔者通过不同方式进行了调查问卷的发放。其中对于参与到产学研用协同创新体系建设中的金融机构、服务机构、高校和科研院所,调查问卷是通过电子邮件的方式发放的,对于参与到产学研用协同创新体系建设中的企业,则是通过各市科技局发放的。

4. 问卷回收

调查问卷发放后的 40 天内,笔者共收到不同产学研用创新体系建设主体返回的 341 份已填完的调查问卷,其中 244 份是企业返回的,有 191 份为有效问卷;26 份是科研院所和高校返回的,有 23 份为有效问卷;32 份是金融机构返回的,有 24 份为有效问卷;39 份是服务机构返回的,有 28 份为有效问卷。见表 10-1。

表 10-1 各类问卷回收情况表

问卷类型	发放数量	回收数量	有效问卷数	回收率	有效率
河南省产学研用协同创新调查问卷(企业版)	548	244	191	44.5%	34.9%
企业产学研用协同创新情况	548	244	222	44.5%	40.5%
河南省产学研用协同创新调查问卷(高校和科研院所版)	73	70	66	95.9%	90.4%
河南省产学研用协同创新调查问卷(金融机构版)	32	24	24	75%	75%
河南省产学研用协同创新调查问卷(服务机构版)	39	30	28	76.9%	71.8%

10.1.2 河南省产学研用协同创新整体情况分析

本书基于问卷调查从以下三个角度对河南省产学研用协同创新整体情况进行系统的分析和研究。

1. 动力因素

表 10-2 详细展示了本次问卷调查的结果,可以看出,新产品研发是企业开展产学研用协同创新的主要动力,在所有因素中的占比达到了 22.12%,其次分别是技术攻关和企业发展,分别占比为 17.91% 和 17.02%。对于科研机构和高等学校而言,开展产学研用协同创新项目主要是为了提高自身的科研水平,获得更多的科研成果,推动学术研究。在这个过程中,政府发挥着至关重要的作用。约 20.76% 的高等学校开展产学研用协同创新项目需要通过企业获取经费,而 17.62% 的科研机构开展产学研用协同创新项目是为了进一步获取市场相关的信息。

表 10-2 河南省产学研用协同创新主要动力因素对比

高校		科研院所		企业	
选项	百分比	选项	百分比	选项	百分比
从企业获得科研经费	72.07%	申请政府产学研合作项目	86.36%	开发新产品的需要	80.63%

续表

高校		科研院所		企业	
选项	百分比	选项	百分比	选项	百分比
增加科研成果（知识产权和获奖等）	61.53%	增加科研成果（知识产权和获奖等）	61.36%	攻克技术难关的需要	66.49%
申请政府产学研合作项目	84.61%	获取市场信息	52.27%	企业发展的需要	43.98%

2. 模式因素

根据调查结果可以看出，技术转让、委托研究和联合攻关是河南省产学研用协同创新的几类主要模式，通常需要依托政府课题来展开，在科研机构、企事业单位和高等学校之间进行人才、技术和资金等资源的对接，这样可以显著降低风险，节约投入的成本，是一种比较高效、合理的合作模式，但这也体现出现阶段的产学研用协同创新仍然处于初级阶段，还有待进一步的提升。仔细观察图10-1可以发现，随着产学研用合作项目的开展和技术研发的需要，科研机构和高等学校进行合作的意向变得更加强烈，这样可以充分发挥两者的优势，并能够依托外来资金构建长效的合作模式。此外，企业对人才交流及培养模式的积极性也越来越高，由此可以看出，河南省产学研用协同创新正逐渐朝着深度、紧密的合作模式方向发展。

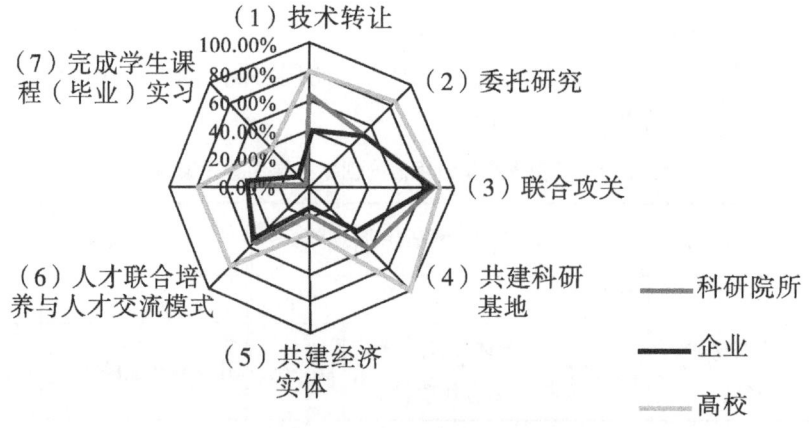

图10-1 河南省产学研用协同创新的主要模式

3. 合作影响因素

从表 10-3 可以看出,就产学研用协同创新伙伴的选择而言,不同企业关注的重点往往存在着一定的差异。其中,认为研发水平和能力是最重要条件的企业占比达到了 18.56%,其次是资源配置情况、技术水平;但是,在高等学校和科研机构看来,研发水平和能力、资源配置情况是进行合作伙伴选择的最主要条件,此外,信誉也是一个十分重要的方面。产学研用协同创新的主要目的是为了实现人才、资金和技术的优势互补,企业关注的焦点往往是技术和科研机构研发能力的相互匹配,而科研机构关注的则是合作伙伴的诚信和对技术研发的传达能力,以此推动双方的合作进程。在进行产学研用协同创新的过程中,高等学校和科研机构既需要大量的资金来开展实验,从而完成相应的科研项目,还需要利用相应的平台将科研成果转化为技术,获取价值,从而提高科研人员的积极性和主动性。然而,企业往往迫切想要收获新技术和新成果,尤其是对于一些大型的企业来讲,完全有能力承担一定的科研经费投入,以此来获得技术方面的回报,所以,高等学校和企业在上述这些方面的立场是非常一致的。

表 10-3　河南省产学研用协同创新合作伙伴选择的影响因素

高校		科研院所		企业	
选项	百分比	选项	百分比	选项	百分比
资源的互补及匹配	73.07%	资源的互补及匹配	17.64%	研究开发能力和水平	18.56%
研究开发能力和水平	50%	研究开发能力和水平	16.33%	资源的互补及匹配	15.80%
合作伙伴的信誉	42.30%	合作伙伴的信誉	15.91%	技术成熟度	14.58%

10.2　河南省产学研用协同创新平台建设现状

10.2.1　河南省产学研用协同创新平台建设的特色

20 世纪开始,各国便将产学研用协同合作提升到了重要的战略高度。经过长期的发展,河南省在产学研用协同合作方面取得了一定的成绩,相关统计数据显示,产学研用协同合作进一步推动了基于企业的技术创新体系建设进程,取得了一系列显著的成果,具体如下。

1. 产学研用协同创新已经成为企业新产品开发和新技术研发的主要方式

对于企业而言,产学研用协同创新是一个至关重要的方面,也是一种主要的技术创新方式。根据相关统计数据显示,在大多数企业看来,随着产学研用协同创新平台的不断完善,产学研用协同创新所带来的经济效益也越来越明显。仔细观察图 10-2 可以发现,在产学研用协同创新开发实现的新产品销售收入方面,从 2010 年到 2012 年增幅达到了 9.94%,在全部新产品收入中的占比约为 37.33%。同时,各类交流会和信息展览会的开展进一步促进了科研机构和企业之间的信息交流,产学研用协同创新开发方面的委托外部研发经费和创新支出经费也在逐渐提高。在 2010 年,在企业研究和发展经费总支出当中,仅有 35.11% 用于产学研用协同创新开发,而到 2012 年时,这一比例已经上升至 44.02%。此外,在 2010 年时,仅有 11.11% 的企业研究和发展经费用于委托高等学校进行研发,而到了 2012 年时,这一比例已经上升到 12.70%,而委托企业进行研发的费用也从 2010 年的 4.07% 上升到 2012 年的 5.39%。

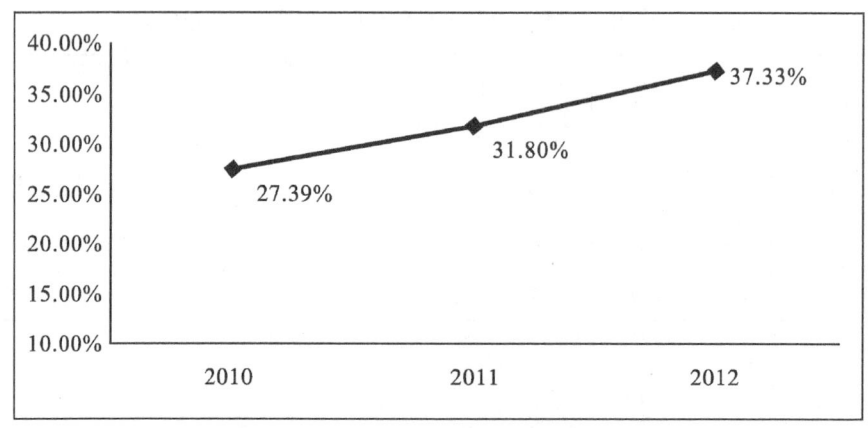

图 10-2　2010—2012 年新产品销售收入比重

2. 中小型企业创新成果较大型企业增长显著

基于 Roper 和 Love 的研究可以看出,创新成果,通常采用企业产品销售收入中的新产品销售收入的占比来进行衡量。随着产学研用协同创新信息平台的逐步完善,产学研用方面的技术合作和知识合作也得到了进一步的加强。基于对不同企业的调查,可以获取各类企业的创新绩效情况,见表 10-4,相对于大型企业而言,中小型企业的创新成果明显更为优秀。就新产品销售收入而言,2010年期间,大型企业约为中型企业的7.82倍,到了2012年时,这一比例已经下降至4.98倍。相对于小型企业而言,大型企业的新产品收入明显更高,在2010年,其倍数达到了37.67,到2012年时,这一数据已经下降至22.02。产学研用协同创新信息平台既推动了新产品销售收入的提高,又培养了一批信息技术人才,还提高了全省产学研用协同创新的深度和广度,进一步拉动了就业和创业。2010年,全省共有222家企业参与产学研用协同创新,培养的技术人才达到了1084人,在企业发展和研究人员中的占比约为9.84%,而到了2012年,这两项数据已经分别上升至2055人和12.85%。

表10-4 分规模企业创新绩效与新产品销售收入对比表

企业类型	家数	创新绩效			新产品销售收入平均数(万元)		
		2012	2011	2010	2012	2011	2010
大型	25	24.83%	24.83%	28.27%	93581.86	97122.07	93274.78
中型	46	53.12%	53.12%	58.01%	18805.96	15820.71	11925.10
小型	113	63.73%	63.73%	61.27%	4250.20	3278.95	2475.82

3. 行业推荐或者专业机构推荐是产学研用协同创新平台的首选

通常来讲,产学研用协同创新往往也具有一定的风险,在选择合作伙伴的时候,应当保持谨慎的态度。相关调查结果显示,河南省开展产学研用协同创新主要有专业组织交流、行业推荐、项目招标、朋友或学生介绍及科研成果等合作信息渠道,如图10-3所示。在选择或寻找合作伙伴的过程中,各参与方往往都非常看重行业推荐或专业机构的推荐,这样可以显著降低技术研发和合作的风险,节约研发成本,提高产学研用参与各方的利益。其次是基于科研成果、技术成果展示来寻求合适的理想的合作伙伴,由此可以看出,参与各方往往都非常注重合作伙伴的选择,强调"强强联合",这同参与各方注重自身发展息息相关,各方都倾向于寻求技术实力雄厚、资金实力雄厚和信誉较高的优质企业进行合作,开展强强联合,从而确保产学研用协同创新的顺利开展,营造一个优质的发展环境和氛围。

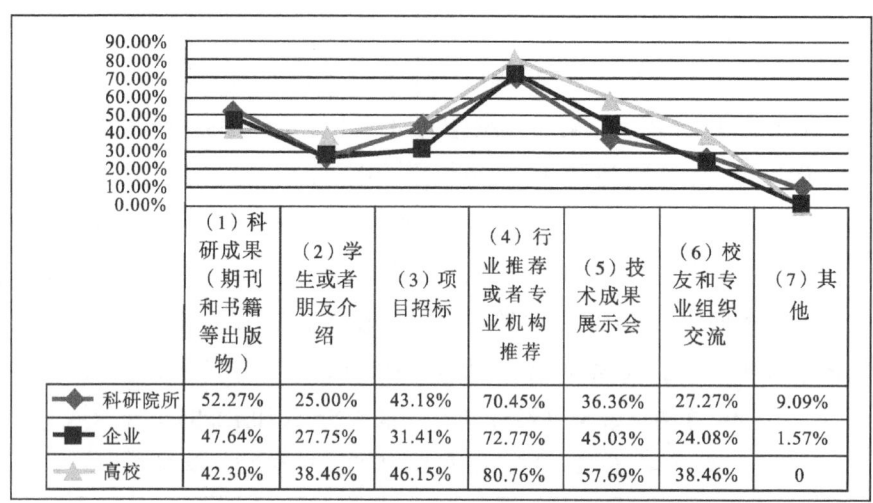

图 10-3　河南省产学研用合作信息渠道

4. 政府的政策和服务积极推动了产学研用协同创新平台发展

在产学研用协同创新发展的过程中，政府的推动发挥了巨大的作用，此外，政府提供的产学研用协同创新平台也是一个至关重要的方面。政府积极营造生产和科技相互结合的市场环境，并发挥了协调和引导作用，推动了产学研用协同创新工作的进行。调查数据表明，约有 95.19% 的企业享受到了政府的服务和政策，此外，科研机构和高等学校也不同程度地享受到了政府的服务和政策。仔细观察表 10-5 可以发现，对于高等学校、科研机构和企业而言，首要选择是获得政府的资金支持，权重达到了 65%。调查数据显示，河南省政府非常注重产学研用协同创新，并逐步加大了在产学研用协同创新方面的资金投入，进一步推动了全省产学研用协同创新的发展和进步。此外，政府还积极构建了相应的平台，如项目推介会平台及网络信息平台等，以帮助参与各方寻找到理想的合作伙伴。但整体上来讲，现阶段全省的产学研用协同创新仍然比较落后，处于初级阶段，企业、科研机构和高等学校的首选仍然是通过一些比较权威的平台来获得所需的信息，从而节约整个过程中的沟通和信息对接成本，提升整个过程的稳定性和可靠性。由于科研机构和高等学校往往具有比较明显的科研属性，因此，他们往往十分注重政府制定的人才培养策略和政策，其中高等学校在这一方面的权重更是达到了 65.38%，由此可以看出，高等学校在人才政策方面具有较高的封闭性，主要利用政府的人才、信息和资金来进行产学研用协同创新,并不是传统的市场交易行为,而是为了实现内部的流动。而科研机构,在合作伙伴和合作信息方面往往具有较高的积极性和主动性,具有更为明显的企业性质,能够获取市场对科技技术的需求,并能够充分利用机构之外的人才。企业在合作中则比较青睐政府提供的减税和免税等服务,这样可以帮助企业节约成本,从而为其提供更大的发展空间。

表 10-5 河南省产学研用合作的政府政策和服务

高校		科研院所		企业	
选项	百分比	选项	百分比	选项	百分比
享受了哪些政府的政策和服务		在产学研合作中,享受了哪些政府的政策和服务		在产学研合作中,享受了哪些政府的政策和服务	
获得了政府的资金支持	80.76%	获得了政府的资金支持	65.91%	获得了政府的资金支持	71.20%
通过政府搭建的平台获得了合作伙伴信息(网络信息平台、项目推介会等)	73.07%	通过政府搭建的平台获得了合作伙伴信息(网络信息平台、项目推介会等)	40.91%	通过政府搭建的平台获得了合作伙伴信息(网络信息平台、项目推介会等)	43.46%
享受了政府的人才政策(科技特派员、人才引进等政策)	65.38%	享受了政府的人才政策(科技特派员、人才引进等政策)	29.55%	享受了税收减免等优惠政策	36.13%

10.2.2 河南省产学研用协同创新平台建设存在的问题

1. 缺乏有效沟通

对于每一个团体和组织而言,沟通都是至关重要的,也是不可或缺的一个环节。相关调查数据表明,现阶段河南省产学研用协同创新还存在着一系列的问题,信息不完全和沟通不顺畅就是其中重要的两个方面。政府、服务中介、科研机构、金融机构、高等学校和企业在进行合作时,往往会存在着流通信息、市场信息和技术信息不对称的情况,各参与方具有的信息往往是有限和保密的,各参与方很难充分掌握相关的所有信息,所以,很容易造成信息障碍。

其中,科研机构和高等学校往往比较保守,被动性较强,在政府的信息功能和市场作用的发挥方面重视程度不够,缺乏对课题的了解,且没有进行充分的市场调查,在科学技术研究方面没有做好充分的准备。这种情况很可能造成科技成果和市场脱节的现象发生,不能实现科技成果向市场的转化,降低产学研用协同创新的整体效率。对于企业而言,由于信息不对称,企业很难充分了解市场需求,从而增大了企业在财力、物力和人力方面的花费,使得企业的成本大幅增加。

在进行产学研用协同创新时,由于科研机构和高等学校具有技术方面的优势,在合作初期,他们往往具有主动权,能够选择理想的合作对象。在合作的中期和后期,由于技术成果的销售主要由企业负责,此时主体优势逐渐向企业倾斜,企业可能会为了自身的利益而排斥其他参与方的利益分配,从而打消他们的积极性,进而对产学研用协同创新带来不利的影响。

2. 中介服务机制的不健全,制约了产学研用协同创新平台的深入发展

在产学研用协同创新的过程中,科技中介服务机构发挥着重要的催化作用,能够促进各参与方职能的发挥,推动深入合作的进程,且能够降低合作的交易成本,消除整个合作过程中的信息障碍。此外,政府在产学研用协同创新的过程中也发挥了至关重要的作用。然而,政府的能力往往是有限的,在这种情况下,往往需要中介服务机构来发挥联通功能,促进产学研用协同创新参与各方的技术转移和信息流动。随着科技创新的不断进步和科技市场的不断发展,河南省科技中介服务机构的规模也在逐渐壮大,逐渐形成了社会组织中介服务机构及市科技中介、省科技中介、科研院校机构为主的中介服务体系,但整体上来讲,当前仍然处于初级发展阶段,需要市场和政府的共同治理,同时充分发挥中介服务机构的作用,弥补政府平台的缺陷和不足,确保全省产学研用协同创新工作的顺利进行。

仔细观察图10-4可以发现,当前的科技中介服务机构仍然处于初级发展阶段,政府的支持情况是最为重要的方面,权重最大,达到了71.43%,也是大家最为关注的问题。其次为行业的规范情况及人才配置,权重为60.71%。就现阶段的情况而言,市场还不够成熟,还有待进一步的发展,没有形成科学完善的法规体系,且不同中介服务平台差异较大,各自为政,在信息沟通方面还存在着很大的问题,同高等学校和企业之间的合作较少,社会责任感和认知度

较低,没有完善的信息资源。中介服务需要一支专业知识扎实、能力较强的人才队伍,但是,河南省目前在人才方面还比较缺乏,人员结构也存在诸多的不合理之处。最后,中介服务机构活力不够,相关调查结果表明,近年来,河南省的中介服务机构规模正在逐年递增,但其服务内容和模式比较单一,很难充分满足产学研用协同创新的需求。此外,现阶段还没有规范和统一的网络信息平台,在这种情况下,中介服务机构很难为客户提供全面优质的信息服务,从而间接降低了其服务的质量。

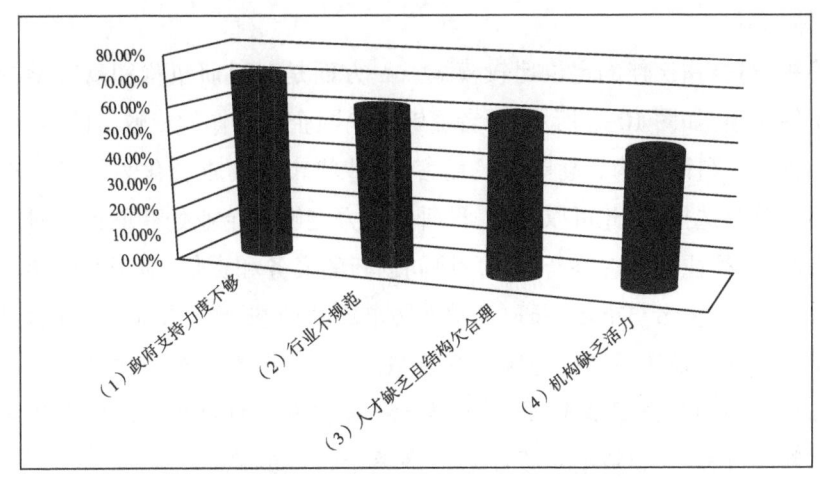

图10-4 河南省产学研用协同创新中介服务机构存在的问题

3. 产学研用协同创新平台建设环境不成熟

当前,产学研用协同创新平台建设环境还不够成熟,如法律法规不完善、制度体制不适应和政策不匹配等。随着产学研用协同创新的不断发展,原有政策法律和制度的缺陷也逐渐凸显出来,存在着明显的资源共享能力差、部门信息封闭和审批流程烦琐等缺陷,制约着产学研用协同创新的进一步发展。此外,当前的市场环境也不够成熟。河南地处我国中部区域,相对于东部沿海地区而言,在基础资源、资金和人才等方面还比较落后,存在着较大的差距,市场也有待进一步的发展。产学研用协同创新是一种典型的完全市场化行为,企业发挥着主导作用,由于不同的参与主体需要开展合作,进行沟通和交流,因此,必须建立相应的平台,以此来促进各方的交流和合作,在这个过程中,政府是政策环境的制定者,决定了大环境的建设情况。最后,当前的网络环境也不够成熟。调查结果显示,虽然河南省具有相当规模的产学研用协同创新网站,但使用效率还较低,很难满足产学研用协同创新的需求。

4. 产学研用协同创新平台建设的合作主体意识淡薄

产学研用协同创新体现的是不同参与主体之间对资源的共享和利用,最终的目的是为了追求最大化的利益。在产学研用协同创新中,高等学校、科研机构和企业决定了全省产学研用协同创新的成败,在构建产学研用协同创新信息平台的过程中,应当充分重视各参与主体之间的相互联系。

调查结果显示,河南省产学研用协同创新平台建设还存在着一系列的问题,具体如下:

第一,对合作伙伴的定位比较模糊。一方面是对科研机构和高等学校的定位不够清晰,如图 10-5 所示,两者能够影响同企业合作的成败,且影响权重不同。而对于科研机构和高等学校而言,企业将市场需求转化为技术需求的能力则是首要选择,由此可以看出,科研参与方能够从企业处获取技术研发的市场方向,但往往容易忽略产学研用协同创新的义务和责任,对于科研参与方而言,也应当积极参与市场调研,及时把握市场的动态,准确把握市场的发展。其次是企业的激励体系和管理层的支持情况,其中高等学校往往倾向于科研机构和企业的利益分配模式,同合作对象和合作方式息息相关。在产学研用协同创新的过程中,企业的重视能够提高整个过程的稳定性和真实性。一些企业为了获得科研机构的信任,在前期不惜花费巨大的精力和时间去获取政府的项目及申报相关的产学研用协同创新,而在中后期又将科研机构进行孤立,这种合作是典型的一次性合作,其目的是为了骗取先进的技术。高等学校科研人员往往很少会选择维权,这种情况更加助长了个别企业的气焰,严重影响了科研机构和高等学校参与产学研用协同创新的主动性和积极性。另一方面,企业的创新主体地位模糊。仔细观察图 10-6 可以发现,在科研机构和高等学校合作成败的影响因素中,科研成果与产业化需求对接的能力是企业的首要选择,权重超过了 80%,其次是科研人员的水平、科研机构的技术积累及科研效率后续的服务和跟进。对于企业而言,对科研机构的依赖过大,且在产学研用协同创新中没有实行合理的内部管理,使得资金和技术配置不够合理,严重阻碍了产学研用协同创新的有序进行。

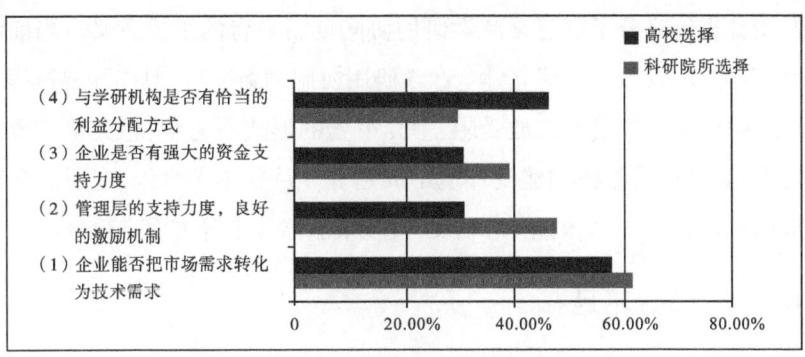

图 10-5　河南省企业可能影响合作成败的因素

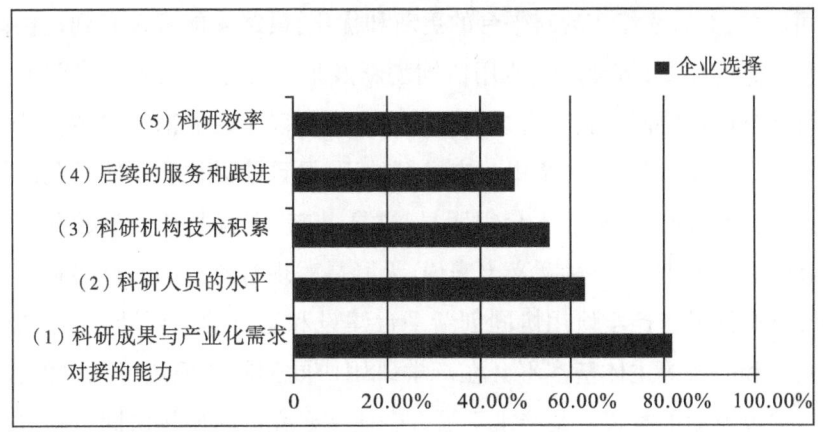

图 10-6　河南省高等学校和科研院所可能影响合作成败的因素

第二,主体战略意识不够。参与主体不具备长远发展意识,无法充分使用科技创新全球化和信息高速化的变化,在产学研用协同创新信息平台建设方面往往都是各自为政,信息渠道十分有限。

第三,主体关系不够密切。产学研用协同创新各参与方具备的资源往往都是有限的,当前各参与方的关系还不够密切,阻碍着产业链、价值链和知识链的形成,进而造成了技术需求和技术供应的不一致。

10.3　河南省产学研用协同创新平台建设存在问题的原因

要想真正做好产学研用协同创新,就必须切实掌握全方位的准确信息,同时还要依靠客观权威的信息平台来提供全程的信息服务和沟通交流,这一点至关重要,由此也能充分了解建设产学研用协同创新平台的重要意义。当前河南省正加大各方投入,致力于建立健全产学研用协同创新平台,但在开展过程中暴露出了诸多问题,比如信息沟通受阻、中介市场的形式不完整、相关单位或人员的主体意识欠缺以及整体的建设环境不成熟等。从根本上来说,之所以会产生一系列问题,可以从资金、信息、市场发育、政策法律体系等方面进行分析。

10.3.1 资金不足

平台建设无疑是一个长期的工程,需要投入大量的人力、物力以及财力等各方面资源,而后才能实现对平台的更新和优化,最终才能真正起到提供高效信息和服务的作用,带动产学研用协同创新及地区的全面发展。当前河南省在建设产学研用协同创新平台过程中,企业、高校以及政府部门等主体分别投资开展建设工作,资金无法集中起来发挥效用,导致建设往往不能长久地持续下去,平台带来的效果显然不会很明显,这样一来,本就非常有限的资金却无法被高效利用起来,从某种意义上来说,无疑是对现有资源的一种浪费。当前政府资金是河南省产学研用协同创新平台建设和运行的主要动力,除政府以外的企业和高校等主体基本不会在产学研用协同创新方面进行大量的投入,在平台建设方面的投资更是严重不足。企业在研究产学研用协同创新方面的资金主要由企业自身、社会资本以及地方、市级、省级和中央级政府提供。如图10-7、图10-8所示。

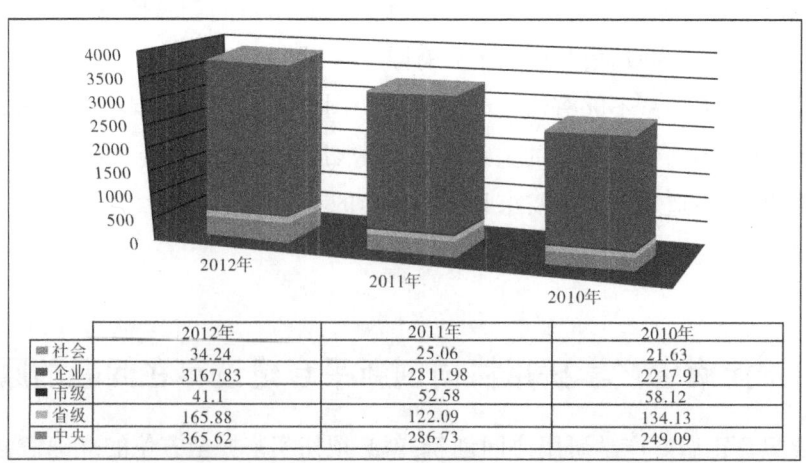

图10-7　2010—2012年河南省企业产学研用合作的研究发展经费来源(单位:万元)

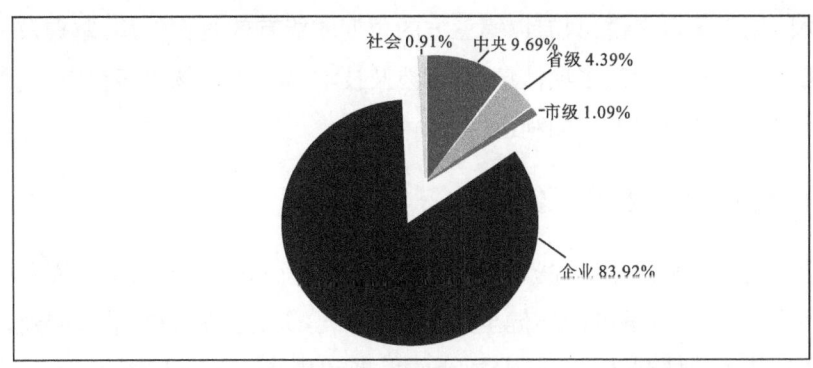

图 10-8　2012 年河南省企业产学研用合作的研究与发展经费来源比例

10.3.2　信息不对称

从根本上来说,之所以要大力创建产学研用协同创新平台,就是为了全方位解决政府行为与市场变化中的信息不对称问题,尽可能地确保信息沟通顺畅,进而提高信息利用率。然而当前河南省产学研用协同创新平台的建设步伐却落后于当地产学研用协同创新的发展速度,继而两者之间就产生了信息不对称的问题,给相应平台的建设带来了严重的阻碍。

就实质而言,由于市场失灵而导致相关信息不完整和不确定的情况就是信息不对称问题的主要表现。信息的不完整往往体现在多个方面:首先是技术本身可能有一定的不足和问题存在,其次是最终的产品可能和市场需求并不完全相同,最后是客观的默示知识和理论等会影响信息的顺利传递以及产学研用协同创新信息平台的运行。在产学研用协同创新的初始阶段,技术研发人员通常都全面了解相关技术的优势及不足,但技术需求者却只能依靠技术拥有者才能对技术产生一定的认知,并不完全熟悉技术的优劣特点。除此之外,技术资源的特殊性导致市场很难对其准确定价,进而使得信息的不完全特征更加突出,最终在技术市场上交易时,自然而然便会出现"劣币驱逐良币"的逆向选择。产学研用协同创新平台的作用并不局限于及时更新、发布以及管理信息,还有公正客观地评估各项技术的具体价值。当产学研用协同创新经过一段时间的发展后,技术需求者已经基本了解了生产和市场等环节,而后就可以凭借经营以及运作技术来获取收益,这时候技术拥有者反而对相关信息显得比较陌生,很容易就会在分配利益的过程中被排挤出去。对于产学研用协同创新平台来说,只有以第三方的角度才能有效发挥作用,掌握及分析技术需求者和拥有者的多项信息,具体涉及技术、生产、市场等多个方面,最终确保信息沟通的过程能够顺利进行。

10.3.3 市场发育不健全

就河南省产学研用协同创新平台的优化过程而言,市场无疑发挥着极其重要的作用,而市场发育的不健全必然会对产学研用协同创新平台的建设与完善产生较大的抑制效果。随着社会的发展和进步,如今已然是一个信息化时代,当前社会各界普遍高度重视信息这一具有突出价值的社会资源,企业往往掌握着大量的市场信息,而科研院所以及高校等主体则拥有丰富的科技信息。从根本上来说,企业作为一个经济性组织,其最终目的就是获取利润,因此他们往往会在信息这一资源上开展激烈的竞争,以此来最大限度地实现收益,同时其他组织也分别都具有不同的立场,使得配置信息资源的程度长期保持在一个较低的水平上,进而导致信息资源的重复建设和供不应求之间存在强烈的矛盾,本就有限的信息资源被大量浪费。包括信息不对称、市场失灵以及各方产学研用主体不能科学分析信息质量及作用等在内的一系列问题,导致现实中随意以及盲目使用信息的现象非常普遍,整个信息市场变得更加混乱,无形中阻碍了产学研用协同创新平台的顺利运行。对于河南省产学研用协同创新平台而言,不具备科学规范的中介市场导致其发展过程中所需要的人才、信息以及服务等需求无法被满足,与此同时,由于不具备充分的人力、物力以及财力等资源,平台至今还不能实现单独提供相关信息的服务,此外也不能将过于繁重的工作任务交由平台来完成,防止其因负荷偏大而产生整体崩溃的情况。中介机构并不是只需要完成合理分配信息资源的任务,同时还需要具备包括协调、监督、评估、仲裁以及谈判等多方面的能力,以此来全方位监管产学研用协同创新的整个过程,有效解决其中经常会出现的技术交易合同、知识产权利益、合作资金的监管等一系列易产生纠纷和冲突的问题。中介市场的不完善,一方面降低了产学研用平台整合各项资源的能力,另一方面也使得平台的任务更加繁重,想要顺利运行,无疑是难上加难。

10.3.4 政策法律体系不完善

市场经济指的是凭借价值规律这一媒介来全方位发挥效用,同时由市场来自发调节供求,进而实现优化配置资源的经济体制。然而市场也并不是能够调节所有产品,就拿科技信息来说,作为一种公共产品,它具有非竞争性和非排他性的典型特征。要想完全有效地调节科技信息,单靠市场的作用显然是无法实现的,同时还要依靠政府的行政调控。目前河南省产学研用协同创新平台方面的法律仍有待进一步的健全,与平台运行过程中的利益分配方法、科技信息保密、知识产权以及矛盾纠纷等相关的一系列法律均存在一定的不足之处。科技信息要想真正实现保密无疑非常困难,而且大量科技产品的复制成本非常低,进而导致市场上科技侵权的现象层出不穷。上述问题的长期存在,严重影响了企业和科研单位的科研积极性,与此同时,也增加了产学研用协同创新过程中科研投入的风险,甚至还有可能使其流产。

产学研用协同创新各主体能够依托相应的平台全面开展信息交流活动,同时凭借政府的作用来有效解决市场失灵时的信息不对称问题,但政府的参与又导致了新的信息不对称问题,即政府与公众之间爆发出来的矛盾。由于"经济人"的原因,政府及其人员往往会在工作中偏向于部门或个人利益,而习惯性地忽略公众利益,法律规范的不足导致政府人员的道德风险愈发突出,最终就产生了政府调控失灵的"科研腐败"问题。高校和科研院所通常都有能力研发重大科研项目,进而产生重要成果,而企业则是产学研用协同创新的创新主体,各方通过相互之间的沟通和交流,同时签订相关合同来推动初步合作,此时就要凭借法律来有效规范具体的合作方式和程序、知识产权以及利益分配等细节,然而现实中整个法律体系仍然不够完善,无法以客观的标准来指导实践活动,在实施的细则方面也不够健全,使得合作的过程中出现了一系列的矛盾和纠纷。就政府内不同部门而言,规章制度的随意性较为明显,法律效力非常有限,而且相关的政策以及标准等往往因部门而异,因此产学研用协同创新平台上的信息服务冲突现象非常严重,激烈的市场竞争对法律提出了更高的要求,政府必须采取措施推动相关政策能够稳定落实,尽可能确保所有市场信息都能被高效利用起来。

10.3.5　平台功能建设不成熟

作为政府来说，本应该大力支持科技创新，但其只能够提供一部分援助资金，同时社会资金以及金融资产在产学研用协同创新平台上的投入又非常有限，然而想要全面建设产学研用协同创新平台就必须投入大量的人力、物力、财力，很显然现实和实际需求之间存在较大的矛盾，该问题导致整个平台在建设初始就没有打好基础。在技术信息方面，科研院所以及各大高校无疑具有突出的发展优势，但是企业在技术转化、市场潜力以及组织管理方面相对于前两者来说更具优势。不同的产学研用协同创新主体具有不同的立场，因此平台应该在平衡各方利益的基础上，有针对性地收集信息，进而对信息开展必要的分析、探讨以及整合与发布等工作，整个过程的烦琐与困难程度非常明显。除此之外，大量科技信息都具有很强的专业性特点，这一点毋庸置疑，如果不是专门的工作人员，通常无法深入掌握科研重点和研究方向，也不能有效规避一系列技术风险，最终难以将平台的作用发挥出来。

10.4　河南省产学研用协同创新平台建设的对策

10.4.1　建设科学合理的产学研用协同创新平台

1. 信息共享服务平台

要建立科学完善的产学研用协同创新平台，首先就要以信息共享服务平台为前提。河南省需要最大化发挥本地网络优势，政府发挥有效导向作用，建设一个集综合性、专业性为一体的信息共享平台，以此为基础在最快时间内发布与产学研用协同创新相关的信息，整合、汇总、分析一系列生产、资金、需求、市场等信息，同时建立健全的企业技术创新资源储备库，及时和国内外相关技术研发数据库进行最新消息的交互与对接。

对于高校与科研院所在信息共享平台上最新发出的相关技术创新成果，要进行及时、主动的收集，以便有技术需求的企业及时获得，达到技术成果的成功产业化，让各种高精尖技术真正落实到实际产业化生产之中，最终进入普通居民生活；相关金融组织可以在平台上获取到高校与科研院所提供的最新技术支持以及企业的市场需求信息，通过资金拉动各方协同合作，完成产学研用协同创新项目；政府在产学研用协同创新各个主体中扮演着第三方的角色，其拥有全面的各主体供需信息，并对产学研用协同创新项目进行实时跟踪，为各个产学研用协同创新主体搭建信息交互的桥梁，从而推动产学研用协同创新的有效开展，在最大程度上减少创新技术成果产业化需要的资金成本。在技术保障方面，要在信息交流平台上选取最优质、最恰当的信息处理技术，同时应配备专业性较强的相关人员，并考虑自身省内特殊情况，建立一系列便捷化、智能化的应用型模块，这样可以最大程度上保证技术创新资源与知识产权的安全性，进而强化省内产学研用协同创新信息共享服务平台的内在服务能力，使得各个信息共享平台的使用方获得更加便捷、优质的服务，从而帮助企业最快掌握目前市场的技术成果完成情况，在战略层面更全面地分析市场竞争情况，进而有针对性地选择发展战略，确定或调整自身内部技术研发的重点与开发方向。

2. 专家咨询信息平台

以政府相关主管单位为主导，通过搭建信息共享服务平台，并结合省内各个产业自身的实际情况，整合各方技术创新人员信息，建立一套健全的、科学的、完善的产学研用协同创新信息平台的专家咨询平台。通过在政策方面对产学研用协同创新平台的各个主体的激励措施，推动各个主体内部的专家信息公开化，深入强化平台线上与线下的双向交互协作功能，最大程度地提升人才信息检索的实效性，以便于产学研用协同创新平台内部的各个主体在最短时间内获得有效的创新技术资源信息，为公司的人才培养与技术创新战略提供最清晰的信息支持，与相关技术创新专家保持良好的联系与沟通，再通过专家咨询信息平台实现科技成果的企业技术协同联盟、融资创投、市场迥异以及人才选用等方面的专业性服务咨询。

3. 项目合作服务平台

项目合作服务平台涵盖了产学研用协同创新合作的各种内部供需消息，同时也在各个方面为其提供有效的服务支持，包括融资方面、中介服务方面以及司法支持方面等，以此来满足各种发展中需求，处理协作过程中的问题。对于科技研究创新而言，其本身就包含着极其庞大的资金及市场风险，无论是企业方还是高校或研究所，都会或多或少遇到融资困难与技术研发成本阻碍，而项目合作服务平台就是关注各个金融组织、企业和个人发出的投资信息,为产学研用协同创新项目提供最完善的资金投入信息支持以及相关的对接服务。加强各个主体之间的协同合作关系,以保证投资资金的顺利整合,从而进一步保障产学研用协同创新项目的开展。以国家倡导的"走出去,引进来"为基本的发展观念,倡导企业与高校、研究所以多种方式吸引风险投资进入,通过优化整合市场内可利用资源,最大程度上减少创新技术的风险。项目合作服务平台能够协助产学研用协同创新各个主体进行有效的对接与合作,为各个主体提供完善的中介服务,包括战略合作支持、新兴科技创新产品营销支持等,而在企业方面则能为其提供技术支持、市场交易服务、策划支持、司法支持等,以专业性较强的服务人员来进一步提升产学研用协同创新效率,同时也能对各种侵犯知识产权的市场不规范行为进行有效遏制,以此来最大程度上保障产学研用协同创新项目的效益。

4. 创业引导信息平台

要增加对创业方面的培训,并对创业进行一些相应的引导,使创业方面的指导和培训有效地结合在一起,根据不同的领域和层级,大力开展创业教育相关联的培训,把公益性的服务机构联合在一起,举办大量创业沙龙、创业交流会等创业创新活动,营造浓厚的创业氛围。使得创新创业方面的教育内容更加丰富,提高教育培训后的成果,使得创新创业人才的能力进一步提高,最终使得创新创业得到全面的发展。引领有创业经验的投资人和专家们加入到创业引导信息平台中去,共同营造创业团队,对一些创业初期的人员采取全方面的引导措施,向政府等相关部门申请土地、人才等方面的支持,帮助创业初期的公司渡过难关,增加创业的成功率,使得经济结构得到全面的调整,最终实现经济发展的新常态。

10.4.2 加强产学研用协同创新平台治理

1. 培育以企业为中心合作各主体的信息意识

高等学府等一些科研机构是产学研用协同创新的发展动力,企业和公司较低的创新能力成了河南省创新发展的软肋,大力研究管理方面的问题以及考核机制体制抑制了产学研用协同创新的快速发展。所以必须加强一些科研机构对信息的灵敏度,对单一的考核机制体制进行相应的改革,应该根据发表的论文、科研的成果等进行考核,把科研的成果进行一系列的转化,大力加强对创新创业人才的培训,全面完善考核机制体制,加强科研人员对产学研用协同创新的兴趣,使得一些实验中得到的科学成果以及科研的方向能够走向全社会,并且能够转化成相应的产业,大大地提升了对社会的效益。除此之外,政府等相关部门是产学研用协同创新的带头人,应该站在全新的高度上,深刻意识到信息的重要性,扩大在平台上的宣传和教育,有利于产学研用协同创新平台营造更好的发展环境。依赖平台可以对产学研用协同创新的各方面开展一些信息以及资源管理等方面的教育培训,尤其是对政府等相关部门的工作人员,要加强他们对信息素养的灵敏度,提高人们对河南省产学研用协同创新平台服务的满意度。

2. 创新产学研用协同创新平台的服务运营模式

加快基础设施的建设,引进先进的技术、管理思维,使得不同的领域和河南省能够实现资源共享。产学研用协同创新平台的建设不但包括了信息方面的处理工作,还包括了平台中后期的服务项目,最终平台要使得信息服务有效地运营发展下去,必须增加平台服务的满意度以及市场的一些相应的手段,加强和有实力的平台、中介组织进行合作,从而降低平台的成本,增加服务的满意度。加强平台服务的能力,树立一个满意的形象,使得平台的使用者对平台的关注度更加高,最终能够应付网络上激烈的竞争。

3. 建设一支专业化的信息人才队伍

建立一支专业化的信息人才队伍是非常重要的,有利于保障平台高效、稳定地运行。要不断地吸取更多有技术的信息人才,使得信息人才更加稳定,减弱工资偏低等问题,使得越来越多的人才能够加入河南省产学研用协同创新平台中。平台不应该只考虑薪酬等问题,还必须建立长期的激励管理政策,使得工作人员更好地进行创新合作。大力引进优秀的人才,奖励的方式有物质层面的也有精神层面的,给那些有抱负有理想的社会人才实现人生价值的机会,奉献自己的才能为社会做贡献。除了物质需求,精神需求也很重要,所以改善工作环境,提高科技工作者的社会地位,对于人才的培养也有很重要的作用。

第二次世界大战以来,全球化趋势日渐明显,各国各地区之间的联系更加紧密,因此信息平台的构建被社会发展所需要,社会转型势必需要大量的信息型人才。要确保人才的质量和数量,除了吸收现有人才,更要注重人才的培养,对他们进行定期的多种方式相结合的培养方式以确保新技术的发展。除了信息方面,人才的转变还体现在产权、经济市场、投融资、国际政策变动等多个方面。拥有高素质的信息人才能够创建出最高效最实用的信息平台,实现不同信息之间的互动,加深各部门之间的了解与联系,增强办事效率,减少运营成本,实现建设"数字化的河南"的建设目标,实现河南产学研用的联动创新。

10.4.3 完善产学研用协同创新平台服务支撑体系

1. 加快科技金融建设

科技金融建设离不开政策的支持,便捷有效的政策和审批程序能够促进企业的发展。当今国际市场竞争激烈,风险与机会并存,如何规避风险、抓住机会,促进优势企业走出国门,调整产业结构,优化企业融资方式,提升企业竞争力拉动经济增长极为重要。要实现这样的发展必须得到政府财政的大力支持。河南省地处中原腹地,无论是经济建设和文化建设都与沿海或者其他发达城市有很大的差距。加之河南的产业基础薄弱,要想提升产业竞争力就要加快产业转变,进行科技成果的产业化生产,加大财政对高新产业的支持力度,积极进行科技创新,依靠科技是第一生产力的发展方针,把河南省建设成为一个多元的城市。

在2015年的财政投入中,河南省把重点放在了产学研用协同创新的项目中来,全年300多亿元200多个项目中产学研用项目占到了重要位置。但是,产业的发展除了依靠财政的支持以外更需要社会的支持。合理利用社会的自有资金,引导中小企业进行科技创新可以减缓财政压力,使企业朝着更健康的方向发展。

河南的平台建设和科技金融建设都必须建立在对河南的文化、经济、人文等条件充分了解的基础之上。建立一支由本土人才领导的包含各方面人才专家的工作小组,整合河南的发展资源,对河南的未来发展模式、科技的创新、企业的发展做出建设性的规划很有必要。产学研用协同创新平台的建设,这个平台的创建对于科技企业来说,一方面可以利用产学成果,另一方面可以共担风险,增强企业的发展信心。对政府和科技部门来说,与企业合作有助于把自身的科研成果提升到实践中来,实现真正的科研价值。这种风险共担的合作模式可以降低产业发展风险,保障资金的安全性,改善企业的投资融资模式,以便吸引更多的企业和个人加入到这种模式中来,逐渐在河南省境内形成覆盖多领域、多层次的产学研用机制。与此同时,例如金融行业协会等的民间相关组织可以在发展中起到积极的协调作用。

2. 健全科技中介服务体系

在产学研用协同发展的模式下,科技中介机构的出现逐渐取代了政府一贯以来的监督协调的角色,为产学研用模式的发展做出了重要贡献。

但是,这种科技中介机构的发展还存在着很多的缺陷,为此,要建立更加健全的科技中介机构,充分发挥机构的促进监督作用,这需要河南省政府改善中介机构的审批程序和制度,激励创新中介机构的发展。经过市场的竞争,通过一系列的优胜劣汰之后选择强强联手,同时也力求达到创新的目的。对于科技中介机构,首先要定位好自身,然后根据自己的优劣势对不同的方面进行不同程度的探索。在信息产业方面,进行深度的探索,与各个创新主体进行相互的配合协调,达到为政府提供分析、项目合作、市场调研等的全方面服务。其次,要积极培育中介的人才服务队伍,努力提升整体的服务素质。只有高素质的服务人才才是科技中介不断发展的人才保障。具备技术、信息、管理等专业素养的人才才是一个高素质的中介服务团队所需要的,我们要不断地借鉴国内外的成功的服务经验,吸收先进的、适合我们的管理经验,同时进行系统的人员培训,不断完善我们的知识储备,努力提升我们的服务质量。最后,我们需要加强与国内外相关机构之间的合作,从各方面积极地整合资源,平衡各地区各个方面的发展,发挥出中介最大的作用;我们要扩展我们的视野,从国内合作扩展到河南省的中介服务,要尽可能缩小我们与先进中介机构之间的差距,努力学习他们的先进理念,提升我们自己的管理服务素质,从而提升我们行业整体的综合实力。

除此之外,我们要健全对中介的信用评价体系,要制定相关的行为规范,标明中介内容、资费、职业操守等内容,并根据行业协会的规定,对中介进行严格的监督,在一个透明公开的平台上对其进行公平公正的评价,从而可以对不满意的行为进行调整和改善,最大程度地扩大对外服务的效益,形成一个良好的循环,这也是保证河南省产学研用协同创新平台良好健康发展的积极举措。

3. 推动科技信息市场发展

在我国积极地实施从制造业国家向制造业强国发展的过程中,我国的经济战略需要进行不断的调整。为了跟进发展的步伐,我们坚持稳打稳扎地推进"三步走",加快产学研用的创新步伐,推动产业的发展,优化产业的结构。为建设河南省产学研用协同创新平台,需要积极地推进信息产业的发展,对科技成果进行快速的转化,然后在市场上通过市场这只看不见的手进行资源的合理配置,发挥市场最大的效益。在市场中追求市场的最大经济效益,利益和风险就同时存在,这也就成了创新争议的焦点。主体之间的信息不对称也增加了合作的风险,但随着科技信息的不断发展,信息资源在市场中自由流通,这就减少了交易之间的成本,从而有利于信息市场的推动和发展。

为了积极推动信息市场的发展,我们应从科技兴国和建设数字化的高度出发,从政策、资金等多方面给予支持,扶持科技中介产业的发展,力求方方面面都快速发展。

4. 完善产学研用协同创新平台的政策法律体系

为了积极推进产学研用协同创新平台的发展,我们要积极完善相关的法律法规建设,保证平台的运行顺利进行。虽然在我国知识产权基本符合我国的相关法律法规的要求,但是在信息媒介这一块仍然是不明确的,其中对于信息媒介的服务实践并没有相关的实施性条款,所以为了更加明确信息媒介的相关实施性原则,需要鼓励自主创新为基本的原则,坚持诚实守信的态度,健全信息媒介的法律法规。河南省应该根据自己本省的情况,制定详细、符合实际情况的相关规章制度。与此同时,在产学研用协同创新的法律诉讼案中,要慢慢地积累经验,更要从国内外借鉴吸收好的理念,然后根据这些制定出符合我们实际的切实可行的方案。

第11章
产学研用协同创新激励机制实施对策建议

科技创新是一个民族进步的灵魂,特别是进入 21 世纪,科学技术的竞争越来越成为影响世界各国综合国力的关键。在此背景下我国提出了建设创新型国家的战略目标,对政府、企业和高校加强产学研合作提出了新的要求。[①]产学研用协同创新是适应国家战略层面提出的要求,是多方联合行动的系统工程,是实现国家科技强国的需要。随着国家相关计划的推进与实施,产学研用协同创新的研究迅速成为各方关注的热点,对产学研用协同创新激励机制进行研究能够丰富现有的产学研用相关成果,给政府、企业、大学、用户等创新主体提供指导。

在产学研用协同创新过程中,产、学、研、用各创新主体因其属性、目标取向等的差异,在产学研用协同创新过程中具有不同的功能和定位,发挥着不同的作用。通过对产学研用协同创新中各主体地位及作用的分析,能够深入理解产学研用协同创新过程,对促进产学研用协同创新的深入发展具有重要意义。而对产学研用协同创新在生命周期各阶段的变化规律的探索,可以为参与协同创新的主体提供参考。在现实中,由于产学研用协同创新机制的不顺畅,产学研用协同创新无法最大化发挥效用。为解决这一问题,本书对生命周期各阶段的改善重点进行了阐述,在生命周期理论的基础上提出了支撑产学研用协同创新顺利运行的改善策略。

---

① 李京晶.产学研用协同创新运行机制研究[D].武汉:武汉理工大学,2013.

11.1 产学研用协同创新中的创新主体应明确各自的定位

当今经济社会已进入了"大科学"时代,这意味着整个人类的知识体系越来越完善、越来越复杂、越来越尖端,任何科学技术的进步都依赖于更多的人力、物力等创新资源,宽泛意义上的科学合作与创新发展是知识社会发展的必然趋势。[①] 一般地,从创新资源的所有权来看,企业拥有创新资金、创新基础设备、创新场所、市场需求信息及市场营销经验,而高校具有专业人才、科研仪器、知识产权、技术信息和研究经验,双方所拥有的资源具有很强的互补性。[②] 因此,产学研用结合大有可为。中国特色的产学研用结合体系是一个系统,有不同的参与者,包括政府、企业、大学、研究机构、非政府组织、用户单位、个人或草根创新者等。但政、产、学、研、用各组织因其属性、目标取向等先天差异,在产学研用结合过程中具有不同的功能与定位,发挥着不同的作用,这也是产学研用能够结合的重要原因与动机。"有位有能有为""有为才能更有位",深入理解产学研用结合过程中各主体的"位"与"为",对促进产学研用结合的深入发展具有重要意义。

11.1.1 "产"是产学研用协同创新的龙头

"产"主要是指企业,企业在产学研用结合过程中起主体作用,具有资金、中试基地、市场前沿信息、产业化设备等创新资源,是创新资源优化配置、成果转化的重要平台,在培育创新种子和实现成果产业化方面发挥主体作用,是产学研用结合的载体。

对作为技术创新主体的企业而言,要想在当今激烈的竞争环境中得以生存,其就必须不断地进行创新,因而企业就需要长期地对产品开发和研究进行投资。在产学研用协同创新的过程中,企业占据主导地位,主要负责对各种资源的整理和分配,同时企业还负责组织其他主体进行合作交流。因而企业在

---

① 中国特色产学研用结合的模式、机制及政策研究课题组.中国特色产学研用结合研究[M].北京:科学出版社,2015.
② 鲁若愚.企业大学合作创新的机理研究[D].北京:清华大学出版社,2002.

产学研用协同创新中既充当组织者又充当资源整合者。一方面,企业需要时刻关注政府新出台的相关政策,以便更好地与其他创新主体进行合作创新;另一方面,在产学研用协同创新的过程中,企业在组织合作项目展开,调控研发进度,促进研发成果转化,检验研发成果等发面发挥着重要作用。

11.1.2 "学"是产学研用协同创新的生力军

"学"主要是指高等院校。高校中汇集了知识、技术、专利、人才、实验场所等各类资源,是创新人才的主要培养基地。由高校输出的高层次创新人才,不仅是基础研究和高技术领域创新的主力军,还是解决国民经济重大科技问题、实施创新驱动发展战略的生力军。

高校具有海量专业人才,在创造以及传播新知识方面发挥着重要作用,是产学研用协同创新的重要主体。就知识技术方面的问题,企业可与高校进行探索交流。通过两者间的沟通合作,企业能够巩固其理论基础,为其进行创新活动、研究前沿问题等奠定了良好的基础。同时,高校也能够及时地了解市场变化情况,对其完善理论知识、制定人才培养方案、确定研究方向等具有重要意义。因此,高校应积极与企业进行合作,可以共同开发创新项目,也可以参与具有不同主体的多层次协同创新活动。另外,在进行科学研究时,高校应充分考虑到企业和市场的需求,所研究的成果也应贴近现实、节省资源,这样才能让成果快速吸收、转化、应用。

11.1.3 "研"是产学研用协同创新的催化剂

"研"主要是指研究机构。研究机构在产学研用协同创新中起科技引领和支撑作用,具有知识、技术、人才、实验场所等创新资源,在知识创造和产生创新种子方面起重要作用。随着"大科学"时代的来临,科学研究所需要的能力和资源越来越多,研究机构在近代科学研究中发挥了重要作用,近现代许多伟大发现或发明都出自各类实验室、科研院所。

在产学研用协同创新过程中,科研机构主要扮演着知识库的角色。与高校相比,科研机构的研究内容多与国家发展战略有关,主要对前沿及核心知识进行研究。科研机构具有雄厚的科研能力,在发展创新中发挥着重要作用。因此,企业要想提高其研发能力和创新能力,就需要与科研机构进行合作。结合各方优势,不仅能够节省资源、推动研究进程,还能实现可持续的协同创新。以知识和技术为纽带,可以让企业和研究机构经常交流,进而促进双方共同进步。对企业而言,与科研机构的沟通能够使其接触到前沿科学,进而掌握相关领域最新的研究情况。对研究机构而言,企业能够帮助其了解到更多市场需求,能够帮助其实现科研成果的转化。

11.1.4 "用"是产学研用协同创新的方向盘

"用"主要是指应用与用户。应用与用户在产学研用协同创新中起导向作用,具有市场前沿信息、应用反馈信息等创新资源,是产学研用协同创新的发起者与最终使用者。用户的参与可提高成功率,规避风险,完善技术。

要检验产学研用协同创新的成果是否成功,关键还是需要看其是否满足市场的需求,即是否符合广大用户的需求。所以,企业需要与用户建立合作关系,共同进行创新活动,这样企业能够及时地掌握市场动态,进而根据用户需求来调整自身的研究及创新方向。创新活动一般是根据用户的需求来进行的,在开始之前需要预先收集用户的需求,并根据这些需求来制订或调整创新方案。在完成创新之后,也要对用户的反馈信息进行收集、统计,为之后的活动提供参考。用户是创新产品的直接体验者,其所提出的评价信息相较其他人更具公平性和客观性,根据其反馈能够直观地了解到创新成果的好坏,而用户所提出的改进意见一般也更符合广大用户的需求。

在用户中存在着一群被称为领先用户的群体,他们拥有着专业且丰富的知识经验,对于人们未来的需求他们也能够做出预测。这些领先用户希望能够以自己的设想为蓝本,创造出一个全新的产品,以满足自身潜在的需求。因此,领先用户参与到协同创新工作中,能够为协同创新带来更多符合用户需求的想法和灵感。领先用户是一种稀缺资源,其在整体用户中处于领先的位置,因而企业在进行创新时,都会关注领先用户的看法,同时也会邀请领先用户在思想和技术等方面为企业的协同创新活动提供指导。区别于一般用户的是,领先用户拥有专业的知识和丰富的经历,他们对于产品拥有着更多的想法,对于产品的未来市场需求也能够更早地预知,这些都使得领先用户的数量较少。在产学研用协同创新过程中,领先用户是必不可少的创新主体。为挖掘领先用户以了解市场需求,一些企业会对一般用户中潜力较大的用户进行培养,希望他们能够从大众用户发展成为领先用户。

11.2 产学研用协同创新应分阶段制定相应的激励策略

在产学研用协同创新中,企业、高校、科研机构、用户和其他组织在生命周期的不同阶段可能会发生不同变化,在此,通过对产学研用联盟成员的地位作用及变动规律等的研究,本书将从全局出发,按照生命周期阶段来对产学研用协同创新提出具体建议,希望使成员合作过程中的协同性和效率性得到提高,提升产学研用联盟的核心竞争力。

11.2.1 酝酿期的需求匹配激励策略

在产学研用协同创新的酝酿期,主要工作重点是识别机遇、筛选伙伴。识别机遇实际上要看产学研用联盟涉及的产业技术和市场情况如何,这些是产学研用联盟主观改变不了的客观存在。识别机遇需要产学研用联盟组织者具有市场洞察力和先见力。所以,产学研用联盟成员要时刻保持一颗敏锐之心,对于新事物、有潜力的市场及产品反应迅速。在发现市场机遇时,应该着重选择合作伙伴——该阶段,产学研用联盟发起者应当首先表现出强烈的产学研用联盟动机,同时,考虑到产学研用联盟成员更多的是为资源互补,增强在市场上的力量,其首先关注的是"合作者在该领域的地位、实力及当前和潜在的产生冲突的可能性"①。在产学研用联盟形成阶段,如果成员认为彼此互补且当前存在的和潜在的冲突都比较低,则会加速产学研用联盟形成。基于以上分析,本文提出了酝酿期伙伴选择的相关建议:

1. 统一产学研用联盟战略目标

统一目标,才能找到志同道合之人,合众成员之力,达初设目标之所。在酝酿期,产学研用联盟是要找到合适的合作伙伴。而选择合作伙伴,很重要的一个考虑因素是要有共同想要获得的项目终极目标。树立了目标,才能给各成员以动力,按照目标制订计划,坚持实施,以期达到预设效果。

2. 注重成员组织文化

在产学研用协同创新的酝酿期,成员之间的信任扮演了一个并不重要的

---

① 吴红红. 基于生命周期的产业技术创新战略联盟成员变动研究[D]. 绵阳:西南科技大学,2016.

角色。但随着合作的确立,信任在合作中的地位越来越高。随着合作的深入,产学研用联盟会间接对产学研用联盟企业间市场共通性产生影响。这里分两种情况讨论:第一种,当产学研用联盟成员企业处于不同的行业时,产学研用联盟的形成及知识创新和技术创新的结果会导致产学研用联盟企业的市场出现交叠。第二种,产学研用联盟成员企业处于同一个行业,产学研用联盟的形成及知识创新和技术创新的结果会导致成员企业市场份额的改变,由此改变其行业地位。这种共通性的提高是一把双刃剑,一方面会促使产学研用联盟成员企业形成更大的竞争优势,另一方面也会加强和放大成员间的冲突。因此,我们要"防患于未然",充分考虑成员的组织文化及商誉,为日后的产学研用联盟收益最大化的合作谈判提供基础,避免和降低投机主义。因此,在选择伙伴时便应注重伙伴的商誉及组织文化,选取商誉好的、忠诚的伙伴。

3. 重视成员资源互补

产学研用联盟之所以成立,是因为可以实现不同成员之间的资源和优势互补。产学研用联盟成立,成员更多的是想从产学研用联盟中获益,这不仅包括经济效益,更有社会效益、环境效益等。为了能够确保产学研用联盟绩效的风险较低并实现战略目标,产学研用联盟在市场或技术上的竞争优势就要求相对强大。因此,选择成员时应该注重互补的资源类型及特性,包括人力资源、财务资源、人际资源、公共资源、政策资源等。总结而言,产学研用联盟成员特别是企业成员拥有的独占性资源及产权优势是其加入产学研用联盟时的重要考量指标。随着产学研用联盟阶段性目标的逐步实现,成员间的知识、技术和人才共享越发频繁,产学研用联盟协同创新势头更旺。分享、并将对方成员的资源有效吸收,可以提高企业的市场地位及核心竞争力,充分发挥外部获得的异质性资源优势。把产业技术创新成果商业化、产业化、市场化,实现产学研用联盟的战略愿景,这样更有利于实现"1+1=N(N>2)"的效果。

11.2.2 组建期的投资驱动激励策略

在产学研用协同创新组建期,产学研用联盟企业已经初步完成了产学研用联盟成员的筛选活动。步入组建期,产学研用联盟应该将各成员的责任义务、收益分配、资源分担做明确的划分,并以合同形式确立起来。每个参与产学研用联盟的成员都是应该在明晰产学研用联盟的背景、意义、各自充当的角色,在平等自愿的基础上展开合作。明确本项目预期的收益,了解合作伙伴的一些基本条件,如学习能力、知识共享和传播能力等。

1. 确定产学研用联盟伙伴并签订协议

在酝酿期,产学研用联盟已经实现了寻找、评估和选择合作伙伴的过程。下一步工作便应该是着手相关协议的商讨与谈判,起草合作计划书等。在此过程中,联盟管理者与成员间的信任程度贯穿了产学研用联盟成员评估和考察的始终。例如,对合作伙伴的声誉的考察,会直接影响协议中的某些决定与条规。当人们对某成员的评价较高时,会更多听取该成员的意见与建议。协议在制定与签订时,应该使一些风险及收益承担和分配机制尽量量化;项目时间节点、阶段目标及发展短期计划、资源配置都该尽量详尽。从某种程度上而言,该阶段的产学研用联盟企业对将来可能的合作伙伴的可信赖程度的评估的结果,对于产学研用联盟的运作将会产生重要的影响。因此,首先应将可能出现的情况加以讨论分析,在签订的协议之中明晰相对敏感和容易出现问题和冲突的环节,这将有效地减少产学研用联盟成员之间的摩擦。

2. 确定风险收益方案

权利和义务是对等的。有多大的收益,就该承担相应的责任。在签订伙伴协议时,既然要明晰成员相应的义务,在收益方案的确定过程中就应该将此加入考虑,以利于每个成员都明确自己该做的事情以及相应会得到的收益。一方面,明晰风险,有利于成员更了解项目的相关情况,在今后的合作中有相应的心理准备和组织准备、资源准备;另一方面,收益方案的确定有利于提高成员的积极性及合作意愿。因此,确定产学研用联盟的风险和收益方案就似给成员描绘了一张宏伟蓝图。在实现该蓝图的过程中,会存在很多的困难与风险,当产学研用联盟成员做好准备并将行动付于实践时,其贯彻程度和成员之间的凝聚力将大幅提高。

3. 选择产学研用联盟运行机制

在产学研用协同创新的组建阶段,产学研用联盟的成员已经基本确定,针对项目的相关协议也已经过起草修改和签订。这些软条件已经准备就绪,但产学研用联盟选择何种运行机制是联盟运行之前必须回答的问题,也就是组建期产学研用联盟的硬性条件准备。组建期是处于运行期之前的重要阶段,其选取的组织方式和运行方式将直接影响运行期产学研用联盟的组织运行及沟通顺畅程度,因此其运行机制的选择尤其重要。考虑到该阶段产学研用联盟的主要工作,在进行产学研用联盟运行机制选择和组建时应结合产学研用联盟的实际情况制定相关政策,如任务分解与分配、产学研用联盟成员与产学研用联盟管理组织协调、补偿机制的划定与确认、信任机制的形成与管理、运作监督及反馈等。

11.2.3 运行期的风险防范激励策略

产学研用联盟成立后,产学研用联盟成员的合作与沟通促进彼此之间的联系日益增多。由于产学研用联盟成员可能来自不同行业、组织,必然会存在文化方面的差异;他们加入产学研用联盟,也许是为了经济利益,也许是为了社会地位,也许是因为国家需要,其目标存在差异;不同的个体行为方式是有差异的,产学研用联盟成员也是,这种差异称作行为差异。各种差异的存在可能导致成员间的顾忌、担忧和疑虑。产学研用联盟的成员之间、产学研用联盟和产学研用联盟外部环境之间的矛盾和冲突,使得产学研用联盟震荡成为产学研用联盟发展过程中的常见现象和必经阶段。在这一阶段,产学研用联盟成员之间就需要建立切实、可行、有效的信任机制。信任的建立离不开产学研用联盟成员之间加强沟通,从而缩短磨合期。度过磨合期之后,成员之间默契度和信赖水平显著提高。成员能够根据协议安排或股权安排,分工合作,并逐渐步入产学研用联盟成员团队关系融洽阶段。此时联盟的特征是:团队运作顺畅,各项决策得到高效、快捷、有序的推进,产学研用联盟充满生机与活力,绩效充分得到了显示。

1. 完善相关机制

产学研用联盟进入运行期后,开始出现收益流。在该情况下,成员之间可能出现更多的冲突。假设产学研用联盟中存在一种机会主义性质学习行为,将会加剧冲突,并大大减弱成员间的合作动机。如果产学研用联盟成立伊始有成员的目标是向市场输出一种新产品或新技术,获得进入某一新市场领域的先导权,当该目标快速实现时,该成员便没有更多的积极性去增加对产学研用联盟其他项目的资源投入和支持,因此也会大大减弱产学研用联盟动机。在运作过程中,产学研用联盟成员间会有持续的资源投入和相关技术等交换,按照"边际收益递减"规律,成员之间的相互依赖和需要程度会逐渐下降,又一次降低成员之间的产学研用联盟动机。为了降低该阶段成员变动给产学研用联盟带来的不利影响,应该加强该阶段相关机制的完善,包括风险分担机制、收益共享机制、监督管理机制、反馈协调机制、信任管理机制的增建与完善。以反馈协调机制为例,面对产学研用联盟运行过程中遇到的危机反馈和产学研用联盟在实际上对危机的改善难题时,应谨记快速、实时反馈的原则,严格按照当初的合理任务分配目标,对成员执行任务的情况和效率进行监督和控制。

2. 扩大成员之间的交流和信任

当产学研用协同创新进入运行期,成员之间的信任和了解在不断加强,收益也在逐渐实现,这时候投机主义想法就容易出现。扩大加强成员之间的交流以提高彼此之间的信任,是保持成员稳定、产学研用联盟稳健运行的关键。之所以会产生信任度下降的结果,有三个原因:一是成员的资源投入不平衡。不平衡会降低成员之间的信任度,从而对成员之间的关系产生消极影响。二是成员间的可信赖程度在运作阶段容易产生改变。因为经过酝酿期和组建期的了解,成员之间熟悉的程度越来越高。运作期的资源投入会继续提升成员彼此的信任度,加速阶段目标的实现。而产学研用联盟目标的实现会与成员企业的市场共通性的提高并行。市场共通性的提高又会使成员之间的冲突放大。三是产学研用联盟绩效的评估。评估可能会促使成员重新审视产学研用联盟,重新评价自己的合作伙伴,并在此基础上做出是否要与对方继续发展合作伙伴关系的决策。因此,扩大沟通与交流,增强成员间的信任,是保持产学研用联盟稳健运行以及为后续合作提供基础的保障。

3. 严格机会主义惩罚

在运行期,由于"付出收益"不均衡导致的失落感和产学研用联盟产生的"收益流"吸引,联盟成员很有可能会产生一些机会主义,又称利己主义行为。如产学研用联盟核心成员为满足自身利益修改产学研用联盟协议,将产学研用联盟创新成果收益流化为自身企业收益流。因为,在运行期的产学研用联盟成员资源往往会发生变化。表现之一是企业得益于产学研用联盟开发新的资源。资源开发形式有两种,包括资源的集中开发和差异开发。前者强调匀称的成员间知识和技能学习,以图降低产学研用联盟成员间的资源差异性。后者则相反,它强调成员在自身领域的专业性,并进一步强化其异质性。因此,在这个因素的影响下,成员的战略目标非常有可能在这一阶段发生改变。

假如成员加入产学研用联盟的目标大部分已经实现,并且出现了一个更有吸引力的目标时,其可能利用自身在产学研用联盟中的地位左右原先的产学研用联盟协议施行,更有可能不顾其他成员的利益提出对产学研用联盟协议进行修改的要求。尤其是在产学研用联盟中占主导地位的成员,他们的威胁更大。他们会从各方面尝试去改变产学研用联盟的初衷,利用产学研用联盟实现一个与原目标相去甚远的目标——例如利用产学研用联盟支持他们的核心商业。因此,严格机会主义惩罚会在制度上加大对违背方的威慑,从而降低成员的机会行为发生的概率。

11.2.4 调整期的绩效评估激励策略

产学研用协同创新进入调整期,一般表现为绩效出现较大的滑坡,产学研用联盟的预期目标实现出现实质性"难产"现象。在该阶段,为了避免成员为了保护自身利益而置组织利益于不顾的情况发生,有必要在这里做一个相应的说明。产学研用联盟进入调整期并不意味着产学研用联盟将会消失不在。我们完全有能力转化产学研用联盟的生命周期,让其进入新一轮循环。因为产学研用联盟各成员完全有可能就下一课题开展新一轮的合作。成员需要考虑自己的商誉和机会成本。这里需要说明一种情况,如果加速产学研用联盟解体是有利于产学研用联盟发展的,我们就不应该去阻止这阶段的变动发生。当不存在后续合作时,这种考量的重要性有待商榷。但若今后还需进一步合作,还需加强考虑。建议如下:

1. 绩效评估与反馈

产学研用联盟进入调整阶段,有一个主要特征,就是产学研用联盟"绩效评估"成为这一阶段的"主角"并发挥了重要的作用。进入调整期,产学研用联盟的收益不断下降甚至成为负值,对成员贡献的评估与商誉评价总结会为后续可能的再度合作提供参考。成员会有自己的一套标准,来对产学研用联盟的绩效进行考核。他们会根据自己设定的标准和方法来测量一些具体项目,包括预期目标与现实目标之间的差异大小。故而,评估与反馈活动就显得尤为重要,因为有效的评估和反馈不但可以帮助成员从组织中获得及利用有价值的资源,更可以帮助成员为获得更高竞争地位注入强心剂。这种评估带来的优势会给一批企业注入对产学研用联盟的信心,当有其他的技术需要联合攻关时,企业会首选产学研用联盟并积极投入。

2. 经验总结

在调整阶段,成员的资源构成将继续随着产学研用联盟的演进而产生相关变化。但不论是成员的竞争地位还是社会地位、市场共通性和企业声誉都不会由于产学研用联盟演进而产生大的改变。成员在整个过程中对工作经验的总结,对以后加入产学研用联盟和继续与原伙伴合作具有相当的指导意义。"知己知彼"会提高企业的综合实力,帮助企业选择更靠谱的项目、更有增长性的资源和更合适的伙伴,这是一项重要的不可复制的"隐性知识"。例如对本阶段风险的认知——本阶段的风险主要来源于对产学研用联盟的收益的侵害,产学研用联盟方应根据合同或法律规定对产学研用联盟的收入进行划分,任何一方不得隐瞒、转移产学研用联盟收入或产学研用联盟资产。这便是知识的收获。

11.3 产学研用协同创新激励机制的政策保障要落地

在产学研用协同创新过程中,政府主要扮演的角色为引导、协调、管理方等。因而,政府应充分发挥其引导激励作用,出台各项引导、激励、规范协同创新的政策,对于创新环境也应积极做出改善,进而加速产学研用协同创新联盟的形成。

11.3.1 创造良好的软环境

在产学研用协同创新过程中,良好的软环境在提升创新绩效方面发挥着重要作用。因而,针对产学研用协同创新制定专门的发展规划就具有一定的现实意义。在此过程中,政府不仅要制定相关的发展规划,还应出台相应的配套政策,以充分发挥其对协同创新的宏观指导作用。

1. 制定产学研用协同创新发展规划

在推动产学研用协同创新发展中,政府应制定科学、详细的发展规划。在制定发展规划时,要紧紧围绕实际的创新体系来设计,对于社会经济发展的各方面需求也要尽可能地满足。在产学研用协同创新过程中,政府要充分发挥引导作用,对各主体间的关系积极地进行组织协调,对市场中的各类资源也进行合理配置。如政府可以通过各种优惠政策来激励企业发挥其在创新过程中的主导作用,同时充分利用高校、科研院所等所具有的人才优势。通过调动各主体的创新积极性和主动性,加大对科技创新人才和资金等方面的投入,构建更加科学的产学研用协同创新模式,各类资源可以实现合理配置,各主体所具有的优势能够得到最大程度的发挥,进而能够创建一种协同创新、多元投入、信息共享的新局面,这将大大缩减技术攻关的时间。在推进产学研用协同创新过程中要充分考虑到区域的创新体系,要将两者结合起来共同发展,要保证配套设施和服务体系能够跟得上协同创新的步伐。在构建产学研用协同创新体系时,要尽可能地保证顶层设计和统筹管理能够具有科学性和预见性。对于经济发展和社会发展的各方面需求都应充分考虑,要进行系统设计,然后按照步骤分步进行,对于涉及的软件、硬件资源也应加以考虑。希望在多种努力的情况下能够建立一个合作共赢、供给和需求有效对接、科研和应用相互促进的协同创新长久发展机制,此时区域的核心竞争力、经济和社会发展水平都将得到提升。在制定规划时,政府对于协同创新的总目标、具体目标、主要任务、核心发展方向等都应有一个明确的认识,尤其在企业和高校、科研院所对技术需求和技术供给进行对接时,可以构建技术成果转化平台,来推动协同创新分步骤、分阶段进行。[①]

2. 完善产学研用协同创新发展政策

为推动和激励产学研用协同创新,政府应不断完善现有的协同创新发展政策。对于市场和科技发展的规律要予以遵循,可以考虑结合区域产业结构来重新构建一种能够从多层次、多角度来保护和激励产学研用协同创新发展的法律法规体系,希望这创造的法律体系能够更具完善性、科学性、系统性和高效性。[②]

在产学研用协同创新的实施过程中,国家政策、地方相关规定等的不完善为其造成了巨大阻力。因此,为保障协同创新的顺利进行,应深入分析我国协同创新的相关经验,借鉴世界成功的案例,根据区域协同创新的实际情况来制

---

① 中国民主同盟上海市委员会.上海促进产学研战略联盟的思考[J].上海企业,2005(8):28-29.
② 谢富纪.技术转移与技术交易[M].北京:清华大学出版社,2006.

定适宜的政策来规范和激励各主体的创新行为。具体可分为以下几方面：第一，制定合理的激励政策。可以通过税收优惠、租金优惠、贷款优惠等方面的政策来鼓励协同创新，对于协同创新中各主体的合法权益也要坚决维护。第二，制定适当的引导政策。要不断推动产业结构和产业技术的升级优化，所制定的各项产业和科技政策应能够推动协同创新的发展，协同创新的发展方向也必须符合国家整体的发展规划。第三，制定适当的协调政策。对于协同创新过程中各主体的行为应进行规范，对于合作中所产生的矛盾要及时协调和化解，要尽可能地保证创新环境的和谐。

11.3.2 完善协同创新运行机制

为保证产学研用协同创新激励机制的顺利进行，应积极完善协同创新运行机制。在完善的运行机制中，产学研用协同创新中的各创新主体能够便捷地进出，各主体的积极性都能够得到充分发挥，在技术创新、投融资等方面企业将发挥主要作用，在政策制定、引导、优惠等方面政府将发挥主要作用，在技术研发、培养人才等方面高校和科研院所将发挥主要作用，用户将在反映市场需求方面发挥作用。就政府而言，为保障产学研用协同创新工作的顺利进行，其需要在多个方面做出改进：一方面，政府应完善相关的法律法规。在制定和完善相关规章制度时，政府应从国家整体利益的角度来看待问题。为激励各主体积极参与协同创新，政府可以制定多方面的优惠政策。另一方面，政府应对产学研用协同创新中的各创新主体做好监督管理工作。在协同创新过程中，政府应监督和维护法律法规的政策运行，对于各主体的合法权益也应坚决维护。就企业、高校和科研院所来说，他们应增强自身的合作意识，对于协同创新所能带来的巨大优势应有一个明确的认识，进而通过合作的优势来提高各方合作的积极性与主动性。[①] 同时，为保障各方的利益，还应对绩效考核体系进行优化升级，可以将有关产学研用协同创新的因素列为考核标准。

为保障产学研用协同创新能够最大程度地发挥其作用，政府应制定科学的评价体系，以保证技术、资金、人力等资源能够用到真正有需要的协同创新项目中去。对于各产学研用协同创新项目，政府应对其进展情况进行仔细审

---

① 王学军.官产学三重螺旋研究——知识与选择[M].北京:社会科学文献出版社,2005.

核、严格监督,对于资金的使用情况也应进行规范化处理,可以针对产学研用协同创新建立专门的评价机构,以完成对项目申报、进展及结项等工作的评估,对于存在虚假行为的项目也应进行严格的惩罚。[①] 对于产学研用协同创新中存在的矛盾及冲突,可以用管理、协商、仲裁等方式来克服,以为协同创新提供一个稳定的合作环境。[②]

对于产学研用协同创新中的人才资源,政府可进行重新配置,将不同的人才分配到各自适合的岗位。为鼓励创新,可以建立相关的人才激励机制。为调动各方积极性,促进协同创新工作的展开,可用授予部分产权、给予资金激励等方式激励各方人才进行科研创新。在产学研用协同创新中,培养技术、管理、经营、销售等方面的人才是非常重要的。在企业的积极配合下,高校将会创办相关的实习基地、研发中心、开发基地等,进而加强企业与高校之间的联系。[③]

11.3.3 健全中介服务体系

为了让相关的配套设施能够跟得上产学研用协同创新的发展步伐,就需要不断建立健全中介服务体系,确保中介服务能够适应协同创新规模扩大后所发生的各种需求变化情况。

1. 要保证中介机构资金的稳定性

中介机构要想满足协同创新项目的各项需求,在全局性和前瞻性的指导下对项目进行扶持,就需要有充分的资金,为此,政府可以借助专项资金、担保、优惠等方式来帮助中介机构解决资金问题。同时,为了增加资金来源,还应该积极构建风险资金和社会投资基金体系,要充分保障风险投资公司的合法权益,对于社会各界的资金也要通过各种方式来积极吸收,可以通过多主体投资的方式来共同推进协同创新进程。目前,中介服务机制发展较落后,形式单一,多为政府出资。为此,要积极改变这种情况,充分发挥民营中介机构在促进中介服务体系社会化、产业化方面的重要作用,应尽快构建一种由政府、企业、金融机构、民间资本等多方参与的综合性中介投融资模式。

---

① 刘璐华.产学研合作中组织间学习效果的影响因素及对策分析[J].研究与发展管理,2007,19(4):112-118.
② 唐乐,段异兵.产学研合作的治理机制设计[J].科学学与科学技术管理,2007(12):45-49.
③ 程艳旗,王绳兮,胡建雄.产学研发展的新阶段[J].研究与发展管理,2002,14(5):60-63.

2. 要不断提高中介服务体系的服务层次和服务功能

目前,中介服务体系得不到协同创新认可的一个原因就是其所提供的服务层次较低,服务的功能也较为单一。为改变这种情况,可以牢牢抓住目前科研院所改革的新机遇,将原本从事低水平研究工作的研究机构调整升级转变为专门从事技术服务工作的中介机构。要充分发挥因特网的作用,加强各创新主体间的联系和沟通,可以基于互联网技术构建专门的技术转移机构。

3. 加强对中介服务机构的监管力度

行业的声誉及未来的发展可能会被不合格的组织和人员所影响,因而需要制定中介服务行业的准入标准,以规范行业内组织和人员的行为。

11.3.4 加强资金投入保障

在产学研用协同创新的发展过程中,资金短缺一直是个难以克服的障碍。即使在产学研用协同创新发展较为成功的上海也存在这样的难题。2005 年,上海科技发展研究中心发布的一项报告指出,"在进行产学研用协同创新的过程中,一些企业希望依靠政府来投资"①。但是,相较于产学研用协同创新巨大的资金需求,仅仅依靠政府的资金支持是远远不够的。因而,要想从根本上解决资金不足问题,就需要积极吸收外部资金,大力扶持风险投资业的发展,通过改善风险投资企业生存的外部环境来改变整个市场的投融资现状。

目前,各地的风险投资公司在产学研用协同创新过程中发挥着重要作用。例如,北京科技风险投资股份有限公司、青岛市科技投资有限公司、江苏高科技集团、上海科技投资公司等,都是通过政府独资或合资的方式建立的。比较可知,在整个风险投资体系中民间资本所占据的比例很小,其所发挥的作用也相对较小。这样发展下去的结果就是,在我国风险投资市场中占主导地位的是政府而非市场。如果长期这样发展,对于产学研用协同创新是极为不利的。而要想扭转当前的这种局面,就需要从民间资本出发来改变其在整个风险投资市场中的地位②,进而创造一种以企业资本和民间资本为主,政府资本为辅的投资新局面。

---

① 曹静. 区域产学研结合技术创新体系研究[D]. 哈尔滨:哈尔滨工程大学,2010.
② 郭明伟. 利用民间资本发展我国风险投资的策略[J]. 科技进步与对策. 2009(8):21-22.

此外,由于政府能够提供的扶持资金有限,因而还需通过其他方式来为产学研用协同创新提供资金保障。具体可从以下几方面来着手:第一,积极争取银行、国家财政部门和金融部门对产学研用协同创新的支持,以确保发生紧急情况时资金能够及时到位;第二,成立风险投资基金,构建多层次的担保体系,对于成功率高、效益高、风险低的产学研用协同创新项目,可以由多方共同担保资助,进而降低投资风险;第三,成立专项资助基金,对于一些产学研用协同创新项目,政府及相关部门可以通过税收减免、房租优惠、贷款优惠等方式对其进行扶持;第四,设立专项奖励基金,对于在产学研用协同创新项目中做出巨大贡献的人员,政府可以给予其一定的物质奖励。

11.4 健全法律体系保证产学研用协同创新激励机制的实施

结合国内外产学研用协同创新方面的相关经验,分析我国产学研用协同创新的特点,可以制定以产学研用协同创新促进法为基本法,包括主要的法律制度、服务于政产学研用协同创新法律制度的配套政策体系和地方性政策法规支撑体系的一个相对完整的政产学研用协同创新政策法规体系框架。① 针对产学研用协同创新过程中存在的知识产权和信用问题,可以通过明确的法律条文来对创新主体的权利和义务、合作成果的归属、利益的分配、资金管理等进行界定。科研团队和企业在合作前应签署具有法律效力的合同或文件,解决好合作中的利益分配和风险分担问题。政府应加强监管,对失信或违约行为加大打击力度,降低维权支出,提高失信违约成本。对于知识产权的私权属性也要重点保护,大力倡导"谁完成归谁享有"的原则,以激发工作人员的研发热情。对于由多个单位共同合作的项目也应保障相关知识产权合约的履行。

11.4.1 完善产学研用协同创新的政策法规体系的思路

从国家战略层面来说,要想发展产学研用协同创新就需要不断地对相关

---

① 张晓玲.我国政产学研用协同创新的政策法规体系研究[J].经济研究导刊,2017(18):195-197.

的法律法规进行优化;从产学研用协同创新的自身特点来说,协同创新涉及多方主体,关系复杂,现有的规定过于分散,难以对其进行规制和调整;从协同创新的过程来说,存在诸多法律风险,包括协同创新的管理和运行机制、主体间的利益分配、合作协议的签署、知识产权的归属、商业秘密的保护等。围绕激励、促进、规范政产学研用协同创新的总目标,健全不同的法律制度并推进相应政策,从而形成一个具有内在有机联系的体系势在必行。这一政策法规体系的结构应当反映协同创新的特性,体现政策法规之间的关系,包含一定的核心政策法规问题,而且随着我国政产学研用协同创新的发展和需要呈现出开放性的体系结构特点。体系完善的路径主要是推进立法,注重衔接,加强重点、难点问题的制度建设。

11.4.2 产学研用协同创新的政策法规体系的基本框架

产学研用协同创新有企业、高校、科研机构等创新主体,又有政府科技中介服务机构、金融机构等其他主体,涉及社会多个领域。因此,产学研用协同创新的政策法规体系涉及不同部门的法律法规和公共政策,既有公法又有私法,横跨科技类、民事类、经济类相关法规,既包括法律法规的完善,又有相应政策措施的健全,多学科相互交叉,结构较为复杂。产学研用协同创新的政策法规体系的基本框架是以产学研用协同创新促进法为基本法,包括主要的法律制度(产学研用协同创新资源配置法律制度、产学研用协同创新利益保障法律制度、产学研用协同创新运行法律制度),与主要法律制度配套的政策体系和地方性政策法规体系,构建一个相对完整的政产学研用协同创新的政策法规体系。

11.4.3 制定产学研用协同创新促进法

适时进行专门针对产学研用协同创新的基本立法,产学研用协同创新促进法的制定要以科学发展观为指导,围绕国家科技法律发展的趋势,借鉴吸收国外立法的成功经验,并根据我国具体国情加以创新;要与现有的相关规定保持协调,体现《国家中长期教育改革和发展规划纲要(2010—2020年)》等纲领性文件的基本思想和战略目标,减少与科技基本法的冲突,注重与其他相关法律制度的协调;立法过程中要处理好公法与私法、国内立法与国际规则、中央立法与地方性法规、法律法规与科技政策之间的关系,注重整个法律体系的完整性;充分考虑国内外的有效法律保障措施,根据我国法制政策的总体环境和对具体法律的需求,确保法律的可行性和可操作性。产学研用协同创新促进法的制定应系统地解决产学研用协同创新中的各种法律问题,内容涉及适用范围、立法原则、协同创新的协调机制、科技成果转化机制、评价考核机制、公共服务机制等。此外还应明确协同创新各主体的角色定位,强调政府的各项职责,规定企业、高校、科研机构内部主体的权利义务并协调它们之间的关系,完善科技中介机构的管理运行和科技服务体系建设,激励和监督措施、法律责任等。

后记

建设创新型国家，必须有效构建以企业为主体、市场为导向、产学研紧密合作的技术创新体系，充分发挥市场在创新资源配置中的决定性作用。具体来讲，就是要充分发挥市场对研发方向、发展路径、要素价格、资源配置的导向、选择和决定作用，坚持由市场检验和评价技术创新成果，引导基础前沿研究面向国家重大需求，引导应用研究和技术创新面向市场需求。目前我国产学研用协同创新仍然存在不足：一是产学研协同主体目标不一致导致协同创新的动力不足；二是企业和高校科研人员之间缺乏合适的风险分担与利益分配机制；三是在产学合作过程中，由于平台缺失而产生匹配错位；四是在产学研用协同创新过程中创新绩效的评价问题。

基于此，本书将产学研用协同创新纳入生命周期的视角内，着重研究生命周期中每个阶段协同创新激励不足问题，从系统的整体性、相关性和目的性来设计多个创新主体，这些主体既保持相对独立，它们间又形成功能互补、利益互惠、成果共享的激励机制。本书分析以市场为导向的产学研用协同创新生命周期模型，希望有助于丰富和发展产学研协同创新激励机制，为我国科技创新长效发展提供理论支持。本书是笔者主持的国家社会科学基金青年项目"基于生命周期的产学研用协同创新激励机制研究"（15CGL004）的最终成果，同时也得到了河南省高校人文社科重点研究基地"产业与创新研究中心"的资助。

本书在编写过程中得到了多位专家、学者的指导。时军鸽老师负责理论框架的构建,郑琦老师负责全书的统稿工作,花开瑞老师查阅和搜集了全书大部分的参考文献。本书的出版得到了郑州轻工业大学经济与管理学院领导和同事们的关心和帮助,得到了河南大学出版社的大力支持。在此,一并表示衷心的感谢!

张省

2022 年 1 月